KB185406

그들은
어떻게
AI 트랜스포메이션에
성공했나

그들은
어떻게

AI

트랜스포메이션에
성공했나

김형택, 이승준 지음

글로벌 기업들이 증명한 AI 트랜스포메이션 성공전략

WILLCOMPANY

Generative-X 시대의 도래

2022년 11월 30일 혜성같이 등장한 ChatGPT가 전 세계에 미친 파급력은 어마어마하다. IT 자동화 기술이 주로 물리적 작업에 영향을 미쳤던 것과 달리 생성형 AI는 연구, 교육, 법률, 의료, 제조, 유통, 금융, 문화예술 등 다양한 분야에서 막대한 영향력을 과시하면서 무엇이든 생성해 내는 이른바 Generative-X 시대가 도래하고 있다.

특히 생성형 AI는 문서작성, 리서치, 디자인, 개발 등 시간이 많이 소요되는 지식 근로자의 업무를 자동화 및 지능화하여 업무효율성을 향상시키고 생산성에 긍정적인 영향을 미치고 있다. 생성형 AI가 가장 많이 활용되는 분야는 프로그램 분야로, 특히 개발자들이 ChatGPT와 같은 생성형 AI를 유용하게 사용하고 있다.

개발자 도구 전문업체인 젯브레인JetBrains이 196개 국가의 2만 6,348명의 개발자들을 대상으로 조사한 '개발자 생태계 현황 2023' 보고서에 따르면 전 세계 개발자의 77%가 ChatGPT를 사용 중인 것으로 조사됐으며, ChatGPT를 아예 사용해 보지 않은 개발자는 3%에 불과한 것으로 나타났다.

맥킨지McKinsey는 생성형 AI가 글로벌 경제에 연간 최대 4.4조 달러의 추가적인 경제적 가치를 창출할 것으로 평가했고, 골드만삭스Goldman Sachs는 미국을 포함한 전 세계 주요 국가들의 장기 경제 성장률 전망치를 상향 조정했다고 발표했는데, 그 이유는 AI의 발전이 생산성을 크게 향상시켜 경제 성장을 가속화할 것으로 예측했기 때문이다.

2023년이 생성형 AI에 대한 교육과 실험의 해였다면, 2024년은 생성형 AI의 기반을 강화하고 새로운 가치를 창출하는 해가 될 것이다. 액센추어Accenture의 조사에 따르면 글로벌 기업의 경영진 97%가 생성형 AI가 기업과 산업을 변화시키고, 향후 3~5년 동안 조직 차원에서 집중적인 투자가 이루어질 것이라고 답변했다.

생성형 AI가 본격적으로 기업의 비즈니스 영역까지 확대되고 있다.

전문가들은 생성형 AI가 보다 광범위하게 도입되면 새로운 수준의 생산성 향상을 뒷받침하여, 기업은 알고리즘을 통해 고객 구매 패턴을 더 잘 이해하고, 구매 패턴과 경쟁사 가격을 분석하여 제품 제공과 가격을 최적화하고, 소비자에게 더 적합한 제품을 추천함으로써 매출을 높일 수 있을 것으로 기대하고 있다.

아마존Amazon은 제품 추천 기능을 개발하고 공급망 운영을 최적화하기 위해 생성형 AI 도구를 사용하고 있으며, 세포라Sephora는 소비 트렌드를 기반으로 새로운 제품 라인을 개발하고 메이크업 및 스킨케어 제품의 가상체험 기능을 개선하는 데 사용하고 있다. 나이키Nike는 생성형 AI 도구를 사용하여 새로운 신발과 의류 라인을 디자인하고 있으며, 월마트Walmart, 타겟Target, 메이시스Macys는 가격 책정 전략을 최적화하는 데 사용하고 있다.

2022년 11월 ChatGPT가 출시되자 월스트리트는 "이제 새로운 AI 세상이 도래했다"고 선언했고, AI의 잠재력에 집착하게 되었다. 이런 가운데 과거 닷컴 버블을 경험한 많은 사람들로부터 AI 기술주의 주가와 투자 심리가 너무 과열된 것은 분명하다는 경고가 잇따르고 있다.

AI의 급속한 성장과 닷컴 버블이 몇 가지 유사점을 가지고 있는데, 특히 두 경우 모두 이 분야의 모든 비즈니스나 투자가 실행 가능한 비즈니스 모델을 가지고 있는 것이 아니라는 점이다. 20년 전에는 많은 기업이 웹사이트를 운영하는 것만으로 스스로를 '인터넷 비즈니스 기업'이라고 불렀다. 이는 오늘날 많은 기업이 단지 ChatGPT에 연결된다는 이유로 스스로를 'AI 기업'이라고 부르는 것과 비슷하다.

닷컴 버블과 마찬가지로 AI 혁신도 빠른 혁신, 거품이 낀 투자 환경, 많은 신규 진입자, 그리고 부풀려진 기대감으로 대표되는 과대광고 사이클을 경험하고 있다. 하지만 기존 닷컴 버블과 달리 AI 혁신을 주도하는 기업들이 비즈니스 성숙도와 탄탄한 실적을 보여주고 있고, 현재 각 산업 분야의 프로세스 고도화와 생산성 향상에 기여하고 있어 닷컴 버블과 같은 규모의 붕괴를 경험하지는 않을 것으로 분석하고 있다.

본 책은 크게 4개의 파트로 구성되었다. Part 1에서는 생성형 AI 출현에 따른 글로벌 ICT기업의 시장 선점을 위한 경쟁 상황과 생성형 AI로 촉발된 디지털 트랜스포메이션 전략의 변화를 다루고 있다. Part 2에서는 AI 트랜스포메이션 단계별 전략 추진 방안과 기업의 가치사슬 혁신 전략을 정리했다. Part 3에서는 제조, 유통, 패션, 뷰티, 금융, 미디어, 의료, 헬스케어 등 각 산업군별 기업들의 AI 트랜스포메이션 전략 추진 사례를 분석하였다. Part 4에서는 전통기업의 AI 트랜스포메이션 실패 원인을 분석하고 성공을 위한 5가지 법칙을 소개하였다.

AI 트랜스포메이션은 단순하게 AI 기술을 도입하고 적용하는 과정이 아니라, 기존 디지털 트랜스포메이션 전략 추진 영역에 AI 기술을 통합하고 활용하여 AI 기반으로 기업의 전략, 조직, 프로세스, 일하는 방식, 가치사슬, 제품 및 서비스, 비즈니스 모델을 근본적으로 변화시키는 중장기 경영전략이다.

기업이 성공적인 AI 트랜스포메이션 전략을 추진하기 위해서는 우선적으로 현재의 마켓, 기술, 고객 등 디지털 환경의 변화 요인을 분석하여 장기적인 관점에서 기업 비전 및 전략 방향성이 재정립되어야 한다.

자사의 내재화된 핵심역량을 파악하여 고객경험을 강화하고, 신규 비즈니스 모델을 확보하여 새로운 생태계를 만들 수 있는 핵심역량에 기반한 경쟁 우위 전략 접근이 필요하다. 더불어 빠르게 기업 내에 AI 역량을 내재화하고 프로세스에 최적화하기 위해서는 유연하고 속도감 있게 AI 기술을 받아들이고 활용할 수 있는 기업문화 및 조직체계의 체질 개선이 이루어져야 한다.

AI 트랜스포메이션의 핵심은 AI 기술 그 자체를 도입하고 구축하는 전략이 아니라, AI 기술을 활용하여 고객경험 강화, 프로세스 최적화, 비즈니스 모델 혁신을 강화하는 데 있다. 그렇기 때문에 단기적인 관점으로 다른 기업이 머신러닝이나 생성형 AI를 도입하기 때문에 성급하게 우리 기업도 따라 하는 미투Me Too 전략보다는 장기적인 관점에서 기존 디지털 트랜스포메이션 전략과의 연계를 고려해야 한다. 신뢰할 수 있는 학습데이터를 우선적으로 확보하고, 현재의 조직역량을 강화하고 비용 절감 효과 및 매출 증대를 가져다줄 수 있는 기업 전략에 부합하는 AI 기술을 단계별로 도입하고 구축해야 한다.

"AI가 모든 세상을 먹어 치우고 있다"라는 말이 어색하지 않을 만큼 이제는 어떤 기업도 AI 트랜스포메이션을 외면하거나 새로운 패러다임의 변화에서 벗어날 수 없다. 그동안 전통기업들은 과거의 업적에 안주하며 변화에 둔감하고 민첩하지 못하다는 평가를 받아왔다. 하지만 AI

트랜스포메이션 시대에 과거의 빛나는 유산이 그대로 적용된다는 보장은 없다. 과거의 영광만을 고집하고 새로운 변화를 거부하는 전통기업은 "치타처럼 빠르고, 사자의 이빨처럼 날카로우며, 매의 눈초리만큼 매서운" 새로운 AI 스타트업에 의해 파괴되는 운명을 맞이하게 될 것이다.

다윈은 "결국 살아남은 종은 강인한 종이나 지적 능력이 뛰어난 종이 아니라, 변화에 가장 잘 적응하는 종이다"라고 말했다. 변화에 대한 적응의 중요성을 강조한 것이다. 기업이 현 단계에서 AI 트랜스포메이션을 고려하는 것 자체도 중요하지만, 빠르게 변화하는 디지털 패러다임의 변화에 대응할 수 있는 AI 트랜스포메이션을 지속적으로 추진하고 유지한다는 큰 그림을 가지고 AI 트랜스포메이션 전략을 바라보는게 무엇보다 중요하다.

저자들의 오랜 업계 경험과 연구로 태어난 이 책이 AI 트랜스포메이션을 준비하는 기업과 조직에 조금이나마 도움이 되기를 바란다.

2024년 11월
저자 일동

차 례

Part 2

AI 트랜스포메이션
어떻게 추진해야 하나?

AI Transformation

Part 3

그들은 어떻게
AI 트랜스포메이션에 성공했나?

Part 4

전통기업의
AI 트랜스포메이션 성공법칙

Part 1

생성형 AI에 따른 디지털 트랜스포메이션의 변화

생성형 AI 선점을 위한
글로벌 ICT 기업의 경쟁

생성형 AI가 촉발시킨 디지털 산업혁명

2023년 7월 어느 날, 영국에서 인간 그릴마스터^{Grill Master}와 AI와의 흥미진진한 요리 대결이 펼쳐졌다. 전문 셰프와 AI 기계가 각각 요리한 스테이크에 대해 블라인드 테스트를 진행한 결과 전문 셰프가 요리한 스테이크보다 AI 기계가 만든 스테이크가 더 호평을 받았다. 그 이유는 AI 기능이 장착된 그릴은 불과 1분 30초 만에 평가단이 주문한 미디엄 레어 스테이크를 완벽하게 만들어냈기 때문이다.

영국의 시어그릴스^{Seergrills}가 공개한 AI 그릴 '퍼펙타^{Perfecta}'는 섭씨 900도가 넘는 온도로 단 90초 만에 스테이크를 요리할 수 있다. 기존 그릴의 경우 스테이크의 지방이 불길로 떨어지면서 튀어 고기가 마르고 식감이 일정하지 않는 반면, AI 그릴인 퍼펙타는 토스터에 빵을 굽는 것

● AI 그릴 '퍼펙타(Perfecta)' (출처: 시어그릴스)

처럼 스테이크를 수직으로 고정해 조리해서 지방은 아래의 탈착식 드립 트레이에 포집되고, 물과 가스가 그릴 상단에서 배출되면서 고기가 골고루 익기 때문에 뒤집어 줄 필요가 없다.

　사용자는 터치스크린 버튼을 탭하여 부위 유형과 고기 굽기를 선택할 수 있는데, 이때 센서를 통해 AI는 부위의 크기와 두께, 지방 함량을 감지할 수 있다. 이 모든 정보를 바탕으로 AI 그릴은 스테이크를 조리할 온도와 시간을 파악한 다음 사용자의 취향에 맞는 스테이크를 거의 완벽하게 요리할 수 있다.

　이처럼 일상 생활에서 AI를 활용할 수 있는 범위가 다양해지다 보니 AI와 관련된 다양한 뉴스와 기술이 연일 쏟아지고 있다. 특히 생성형 AI의 출현은 월드와이드웹WWW이나 아이폰과 모바일앱의 등장처럼 우리가 생활하고, 일하고, 배우고, 커뮤니케이션하는 방식뿐만 아니라 사회 전반적인 시스템과 프로세스를 혁신적으로 변화시키고 있다.

전 세계가 이처럼 생성형 AI에 주목하는 이유는 이것이 18세기 중반 가내 수공업에서 공장생산 체제로의 변화를 만든 증기기관의 발명과 같은 '생산성 쇼크'와 비교할 수 있기 때문이다. 가트너Gartner는 생성형 AI가 증기기관, 전기, 인터넷과 유사한 영향을 미치는 범용기술General-Purpose Technology이 될 것이라 전망하였고, 맥킨지McKinsey는 생성형 AI를 통해 연간 2조 6,000억 달러에서 4조 4,000억 달러 규모의 추가 경제 가치를 창출할 수 있다고 밝혔다.

반면, 골드만삭스Goldman Sachs는 생성형 AI가 미국 등 선진국에서는 업무의 약 25%, 신흥국에서는 최대 20%까지 자동화할 수 있을 것으로 내다봤지만, 생성형 AI를 증기기관과 전기가 촉발한 것 같은 '산업 패러다임 전환'으로 볼 수는 없다고 주장했다.

2023년 11월 6일 개최된 오픈AIOpenAI 개발자 데이DevDay에서 샘 알트만Sam Altman은 'GPT-4 터보Turbo', 노코드 기반 맞춤형 ChatGPT인 'GPTs', GPTs로 만든 맞춤형 ChatGPT를 거래하는 마켓플레이스인 'GPT스토어', 일반 앱에 GPT 기반 에이전시를 붙일 수 있는 '어시스턴트 API'를 동시에 발표했다.

이날 행사에서 오픈AI는 사용자가 프롬프트에 300페이지 분량의 텍스트를 문맥으로 제공할 수 있는 차세대 대규모 언어모델LLM인 GPT-4 터보를 발표했다. 특히 다양한 작업에 맞춤형으로 사용할 수 있는 최신형 AI 챗봇인 GPT-4 터보는 6가지 새로운 기능이 추가됐다고 밝혔다. GPT-4 터보는 128,000개의 토큰을 사용할 수 있으며, 경쟁서비스인 엔트로픽Anthropic의 클로드Claude보다 앞서게 됐다.

여기서 주목할 서비스는 맞춤형 ChatGPT를 지원하는 GPTs 기능이다. GPTs를 이용하면 코드 작성도 필요 없고, 마치 대화하듯이 자연어로 GPTs를 프로그래밍할 수 있다. 프로그램 개발자가 아니어도 누구나 몇 분 만에 자신만의 AI 에이전트와 애플리케이션을 구축할 수 있다. 사용자는 맞춤형 ChatGPT를 혼자만 사용하거나, 타인에게 해당 링크만 공유하거나, 퍼블릭Public으로 모두에게 공개할 수 있다. GPT스토어를 통해 내가 만든 GPTs를 다른 사람에게 판매할 수도 있다. GPT스토어는 유료 서비스인 ChatGPT 플러스 이용자만 사용할 수 있기 때문에 오픈AI 입장에서는 ChatGPT 유료 구독자 수를 늘리고, 마치 애플 앱스토어처럼 오픈AI만의 자체 AI 생태계를 구축할 수 있다. 하지만 오픈AI의 이러한 바람과 달리 GPT스토어는 핵심 콘텐츠 부족, 저작권 침해, 타 서비스 표절 등 여러 가지 논란으로 "AI 버전의 앱스토어"라는 목표와는 정반대로 가고 있어 오픈AI측이 GPT스토어 운영에 별 관심이 없다는 얘기도 나오고 있다. GPT스토어에는 300만 개가 넘는 AI 앱이 있지만 사람들이 찾는 앱은 수십 개에 불과한 실정이다.

그동안 GPT의 약점은 최신 데이터를 지원하지 못하다는 점(GPT-4

는 2023년 8월까지의 데이터를 학습)과 없는 사실을 마치 사실인 것처럼 꾸며내는 할루시네이션Hallucination 현상, 그리고 데이터의 편향성을 들 수 있다. 이는 챗봇의 기반이 되는 매우 복잡한 모델이 기존 검색엔진처럼 웹에서 정보를 크롤링, 색인 및 표면화하는 것이 아니라 언어의 패턴 예측에 의해 훈련되었기 때문이다.

하지만 이 중에서 실시간 정보를 지원하지 못한다는 약점은 이제 사라질 전망이다. OpenAI가 AI 기반 검색엔진인 SearchGPT를 발표하면서 ChatGPT와 통합될 것이기 때문이다. 2024년 8월 기준 Search GPT는 GPT-4 모델 제품군에 의해 구동되며, 아직 정식 버전이 아니라 10,000명의 테스트 사용자만 액세스할 수 있다. 예를 들어 누군가 파리 올림픽이 언제 시작되는지 묻는 경우 SearchGPT가 개막식 날짜를 제공하면 뉴스 기사로 연결되는 방식이다.

주요 산업군별 생성형 AI의 활용

오픈AI의 ChatGPT에 의해 본격적으로 시작된 생성형 AI는 전 세계를 강타했고, 2024년 8월 기준 구글의 제미나이 1.5Gemini 1.5, 메타의 라마 3.1Llama 3.1, 엔트로픽의 클로드 3.5Claude 3.5 등이 앞다퉈 LLM 모델을 출시하면서 빠르게 시장이 커지고 있다. 오픈AI에 따르면 2024년 4월 기준 ChatGPT의 월간 활성사용자MAU는 18억 명으로, 가장 많은 사람이 사용하는 대중적 AI 플랫폼으로 등극했다.

ChatGPT와 같은 생성형 AI는 AI의 수준을 한 단계 도약시켜 비즈니스에 큰 변화를 가져다줄 것으로 기대된다. 이전의 AI 서비스보다 쉽고 빠르게 사용할 수 있으며, 누구나 접근 가능하다는 범용성도 장점이다.

특히 생성형 AI는 텍스트, 이미지, 오디오, 비디오, 심지어 3차원 모델을 포함한 멀티모달Multi Modal 콘텐츠까지 생성할 수 있어서 거의 모든 산업 분야에 적용할 수 있다. 생성형 AI는 기술(설명 및 정보 처리), 비즈니스(의사결정 및 AI 기반 자동화), 교육(지능형 튜터 및 개인화 학습), 의료(스마트 헬스 및 AI 진단), 예술 및 인문학(인간 중심 디자인 및 문화적 근접성) 등 다양한 분야에서 도전과 기회를 동시에 창출하고 있다.

2023년 2월에는 ChatGPT가 미국 의사면허 시험을 통과한 것으로 보고되면서, 의료계는 생성형 AI가 헬스케어 산업을 어떻게 재편할지에 대해 관심을 갖게 되었다. 리서치 기관인 스태티스타Statista에 따르

● 글로벌 의료 AI 시장 규모 (출처 : Statista)

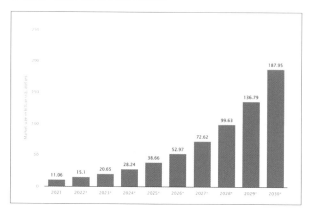

면 글로벌 의료 AI 시장의 규모는 2021년 110억 달러에서 연평균 37%의 성장률을 기록하면서 2030년에는 약 1,880억 달러에 달할 것으로 예측하였다.

특히 생성형 AI는 환자와의 상호작용, 임상진단 지원, 원격 의료 서비스, 건강 교육, 건강 조언, 건강 증진 등 제약과 헬스케어 업계에서 효율성과 환자 경험을 향상시킬 수 있는 잠재력을 가지고 있다고 평가받고 있다. 또한 멀티모달 기술을 적용하여 X-ray나 CT 사진 결과를 AI가 음성으로 설명하는 것도 가능해질 전망이다.

흥미로운 사실은 환자에 대한 공감 역시 생성형 AI가 의사보다 높다는 점이다. 미국 캘리포니아 샌디에이고 대학UC San Diego의 조사에 따르면 의료에 관한 환자들의 질문 약 200건에 대한 의사와 ChatGPT의 응답을 평가한 결과, ChatGPT가 완승을 거뒀다. 의료 전문가가 블라인드 형식으로 평가한 결과, 의사들의 응답은 '부족하다' '허용할 수 있다' 등이 많은 반면, ChatGPT는 '좋다' '매우 좋다' 등이 압도적으로 많았다. 보스턴컨설팅그룹BCG은 "의사보다 ChatGPT 쪽이 질도 높고, 공감력도 있다고 평가한 것"이라며 "앞으로 생성형 AI 활용을 크게 기대할 수 있는 부분이다"라고 강조했다.

최근 연구에 따르면 GPT-4는 안과 분야에서도 괄목할 만한 성과를 보여주고 있다. 2024년 4월 17일 케임브리지 대학 연구팀은 OpenAI의 GPT-4 모델이 안구 질환에 관한 전문지식을 묻는 테스트에서 의사와 비슷한 수준의 지식을 보유한 것으로 나타났다. 연구진은 87개 시나리오에 걸쳐 347개의 안과 관련 질문을 GPT-4에 제공하고 정확성과 관련성에 대해 테스트하였다. 시력 저하, 눈 가려움증, 빛에 대한 민감성 등 다양한 질문을 던진 결과 GPT-4는 퍼포먼스 68%를 기록하면서 43%에 그친 주니어Junior 의사보다 훨씬 뛰어난 것으로 나타났다. 반면 수련의와는 비슷한 점수를 기록하였고, 76%를 기록한 안과 전문의보다는 뒤진 것으로 나타났다. 또한 녹내장, 백내장 등 몇 가지 질문에 대해서는 제대로 답변하지 못했다.

케임브리지 대학 임상의학 대학원 아룬 티루나부카라수Arun Thiruna-vukarasu 박사는 "GPT-4는 안과 질환 증상과 징후를 처리하여 더 복잡한 질문에 답하는 데 있어 전문 임상의만큼 우수하다는 것을 발견했다. 안구에 문제가 있는 환자를 분류하는 데 AI를 현실적으로 적용하여 어떤 경우가 응급 상황인지, 즉시 안과 전문의의 진찰이 필요한지, 일반의의 진찰이 가능한지, 아니면 치료가 필요하지 않은지를 판단할 수 있다"라고 말했다.

생성형 AI는 콘텐츠 산업에도 큰 영향을 미치고 있다. 마케팅 업계에서는 잠재 소비자를 위한 합성 광고와 개인 맞춤형 광고를 제작하기 위해 생성형 AI를 도입하고 있다. 생성형 AI는 아이디어 발상 및 콘텐츠 초안 작성에 필요한 시간을 크게 단축하여 귀중한 시간과 노력을 절약할 수 있다. 예를 들어, 할인을 중요하게 생각하는 식료품 쇼핑객에게는 할인 혜택을 강조하면서 쿠폰을 포함한 이메일을 발송하고, 미식가에게는 음식의 원산지를 강조하면서 레시피를 포함하는 이메일을 작성할 수 있다.

마케터는 생성형 AI 도구를 사용하여 블로그 게시물의 초안이나 이미지를 생성한 다음 검토하고 다듬는 방식으로 생산성을 높일 수 있고, 맞춤화된 랜딩 페이지Landing Page, 제품 설명, 일러스트레이션을 통해 리테일러의 웹사이트나 앱의 구조에 통합될 수 있다. 또한 다양한 콘텐츠에서 일관성을 유지하여 일관된 브랜드 보이스Brand Voicde, 글쓰기 스타일 및 형식을 보장할 수 있다.

팀원들은 생성형 AI를 통해 협업할 수 있으며, 각자의 아이디어를 하나의 일관된 콘텐츠로 통합할 수 있다. 이를 통해 팀은 다양한 고객 세그먼트, 지역 및 인구 통계를 겨냥한 마케팅 메시지의 개인화를 크게 향상시킬 수 있다.

다양한 사양의 콘텐츠를 제작할 수 있는 생성형 AI의 능력은 고객 가치, 매력도, 전환율, 유지율을 기존 기술로 가능한 것 이상의 규모로 높일 수 있다. 또한 저널리즘 분야에서는 퀼Quill, 샤오밍봇Xiaomingbot과 같은 뉴스 로봇이 뉴스 제작과 뉴스 리포팅에 실제로 활용되고 있다. 특히 샤오밍봇은 텍스트 생성 알고리즘을 사용하여 데이터로부터 뉴스를 생성하고, 기계 번역 알고리즘을 사용하여 텍스트를 여러 언어로 번역하며, 자동으로 생성된 음성과 동기화된 얼굴 표정과 입술 동작으로 뉴스를 읽어주는 시각적 아바타Avatar를 생성한다.

금융업계는 생성형 AI를 활용하여 결제, 뱅킹, 보험 등 다양한 분야에서 기존 금융서비스를 혁신하기 위해 노력하고 있다. 2023년 2월 JP

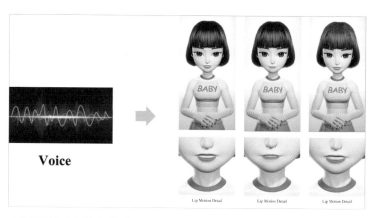

Voice

Lip Motion Detail   Lip Motion Detail   Lip Motion Detail

● 샤오밍봇의 아바타 뉴스 리포터 (출처 : 샤오밍봇)

모건이 실시한 설문조사에서 응답한 기관 트레이더의 절반 이상이 "AI 와 머신러닝이 향후 3년 동안 트레이딩의 미래를 형성하는 데 가장 영향력 있는 기술이 될 것"이라고 답했다. 골드만삭스는 1만 6,000명에 달하는 파이낸셜 어드바이저Financial Advisor를 위한 오픈AI 기반 챗봇을 테스트하고 있고, AI 기반 소셜 네트워킹 플랫폼인 스타트업 '루이자Louisa' 를 분사시켰다.

JP모건 체이스는 2023년 5월 11일, 미국 특허청에 금융 테마 챗봇 인 'IndexGPT'에 대한 상표권을 출원했다고 발표했다. 출원서에 따르면 이 챗봇은 광고 및 마케팅 서비스, 온라인 금융 정보 및 투자 조언에 사용될 예정이다. JP모건 체이스의 CEO인 제이미 다이먼Jamie Dimon은 "AI와 그 원재료인 데이터는 우리 회사의 미래 성공에 매우 중요한 역할을 할 것으로, 새로운 기술 구현의 중요성은 아무리 강조해도 지나치지 않다"고 말했다.

JP모건은 금융 시스템에 AI를 활용하기 위해 2,000명 이상의 데이터 관리자, 데이터 과학자, 머신러닝 엔지니어를 투입하여 AI 역량을 확보하고, AI를 통해 10억 달러 이상의 비즈니스 가치를 제공하겠다는 계획이다.

생성형 AI를 통해 금융기관은 개인화되고 효율적인 고객서비스를 연중무휴 24시간 제공할 수 있다. 인도의 타타 뮤추얼 펀드Tata Mutual Fund는 대화형 AI 플랫폼 '햅틱Haptik'과 제휴하여 챗봇을 만들어 고객의 기본적인 계좌 문의를 돕고 금융 관련 조언을 제공함으로써 전화 통화량이 70% 감소하고, 고객 만족도가 향상되는 결과를 얻었다. 또한 실시간으로 금융 데이터를 분석하여 사기 거래를 식별하고 손실을 방지하기 위한 즉각적인 조치를 취할 수 있다.

2022년 한 해에만 미국에서 금융기관이 사기로 인해 45억 달러 이상의 손실을 입었다는 점을 고려하면, 사기 거래 식별에 생성형 AI 도입이 큰 도움이 될 것으로 예상된다.

블룸버그는 2023년 3월 말, 금융 관련 뉴스와 데이터를 학습시킨 자체 AI 모델인 블룸버그GPT를 출시하였다. 블룸버그GPT는 파이썬 기반 딥러닝 패키지인 PyTorch를 사용했으며, 블룸버그가 지난 수십 년에 걸쳐 수집하고 큐레이션한 금융 뉴스, 기업 데이터, 보도 자료, 블룸버그 뉴스 콘텐츠 등이 포함돼 있어, 거의 모든 금융 질문에 대한 답을 신속하게 생성할 수 있다.

멀티모달로 AGI 시대를 연 오픈AI와 구글

2023년 9월 25일 오픈AI가 멀티모달이 가능한 GPT-4V를 출시하면서 달리3^{DALL-E 3}를 ChatGPT에 통합하였다. 이를 통해 GPT-4는 구글 팜2, 메타 라마2 등 경쟁 LLM 서비스와 차이를 벌리면서 한 단계 더 진화했다는 평가를 받고 있다. 이 중 음성 기능은 iOS와 Android에서 사용할 수 있으며, 아마존의 알렉사^{Alexa}나 애플 시리^{Siri}와 마찬가지로, ChatGPT에 탭하여 말을 걸면 5가지 음성 옵션 중 하나를 선택하여 응답할 수 있다.

또한, 2024년 5월 공개된 GPT-4o('o'는 'omni'를 의미함)는 애플 시리, 아마존 알렉사와 같은 LLM과 구두로 상호 작용할 수 있는 기능으로, 마치 사람처럼 사용자가 AI 챗봇과 자연스러운 대화를 이어갈 수 있다. OpenAI가 공개한 블로그 게시물에 따르면 GPT-4o는 2.8초에서 5.4초의 지연 시간이 존재했던 기존 OpenAI의 '음성 모드'보다 훨씬 빠르며, 사용자의 목소리에서 감정을 감지하고 얼굴 표정을 분석하며, 사용자 선호도에 맞게 자체 음성 톤을 조절할 수 있다.

멀티모달AI^{Multimodal AI}는 텍스트, 이미지, 영상, 음성 등 다양한 데이터 모달리티^{Data Modality}를 함께 고려하여 서로 간의 관계성을 학습 및 표현하는 기술로, 다양한 콘텐츠 유형 정보를 수신하고 추론할 수 있는 능력을 갖추고 있다. 예를 들어, 밤하늘에 오로라가 펼쳐지는 사진을 첨부한 뒤 '이 사진 속의 지역은 어디야?'라고 물어보고 답을 얻을 수 있다.

제조 분야에서는 멀티모달AI를 사용하여 제조 프로세스를 최적화하고, 제품 품질을 개선하거나 유지보수 비용을 절감할 수 있다. 의료계에서는 환자의 바이탈 사인Vital Sign, 진단 데이터 및 기록을 처리하여 치료를 개선하기 위해 멀티모달AI를 활용할 수 있다.

자동차 업계에서는 멀티모달AI를 사용하여 운전자가 눈을 감거나 차선을 이탈하는 등 피로 징후를 보이는지 관찰하여 운전자와 상호 작용하면서 운전자에게 잠시 휴식을 취할 것을 조언할 수 있다. 또한 운전자는 음성 명령을 사용하여 온도를 조절하고, 노래를 재생하는 등의 지시를 할 수 있다. 또한 자연어를 사용하여 차량과 길 안내 및 날씨와 같은 주제에 대해 대화할 수 있다.

메르세데스-벤츠는 2023년 6월, 마이크로소프트 클라우드 플랫폼의 엔터프라이즈급 보안 및 안정성을 활용하기 위해 Azure OpenAI 서비스를 통해 ChatGPT를 통합했다. ChatGPT를 추가하면 MBUXMercedes-Benz User eXperience 음성 어시스턴트의 '헤이 메르세데스Hey Mercedes'를 통한 음성 제어가 더욱 직관적으로 향상될 것으로 보인다. 이제 운전자와 동승자는 스포츠 및 날씨 업데이트를 받고, 주변 환경에 대한 질문의 답변을 받거나 스마트 홈Smart Home을 제어할 수도 있다. 시리, 빅스비Bixby 등 대부분의 음성 어시스턴트가 사전 정의된 작업과 응답으로 제한되어 있는 반면, ChatGPT는 대규모 언어모델을 활용하여 자연어 이해도를 크게 향상시키고 응답할 수 있는 주제를 확장시킨다.

메르세데스-벤츠는 두 가지 장점을 결합하여 MBUX 음성 어시스턴트의 검증된 데이터와 ChatGPT의 보다 자연스러운 대화 형식을 향

● 메르세데스-벤츠 MBUX 인포테인먼트 시스템 (출처: 메르세데스-벤츠)

상시켰다. 사용자는 자연스러운 음성 명령을 받아들일 뿐만 아니라 대화도 수행할 수 있는 음성 어시스턴트를 경험하게 된다. 목적지에 대한 세부 정보를 묻거나 새로운 저녁 식사 레시피나 복잡한 질문에 대한 답변을 요청하면 운전자는 운전대에서 손을 떼지 않고 도로를 주시하면서 보다 포괄적인 답변을 받을 수 있게 된다.

또한, 독일 폭스바겐Volkswagen 역시 골프 해치백, 티구안 SUV, 파사트 세단뿐만 아니라 전기차 ID. 제품군 등 여러 모델에 ChatGPT를 적용한다고 발표했다. 폭스바겐의 IDA 음성 어시스턴트는 자연어를 사용하여 더욱 진화된 대화를 통해 운전자가 온전히 운전에만 집중할 수 있도록 지원한다. 사용자는 폭스바겐 IDA 음성 어시스턴트를 통해 액세스할 수 있으며, 관광 명소 안내, 주요 스포츠 토너먼트 또는 이벤트에 대한 세부 정보도 제공받을 수 있다. 폭스바겐 측은 "음성 어시스턴트의 백엔드에 ChatGPT를 통합함으로써 이제 운전자들은 매일 ChatGPT를 차 안에서 사용할 수 있다"라고 말했다. 폭스바겐 차량 운전자가 "Hello IDA"라고 말하거나 스티어링 휠의 버튼을 누르면 IDA가 실행되며, ChatGPT 기반으로 미국 영어, 영국 영어, 스페인어, 체코어, 독일어 등 5개 언어가 제공된다.

영국의 적층제조용 AI 기반 소프트웨어를 개발하는 Ai Build는 'Talk to AiSync'라는 프로그램을 선보였는데, 이 프로그램은 3D 프린터와 연동하여 텍스트 명령으로 입체적인 사물을 만들 수 있다. AI가 텍스트의 의미를 이해하고, 이 명령어 인식을 적층제조 동작으로 연결해 실제 사물을 창조하는 것이다. Ai Build의 또 다른 기대 효과는 디자이너와 엔지니어링 팀이 '초인적인 수준의 빠른 속도'로 생산을 최적화할 수 있도록 지원한다는 점이다. 이제 팀들은 마스터하기 어려운 그래픽

● 적층제조/소스를 위한 Ai Build의 AiSync NLP와의 대화 장면 (출처: Ai Build)

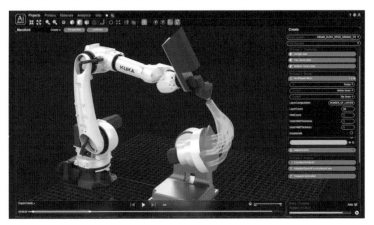

소프트웨어 인터페이스의 제약 없이 복잡한 다목적 엔지니어링 의도를 파악하고 더 나은 제품을 생산하는 데 집중할 수 있게 된다.

아직은 초기 단계이지만, 멀티모달을 통해 콘텐츠 분야에서도 기존에는 할 수 없었던 기발한 활용 방법이 나올 것으로 예상된다.

대화형 팟캐스트는 ChatGPT 음성 어시스턴트가 마치 게스트Guest와 같은 역할을 수행하면서 진행자와 실시간으로 대화를 하면서 특정한 주제에 대해 토론할 수 있다. 예를 들어 주식 관련 팟캐스트 채널을 운영하는 진행자는 AI 챗봇과 주식 시황에 대해 대화하면서 오늘 주식 시장의 특징을 분석하고 왜 이 주식이 올랐는지, 아니면 내렸는지에 대한 의견을 주고받을 수 있다.

음성 기반 ChatGPT는 기사나 연구를 요약하거나, 핵심 데이터 포인트를 추출하거나, 개요를 제공받은 후 콘텐츠의 초안을 작성할 수 있다. 오디오북Audio Book이 소설을 읽는 방식을 재창조한 것과 같은 방식으로 AI 대화가 효과적으로 변화하고 있다.

ChatGPT 음성 도구의 또 다른 훌륭한 활용 분야는 AI를 사용하여 대화를 텍스트로 기록하고 아이디어를 정리하는 것으로, ChatGPT가 이제 능동적으로 대화를 듣고 실시간 텍스트 기록, 정리, 제안 및 요약을 제공할 수 있다. 이 기능을 통해 크리에이터 간의 브레인스토밍 세션을 빠르게 요약할 수 있으며, 대화를 기반으로 새로운 아이디어를 제안할 수도 있다.

ChatGPT는 사용자가 이미지를 업로드하여 시각적 분석에 기반한

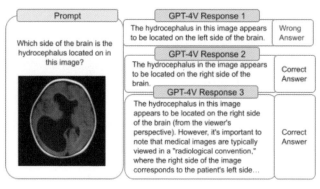

● ChatGPT 뇌 수두증 질문 결과 (출처: 오픈 Ai)

맞춤형 답변을 받을 수 있는 이미지 기반 질문 답변의 가능성도 보여준다. 이는 리테일, 부동산, 의료와 같은 다양한 분야에서 유용하게 활용될 수 있다.

하지만 멀티모달은 아직까지는 완벽하지 않다. 오픈AI는 2023년 9월 25일 발표한 'GPT-4V(ision)SystemCard' 논문에서 잘못된 추론과 이미지, 텍스트 또는 문자 누락과 같은 GPT-4V의 한계를 분명하게 밝히고 있다.

논문에서는 AI가 메디컬 이미지의 방향을 잘못 해석하거나 상황에 맞지 않게 해석할 때 발생할 수 있는 취약점을 보여준다. 의료 전문가들은 이미지를 볼 때 올바른 기준은 환자가 자신을 마주 보고 있다고 상상하는 것, 즉 이미지의 오른쪽이 환자의 왼쪽 이미지와 일치한다고 지적했는데, 이는 진단 시 매우 중요한 개념이다.

"이 이미지에서 수두증은 뇌의 어느 쪽에 위치해 있나요?"라고 묻는 질문에 GPT4-V는 첫 번째는 이미지를 있는 그대로 해석해서 증상이 왼쪽에 있다고 잘못된 답을 내놨고, 2번째와 3번째 답변은 오른쪽에 위치한다고 정확한 답변을 제출했다. 환자의 생명이 걸려있는 CT 영상을 잘못 해석하는 것은 매우 위험한 결과를 초래할 수 있다.

ChatGPT의 멀티모달 기능에 대해 오픈AI는 "ChatGPT가 항상 정확한 것은 아니며, 이러한 시스템은 개인의 프라이버시를 존중해야 하기 때문에 사람에 대해 분석하고 직접 진술하는 기능을 상당히 제한하는 기술적 조치를 취했다"고 말하고 있다.

초거대 언어모델(LLM)의 승자는 누구일까?

2022년 11월 30일, 오픈AI에서 ChatGPT를 출시한 이후 구글 제미나이, MS 빙챗, 엔트로픽 클로드Claude, 네이버 클로바XCLOVA X 등 다양한 AI 챗봇이 쏟아지는 가운데 선두주자인 ChatGPT는 2022년 11월말 무료 베타버전 형식으로 출시된 이후 불과 2달 만에 전 세계 MAU(월간 순이용자 수) 1억 명을 돌파하였다. MAU 1억 명 달성에 우버Uber가 70개월, 스포티파이Spotify가 55개월, 인스타그램Instagram이 30개월, 틱톡TikTok이 9개월 걸린 점을 감안하면 ChatGPT가 역사상 가장 빨리 성장하는 IT 서비스라는 점을 확인할 수 있다.

구글은 2024년 2월 8일 자사 블로그를 통해 바드Bard의 후속 서비스이자 ChatGPT 플러스 및 MS 코파일럿Copilot의 경쟁 제품인 제미나이

어드밴스드Gemini Advanced를 출시했다. 이날 공개된 제미나이 어드밴스드는 제미나이 울트라1.0Gemini Ultra 1.0 기반으로 구동되며, 구글 미츠Google Meets, 구글 닥스Google Docs, 구글 캘린더Google Calendar 등 구글의 다양한 애플리케이션 제품군과 통합됐다. 구글은 제미나이 울트라를 발표하면서 기존의 바드와 합쳐 '구글 제미나이 어드밴스드'로 리브랜딩하고 'AI Premium'이라는 새로운 구독서비스 모델을 선보였다.

구글 어드밴스드를 구독하면 기존 Google One 프리미엄 요금제의 혜택인 2TB의 저장 용량, Google 포토 편집 기능, 구글 미츠 프리미엄 동영상 기능, 구글 캘린더의 약속 예약 등 주요 기능들을 모두 사용할 수 있는 등 마치 크리스마스 선물세트처럼 다양하게 구성됐다. 구글은 조만간 지메일, 구글 닥스, 스프레드시트, 프레젠테이션에서도 제미나이 액세스 서비스를 제공할 예정이다. 또한 듀엣 AIDuet AI의 리브랜드

● ChatGPT 1억 명 돌파 기간 (출처 : UBS)

HOW LONG IT TOOK TOP APPS TO HIT 100M MONTHLY USERS

APP	MONTHS TO REACH 100M GLOBAL MAUS	
CHATGPT		2
TIKTOK		9
INSTAGRAM		30
PINTEREST		41
SPOTIFY		55
TELEGRAM		61
UBER		70
GOOGLE TRANSLATE		78

인 워크스페이스Workspace용 제미나이는 글쓰기, 정리, 시각화 도움말과 같은 기능이 포함되어 있다.

빅테크 기업들이 분주하게 자체 AI 모델을 개발하고 있는 가운데 메타도 AI 경쟁에 본격적으로 뛰어들었다. 메타는 급성장하는 기술에 대한 관심이 급증함에 따라 점점 더 AI에 초점을 맞추고 있으며, 메타 CEO인 마크 주커버그Mark Zuckerberg는 회사 실적 발표에서 이를 회사의 핵심 테마로 발표하였다.

2023년 9월 27일 열린 '메타 커넥트 2023'에서 주커버그는 왓츠앱WhatsApp, 메신저Messenger, 인스타그램Instagram에서 사용 가능한 'AI 스티커', 고급 대화 지원 서비스인 '메타 AI', 레이벤과 협력한 '스마트 안경'을 출시한다고 발표했다. 또한, 페이스북Facebook은 기업과 크리에이터를 위한 AI를 제공하고, 일반인과 개발자가 자신만의 AI를 만들 수 있도록 AI 스튜디오도 공개하였다.

이 중 메타AI는 상호작용할 수 있는 새로운 AI 어시스턴트로, 라마 3의 기술과 최신 대규모 언어모델LLM 연구를 활용한 맞춤형 모델로 구동된다. 왓츠앱, 메신저, 인스타그램에서 사용할 수 있으며, 실시간 정보를 제공하고 텍스트 프롬프트에서 몇 초 만에 사실적인 이미지를 생성하여 친구와 공유할 수 있다. 빙Bing과의 검색 파트너십을 통해 실시간 정보에 액세스하고 이미지 생성을 위한 도구를 제공한다.

또한, AI 스티커는 채팅과 스토리를 위한 맞춤형 스티커를 손쉽게 생성할 수 있는 도구로, 고유한 개성을 지닌 28개의 AI로 구성되며 스눕

독Snoop Dogg, 톰 브래디Tom Brady, 켄달 제너Kendall Jenner, 오사카 나오미Naomi Osaka 등 유명 인사들이 포함돼 있다. 여기에는 라마 2와 이미지 생성을 위한 기본 모델인 에뮤Emu가 적용되었으며, 단 몇 초 만에 여러 개의 독특한 고품질 스티커로 바꿔준다.

레이밴 메타 스마트 안경은 클래식한 웨이페어러Wayfarer 스타일과 새로운 헤드라이너Headliner 디자인으로 출시되며, 매트 블랙Matt Black과 샤이니 블랙Shiny Black 두 가지 색상으로 제공된다. 150가지가 넘는 다양한 커스텀 프레임과 렌즈 조합을 제공하는 레이밴 리믹스Ray-Ban Remix 플랫폼을 통해 레이밴 홈페이지에서 나만의 안경을 믹스앤매치Mix & Match 하여 만들 수 있다.

● AI 스티커 (출처 : 메타)

특히 핸즈프리Handsfree 라이브 스트리밍이 가능하여 안경에서 페이스북 또는 인스타그램으로 실시간 스트리밍할 수 있으며, 미리보기에서 댓글을 보거나 안경 측면을 길게 탭하여 큰 소리로 들으며 실시간으로 커뮤니티와 소통할 수도 있다. 또한, 스마트 안경에는 멀티모달 AI가 탑재돼 물체나 기념물, 동물을 식별하고 텍스트를 번역하는 등의 작업을 수행할 수 있다. 이외에도 메타 AI를 레이밴 메타 스마트 안경에 통합하여 핸즈프리 이동 중 '헤이 메타Hey Meta'라고 부른 후 지시어나 질문을 말해 안경에 탑재된 스마트 비서를 활성화하면 안경에 내장된 스피커가 응답한다.

오픈AI의 강력한 라이벌로 주목받고 있는 엔트로픽은 ChatGPT-4o의 대항마인 클로드 3.5 소네트Claude 3.5 Sonnet를 2024년 6월 출시했다.

앤트로픽 측은 클로드 3.5 소네트가 "OpenAI의 GPT-4o, 구글의

● 레이밴 메타 스마트 안경 (출처 : 메타)

	Claude 3.5 Sonnet	Claude 3 Opus	GPT-4o	Gemini 1.5 Pro
Visual math reasoning *MathVista (testmini)*	67.7% 0-shot CoT	50.5% 0-shot CoT	63.8% 0-shot CoT	63.9% 0-shot CoT
Science diagrams *AI2D, test*	94.7% 0-shot	88.1% 0-shot	94.2% 0-shot	94.4% 0-shot
Visual question answering *MMMU (val)*	68.3% 0-shot CoT	59.4% 0-shot CoT	69.1% 0-shot CoT	62.2% 0-shot CoT
Chart Q&A *Relaxed accuracy (test)*	90.8% 0-shot CoT	80.8% 0-shot CoT	85.7% 0-shot CoT	87.2% 0-shot CoT
Document visual Q&A *ANLS score, test*	95.2% 0-shot	89.3% 0-shot	92.8% 0-shot	93.1% 0-shot

● 클로드 3.5 소네트 벤치마크 결과 (출처: 앤트로픽)

Gemini 1.5 Pro를 비롯한 경쟁 모델보다 성능이 뛰어나다"고 밝혔다. 또한 내부 에이전트 코딩 평가에서 64%의 문제를 해결하여 38%에 그친 클로드 3 오푸스Claude 3 Opus를 크게 앞질렀다.

이번에 공개된 소네트는 향상된 쓰기 기능을 자랑하며, 뉘앙스와 톤이 개선된 콘텐츠를 생성할 수 있는 모델이다. 오푸스보다 두 배 빠른 속도로 콘텐츠를 생성하며, 시각 기능이 향상되어 차트와 그래프를 해석하고 불완전한 이미지의 텍스트를 생성할 수 있다. 특히 뛰어난 코딩 실력과 정교한 추론 및 문제해결 기능을 통해 개발자들이 독립적으로 코드를 작성, 편집 및 실행할 수 있는 AI 코딩 어시스턴트 기능도 크게 개선됐다. 앤트로픽 측은 "개발자들이 코드 번역을 쉽게 처리할 수 있어 기존 애플리케이션 업데이트, 코드베이스 마이그레이션에 특히 효과적일 것"으로 전망했다.

클로드 3.5 소네트의 가장 주목할 만한 기능은 바로 아티팩트Artifacts
이다. 아티팩트는 인공지능과 사용자가 협업하는 공간으로, 앤트로픽
에 따르면 아티팩트는 "사용자가 요청해 생성된 콘텐츠를 실시간으로
보고 편집하며 발전시킬 수 있는 동적 공간"으로 정의할 수 있다.

이전에는 생성형 AI가 만들어내는 결과물만 볼 수 있었다면, 이제
클로드가 생성한 결과물을 실시간으로 확인하면서 편집이나 수정을 할
수 있다. 지원하는 포맷은 '코드 스니펫', '텍스트 문서', '웹페이지 디자
인' 등으로, 해외 언론에서는 엔트로픽이 클로드를 조직의 업무 생산성
을 지원하는 일종의 AI가 결합된 그룹웨어 플랫폼으로 진화시킬 것으
로 예상하면서, 클로드가 인간의 온디맨드 조수 역할을 하게 될 것이라
고 예상하고 있다.

이전 모델에 비해 성능은 크게 개선되고 토큰 사용 비용은 감소한
것도 특징이다. 클로드 3.5 소네트는 이전 모델보다 운영 비용이 저렴하
도록 설계되어 입력 토큰 100만 개당 3달러, 출력 토큰 100만 개당 15달
러다. 한 프롬프트에서 처리할 수 있는 텍스트의 양을 최대한 늘릴 경우
입력 비용은 0.60달러 정도다.

또한, 최근 윤리적인 AI, 설명 가능한 AI의 중요성이 강조되는 분위
기에 맞춰 앤트로픽은 영국의 AI 안전 연구소UK AISI와 아동 안전 전문가
를 비롯한 외부 전문가들이 자사 AI 모델의 안전 메커니즘을 테스트하
고 개선하는 데 참여하고 있다. 앤트로픽은 사용자 개인정보 보호에 대
한 헌신을 강조하며 "사용자가 제출한 데이터로 생성 모델을 학습시키

지 않습니다. 현재까지 고객 또는 사용자가 제출한 데이터를 생성 모델 학습에 사용한 적이 없다"고 주장하고 있다.

앤트로픽은 2024년 말까지 클로드 3.5 하이쿠와 클로드 3.5 오푸스를 출시하여 클로드 3.5 모델 제품군을 완성할 계획이다. 또한 엔터프라이즈 애플리케이션과의 통합, 보다 개인화된 사용자 경험을 위한 메모리 기능 등 더 많은 비즈니스 사용 사례를 지원하기 위한 새로운 양식과 기능도 개발 중에 있다. AI 발전은 기술적 측면과 함께 윤리적인 부문도 함께 고려돼야 한다는 점에서 클로드 3.5 소네트가 보여준 안전성과 윤리성에 대한 고민은 경쟁 서비스에 비해 매우 의미 있는 시도라고 평가할 수 있다.

지난 20년간 구글이 차지해온 검색왕 자리를 MS, 오픈AI 등이 호시탐탐 노리고 있는 가운데 새로운 신흥강자가 나타났다. 오픈AI 출신 아라빈드 스리니바스Aravind Srinivas가 설립한 AI 검색 스타트업 퍼플렉시티Perplexity가 "위키피디아와 ChatGPT의 장점만을 결합한 검색 서비스"라는 찬사를 받으며 무섭게 성장하고 있다.

퍼플렉시티는 스스로를 "검색엔진"이 아닌 "답변 엔진"으로 정의하며 구글과 차별화를 둔 AI 검색 스타트업이다. 즉, 사용자가 질문에 대한 답을 찾기 위해 수많은 검색 결과를 뒤지지 않도록 AI가 검색한 결과를 정리해 답을 제시한다.

퍼플렉시티 CEO인 아라빈드 스리니바스는 "광고 플랫폼으로 전락한 구글 검색은 이제 야후와 같은 길을 걷게 되었다"라고 말하면서

"구글은 구세대의 유물이며, 퍼플렉시티가 검색의 미래가 될 것"이라고 자신하고 있다.

퍼플렉시티는 자연어 처리 기능을 제공하기 위해 구글의 '제미나이', 미스트랄 AI의 '미스트랄 7B', 앤트로픽의 '클로드 3', 오픈AI의 'GPT-4', 메타의 '라마 3' 등 다양한 LLM을 사용하고 있으며 미세조정으로 모델 성능을 강화하고 있다.

탁월한 검색 성능을 무기로 퍼플렉시티의 월간 순방문자수MAU는 1,000만 명을 돌파했고, 기업 가치는 2024년 8월 기준 30억 달러에 달한다. 주요 투자자는 아마존 창업자 제프 베조스, 엔비디아, AI의 대부라 불리는 얀 르쿤 등으로, 글로벌 IT 거물들도 퍼플렉시티의 팬이 되었다. 엔비디아의 CEO인 젠슨 황은 거의 매일 퍼블렉시티를 사용한다고 공언했고, 쇼피파이Shopify의 CEO인 토비 뤼트케는 이미 퍼플렉시티가 구글을 대체했다고 말했으며, 메타의 CEO인 마크 주커버그도 퍼플렉시티를 애용하고 있는 것으로 알려졌다.

퍼플렉시티는 2024년 6월 사용자가 특정 주제를 입력하면 관련된 웹페이지를 자동으로 생성해 주는 '페이지' 기능도 선보였다. 본 서비스는 웹페이지 내용에 맞는 이미지를 자동으로 삽입하거나 검색 결과를 웹페이지로 변환하는 기능도 제공한다. 사용자는 질문을 하기 전에 초보자나 전문가 중 하나를 선택할 수 있고, 퍼플렉시티는 실시간 웹 검색을 통해 질문에 관한 관련성이 가장 높은 답변을 초안으로 작성해 지원한다. 페이지 기능은 유료 요금제인 프로Pro 사용자에게 먼저 제공되며,

향후 일반 사용자에게도 공개될 예정이다.

한편, 퍼플렉시티는 포브스 등 일부 매체의 저작자 표시를 최소화하고 콘텐츠를 재가공한 것으로 드러나 논란이 된 바 있다.

이에 대해 퍼플렉시티 CEO인 아라빈드 스리니바스는 이러한 문제를 인정하고 앞으로 출처 가시성 개선, 사용자 피드백 통합, 명확한 인용 표시를 약속했다. 미디어 업체와의 관계 개선을 위해 퍼플렉시티는 이들과 광고 수익을 공유하는 '퍼블리셔 프로그램'도 새롭게 출시했다. 언론사가 여기에 참여하면 해당 콘텐츠가 AI 검색에 노출되고, 콘텐츠 사용에 대한 정당한 보상도 받을 수 있다. 이 프로그램을 통해 퍼플렉시티는 AI 학습에 필요한 신뢰할 수 있는 라이센스 데이터도 확보하고, 기존 구독모델 외에 광고라는 새로운 수익모델도 창출할 수 있다.

생성형 AI에 따른
디지털 트랜스포메이션 전략의 변화

생성형 AI로 촉발된 디지털 트랜스포메이션 가속화

미국 구인 사이트 레주메빌더Resume Builder가 최근 구인 중인 미국 기업 1,187곳을 대상으로 설문조사를 한 결과 90%가 넘는 기업에서 '채용 하려는 직원이 ChatGPT를 이용해 본 경험이 있다'라고 답변했다. 몇 년 전 대기업 채용 인터뷰에서 문과생들에게도 파이썬Python 가능 여부 를 물어봤다면, 이제는 ChatGPT가 그 배턴을 이어받았다.

생성형 AI는 소셜 미디어에서 게임, 광고, 건축, 코딩, 그래픽 디자 인, 제품 디자인, 법률, 마케팅, 영업에 이르기까지 인간이 독창적인 작품을 만들어야 하는 모든 산업에 적용되고 있다. 생성형 AI는 창작과 지식 작 업의 한계 비용을 제로 수준으로 낮춰 막대한 노동 생산성과 경제적 가 치를 창출하고, 그에 상응하는 시가총액을 창출할 것으로 기대된다. 텍 스트, 코드, 이미지, 동영상 전반에 걸친 생성형 AI의 활용은 2030년까 지 기하급수적으로 향상되면서 인간 작업자의 생산 능력을 능가할 것으 로 예상된다.

ChatGPT에게 인기 있는 패션 인스타그램 계정을 소개해달라고 한 다음, 이 중 한국에서도 인기가 많은 미국 블로거 아미송Aimee Song이 소개한 제품 중 패스트 패션Fast Fashion 브랜드를 제외한 300달러 이하 로컬 브랜드를 추천해 달라고 부탁하자 순식간에 결과를 도출하였다. 향후 패션이나 뷰티 분야 크리에이터와 ChatGPT를 결합한 전자상거래 모델도 탄생할 수 있을 것으로 보인다.

예를 들어, 네이버 스마트 스토어나 쇼피Shopee에서 유명 패션/뷰티 인플루언서가 소개하고 ChatGPT가 찾은 300달러 미만 인기 로컬 아이템을 판매하는 채널을 만든다면, 10대 고객들에게 인기를 얻을 수도 있을 것이다. 생성형 AI와 패션이 본격적으로 결합되면 온라인으로 패션 아이템을 구매하는 패턴이 지금과는 완전히 달라질 수 있다.

전문가들은 생성형 AI가 보다 광범위하게 도입되면 새로운 수준의 생산성을 뒷받침할 것으로 예측한다. 기업은 알고리즘을 통해 고객 구매 패턴을 더 잘 이해하고, 구매 패턴과 경쟁사 가격을 분석하여 제품 제공 및 가격을 최적화하고, 소비자에게 더 적합한 제품을 추천함으로써 매출을 높일 수 있을 것으로 기대하고 있다.

ChatGPT와 같은 생성형 AI 모델은 고객 피드백을 수집하고 설문조사를 실시하여 기업이 고객 선호도와 불만 사항에 대한 더 많은 인사이트를 수집할 수 있도록 지원한다. 이를 통해 기업은 고객에 대해 더 깊이 이해할 수 있으며, 비즈니스 리더는 이 데이터를 사용하여 제품 제공 및 마케팅 전략을 수립할 수 있다.

또한 코딩, 데이터 입력, 계약서 및 마케팅 카피 작성, 대규모 보고서 요약 및 해석과 같은 수동 또는 반복적인 작업을 자동화하여 비용을 절감하고 효율성을 개선할 수 있도록 지원한다. 고객 피드백을 모니터링하고, e-커머스 사이트의 챗봇을 강화하고, 과거 데이터, 소비자 감정 및 경쟁사 데이터를 분석하여 재고 수준을 보다 정확하게 예측하고, 할인 및 프로모션을 최적화하여 마진을 극대화할 수 있다.

아마존은 제품 추천 시스템을 개발하고 공급망 운영을 최적화하기 위해 생성형 AI 도구를 사용하고 있으며, 세포라Sephora는 소비 트렌드를 기반으로 새로운 제품 라인을 개발하고 메이크업 및 스킨케어 제품의 가상 체험 기능을 개선하는 데 사용하고 있다.

캐나다에 본사를 둔 커머스 플랫폼인 쇼피파이Shopify는 새로운 생성형 AI 기반 제품 설명 툴인 쇼피파이 매직Shopify Magic을 공개했는데, 대규모 언어모델을 사용하여 소매업체의 목소리나 어조로 제품에 대한 더 나은 설명을 작성하고 실시간으로 결과를 생성할 수 있도록 지원한다.

또한 나이키는 생성형 AI 도구를 사용하여 새로운 신발과 의류 라인을 디자인하고 있으며, 월마트Walmart, 타겟Target, 메이시스Macys는 가격 책정 전략을 최적화하는 데 사용하고 있다. 온라인 패션 리테일 기업인 'THE ICONIC'은 이미 머신러닝과 AI 기술을 사용하여 주문 배송일을 예측하고, 고객이 의류를 가상으로 입어볼 수 있도록 하는 등 고객 경험을 개선하고 있다. 코카콜라Coca-Cola는 오픈AI, 베인앤컴퍼니Bain & Company와 협력하여 브랜드 자산인 독특한 윤곽의 병 디자인 등을 활용한 독창적인 아트 작품을 생성할 수 있는 AI 플랫폼을 출시했는데, 여기에는 DALL-E와 GPT-4 기술이 적용되었다.

글로벌 컨설팅 회사인 베인앤컴퍼니는 생성형 AI를 활용한 업계의 디지털 트랜스포메이션 가속화 사례를 개인화된 마케팅, 고객 참여 및 서비스 혁신, 운영 및 생산성 향상, 고객 및 업계 인사이트 생성 등 크게 네 가지로 분류하고 있다.

개인화된 마케팅

생성형 AI는 이전에는 불가능했던 대규모의 개인화 마케팅을 가능하게 한다. 이메일 캠페인의 경우 메일 수신자의 과거 선호도를 기반으로 공감을 불러일으킬 수 있는 키워드를 사용하여 핵심 메시지를 각 수신자에게 맞게 조정할 수 있다.

예를 들어, 할인을 중요하게 생각하는 식료품 쇼핑객에게는 할인 혜택을 강조하면서 쿠폰을 포함한 이메일을 발송하고, 미식가에게는 음식의 원산지를 강조하면서 레시피를 포함하는 이메일을 작성할 수 있다. 또한, 마케터는 생성형 AI 도구를 사용하여 블로그 게시물의 초안이나 이미지를 생성한 다음 검토하고 다듬는 방식으로 생산성을 높일 수 있고, 맞춤화된 랜딩 페이지, 제품 설명, 일러스트레이션 등을 활용해 손쉽게 웹사이트나 모바일앱을 구현할 수 있다.

패션기업은 생성형 AI를 사용하여 고객이 직접 촬영한 사진을 수정함으로써 의류 품목이 고객에게 어떻게 보일지 더 잘 시각화할 수 있도록 도울 수 있다. 이처럼 기업은 잠재 구매자에게 고도로 개인화된 추천을 제공함으로써 고객에게 가치를 더하고 매출을 증대할 수 있다.

고객 참여 및 서비스 혁신

생성형 AI 기반의 가상 어시스턴트는 최신 기술이 이전에 수집한 정보를 바탕으로 상호 작용의 맥락을 파악할 수 있기 때문에 도움이나 영감이 필요할 때 고객에게 훨씬 더 나은 경험을 제공한다.

예를 들어, 편리한 러닝화를 찾는 고객은 나이키나 아디다스의 AI 어시스턴트에게 "일주일에 최대 10km를 달리는 러너에게 가장 적합한 러닝화를 추천해달라"고 요청하면 AI 어시스턴트는 고객이 이전에 구매한 적이 있는 신발을 목록 맨 위에 배치하여 옵션을 강조하여 표시해 준다. AI 챗봇에게 원하는 사이즈의 재고가 있는지, 배송은 얼마나 걸리는지 등 후속 질문에 대한 정확한 답변을 들은 후 고객은 원하는 신발을 구매할 수 있다. 또한 AI는 멀티모달 검색을 가능하게 하여 쇼핑객이 텍스트와 키워드로만 검색하는 것이 아니라 사진, 음성, 비디오 등 다양한 유형으로 검색할 수 있게 도와준다.

생성형 AI 기반 툴은 고객이 매장을 떠난 후에도 대화를 계속하거나 스타일링을 추천하고, 판매 직원에게 고객과의 소통 방법을 지도하고, 특정 고객을 위한 개인화된 커뮤니케이션을 진행할 수 있다.

2022년 7월, 의류 소매업체 스티치픽스Stitch Fix는 더 나은 스타일링 서비스를 통해 매출을 높이고 고객 만족도를 향상시키기 위해 GPT-3와 DALL-E 2를 실험하고 있다. 이러한 생성형 모델은 스타일리스트가 방대한 고객 피드백을 빠르고 정확하게 해석하고, 고객이 구매할 가능성이 높은 제품을 큐레이션하는 데 도움을 준다.

예를 들어, AI 도구는 수백 개의 텍스트 댓글, 이메일 요청, 제품 평가, 온라인 게시물 등 고객의 모든 피드백을 분석한다. 고객이 특정 스타일의 바지에 대해 "핏이 좋다", "색상이 재미있다"는 등의 댓글을 자주 남긴다면 DALL-E는 고객이 구매할 가능성이 높은 유사한 바지의 이미지를 생성하고, 이를 바탕으로 스타일리스트는 스티치픽스의 인벤토리 Inventory에서 유사한 상품을 찾아 해당 고객에게 추천할 수 있다.

운영 및 생산성 향상

생성형 AI는 판매업무를 신속하게 처리하는 데 도움이 되는 도구를 제공해 기업의 생산성을 향상시킬 수 있다. AI 챗봇은 직원이 필요로 할 때 대화형 어조로 프롬프트와 지침을 제공하여 신뢰도를 높일 수 있다. 또한, 실적이 우수한 매장에서 얻은 비정형 데이터에서 모범 사례를 코드화하여 해당 정보를 챗봇에 통합해 생성형 AI를 사용하여 직원들의 교육 및 온보딩을 위한 자료를 자동으로 생성하거나 보강할 수 있다.

ChatGPT를 통해 기업은 판매 데이터를 분석하고 수요를 예측하여 재고 수준을 관리할 수 있다. 이를 통해 소매업체는 재고 과잉이나 제품 품절을 방지하여 비용을 절감하고, 고객 만족도를 높일 수 있다. ChatGPT는 물류 담당자에게 자동 알림을 전송하여 창고에 재고가 부족하다는 사실을 알려줄 수도 있다.

생성형 AI는 대량의 데이터를 빠르게 분석해 의심스러운 구매 패턴, 동일한 주소로 여러 번 주문하거나 다른 신용카드로 고가 제품을 구매하는 등 사기 가능성이 있는 활동을 정확하게 식별할 수 있다. 기업은 이전의 사기 사례를 학습하도록 ChatGPT를 설정하여 향후 발생 가능한 위험을 식별할 수 있다.

또한, ChatGPT를 사용하여 고객의 반품 및 교환 처리를 도울 수 있다. 고객은 반품 과정에서 종종 다양한 질문과 우려 사항을 제기하는데, ChatGPT는 반품 또는 교환을 시작하는 방법과 같은 일반적인 질문에 답변하도록 프로그래밍할 수 있어 연중무휴 24시간 실시간 반품 지원을 제공할 수 있다.

ChatGPT를 고객서비스 채널에 통합하여 고객 문의를 자동화하여 즉각 대응할 수도 있다. 예를 들어, 소매업체는 ChatGPT를 사용하여 고객 문의에 실시간으로 답변하고 문제를 해결해주는 대화형 챗봇을 개발할 수 있다. 고객에게 예상 배송일을 포함하여 주문 상태에 대한 실시간 업데이트를 제공할 수 있으며, ChatGPT의 번역 기능을 활용해 다양한 언어로 글로벌 고객서비스와 지원도 가능하다.

고객 및 업계 인사이트 생성

생성형 AI는 전화 통화, 온라인 채팅 등 고객과의 상호 작용의 내용과 어조를 모니터링한 다음, 해당 고객이 받은 정보와 전달 방식에 만족할지 불만족할지 실시간으로 평가할 수 있다.

순추천고객 점수NPS와 같은 지표를 통해 고객 지지도를 측정하면 사후 대응이 아닌 예측 프로세스가 가능해진다. 생성형 AI는 설문조사와 같은 구조화된 피드백을 더 잘 이해하여, 개별 매장에서의 고객 인사이트를 분석할 수 있다. 고객의 피드백 데이터를 주요 산업, 시장 및 카테고리 분석 데이터와 통합하여 실시간으로 조정하고 고객 트렌드 변화에 맞춰 상품 구색을 강화하고, 새로운 상품과 서비스에 대한 아이디어를 도출할 수 있다.

또한, 온라인 마켓플레이스 운영자는 생성형 AI를 활용하여 제품 사진으로부터 자동으로 키워드와 제품 설명을 생성해 다른 판매자들이 손쉽게 온라인에서 상품을 등록하고 관리할 수 있도록 할 수 있다.

25년 전 닷컴 붐 vs. 현재 AI 붐, 어떻게 다른가?

"인터넷 광고를 보면 돈을 준다?"

닷컴 버블이 절정에 이르던 90년대 말 등장한 골드뱅크Gold Bank의 광고 카피다. 지금 보면 황당하게 보이지만, 당시 골드뱅크는 창업 다음 해인 1998년 10월에 '국내 1호 상장 인터넷 업체'라는 타이틀로 화려하게 코스닥에 상장한 인터넷 기업으로, 광고를 보면 돈을 준다는 '사이버 머니' 바람을 일으키며 한때 한국을 대표하는 벤처기업으로 자리매김했다.

1998년 10월 6,200원이었던 골드뱅크 주가는 1999년 2월 6만 원대, 5월에는 31만 2,000원까지 치솟으며 8개월 만에 무려 50배 이상 주가가 급등했지만, 주가조작과 업무상 횡령 시비에 휘말리며 창업자는 결국 회사를 떠나게 되었고, 최대 주주도 10번 이상 바뀌는 등 극심한 혼란을 겪다가 결국 상장 11년 만인 2009년에 증시에서 퇴출당한다.

그렇다면 지금 AI 혁명 시대는 골드뱅크가 주목받던 90년대 말과 어떻게 다를까? 언뜻 보면 회사명에 닷컴.com만 들어가면 평범한 통신 장비 제조 회사가 최첨단 기술력을 가진 유망 기업으로 둔갑했던 90년대 말과 회사 이름에 닷AI.ai가 들어가면 주목받는 현재가 비슷한 것처럼 보인다. 일부 투자자들은 AI의 장기적인 성장세에 주목하면서 2023년부터 2030년 사이에 나스닥NASDAQ이 500% 이상 폭등할 것이라는 장밋빛 전망을 내놓고 있다. 그렇다면 90년대 말 닷컴 붐과 현재 AI 붐은 같을까? 아니면 다를까?

ChatGPT 등장 이후 AI 관련 기업과 산업이 주목을 받고 수조 달러의 가치가 창출되면서 1995년부터 2000년 초반까지 볼 수 있었던 닷컴 버블과 비교되고 있다. 웹의 아버지라고 불리는 팀 버너스리Tim Berners-Lee가 1989년 월드와이드웹을 창시한 이후 1991년 8월에 세계 최초의 웹사이트가 출시되었고, 이후 야후, 아마존, 알타비스타, 인포시크와 같은 수많은 닷컴 기업들이 등장하면서 1992년부터 1999년까지 나스닥 종합지수는 600% 가까이 상승했다.

당시 월스트리트는 "새로운 인터넷 세상이 도래했다"고 선언하면서 인터넷의 경제적 잠재력에 대해 흥분하기 시작했다. 풍부한 자금 유입, 규제 완화, IT 인프라 확대 등으로 IT와 인터넷에 대한 장밋빛 전망이 확산하면서 혈기왕성한 젊은이들이 잘 다니던 학교와 직장을 나와서 제2의 야후와 구글을 꿈꾸며 창업 시장에 뛰어들었다.

특히 닷컴 버블이 정점에 달했던 2000년 3월 나스닥의 주가는 5,000포인트 이상을 기록하였고, 많은 사람이 축배를 들었다. 당시 언론과 전문가들 사이에서 대형 기술주를 중심으로 미국 증시가 너무 많이 올라 버블이 우려된다는 지적이 제기되었지만, 투자자들 사이에서는 아직 버블이 터질 만큼 부풀려진 것은 아니라며 조금 더 파티를 즐겨도 된다는 심리가 존재했다. 당시에는 실제 매출, 수익, 밸류에이션 Valuation과 상관없이 닷컴 기업에 많은 자금이 몰렸고, 많은 사람이 '나무가 하늘까지 자랄 수 있다'고 생각했다.

2000년 4월 3일, 나스닥이 무려 7.64%라는 역대 최대의 하락폭을 기록하며 속절없이 무너져 내렸고, 샴페인을 들어 올렸던 사람들은 겁에 질려서 닷컴 주식을 앞다퉈 내다 팔기 시작했다. 버블이 종료된 지

● 닷컴 버블 당시 나스닥 차트 (출처 : 토스뱅크)ㅣ

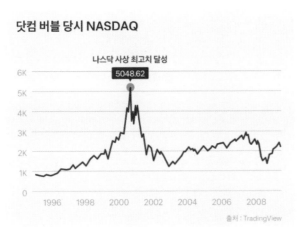

1. 미국 빅테크 버블일까? 닷컴 버블 사태와 비교해 보아요, 토스뱅크.

1년 반 만에 나스닥의 주가는 절반 이상 하락했고, 2002년에는 1,100포인트대까지 떨어지면서 수많은 닷컴 기업들이 도산했다. 대기업을 박차고 닷컴 기업으로 이직했던 사람 중 일부는 다시 원래 있던 대기업으로 돌아갔고, 나머지는 시장에서 사라졌다.

리서치 기관인 벤처원VentureOne에 따르면, 90년대 말 설립된 미국의 닷컴기업 5개 중 1개는 초기 투자가들에게 아무런 투자수익도 안겨주지 못하고 도산한 것으로 나타났다. 당시 다수 닷컴 기업들의 문제는 뚜렷한 수익모델이 없이 가치가 부풀려져 있었다는 것이다.

그리고 선명했던 당시의 모습이 20여 년이 흐른 후 "역사는 돌고 돈다"는 말처럼 지금 다시 재현되고 있다. 이번에는 AI 붐이다. 2022년 11월 ChatGPT가 출시되면서 월스트리트는 "이제 새로운 AI 세상이 도래했다"고 선언하면서 AI의 잠재력에 집착하게 되었다. 이런 가운데 과거 닷컴 버블을 경험한 많은 사람들로부터 AI 기술주에 대한 투자 심리가 너무 과열된 것이 분명하다는 경고가 잇따르고 있다.

템플턴 에셋 매니지먼트Templeton Asset Management의 최고정보책임자 CIO인 제임스 페니James Penny는 "실적에 AI라는 단어만 언급해도 주가가 상승하는 기업이 있다. 닷컴 시대와 매우 흡사한 냄새가 난다"고 말했다.

AI의 급속한 성장과 닷컴 버블이 몇 가지 유사점을 가지고 있는데, 특히 두 경우 모두 이 분야의 모든 비즈니스나 투자 기회가 실행 가능한 비즈니스 모델을 가지고 있는 것이 아니라는 점이다. 20년 전에는 많은 기업이 웹사이트를 운영하는 것만으로 스스로를 '인터넷 비즈니스 기업'이라고 불렀다. 이는 오늘날 많은 기업이 단지 ChatGPT에 연결된다는 이유로 스스로를 'AI 기업'이라고 부르는 것과 비슷하다.

테크런치 디스럽트 컨퍼런스TechCrunch Disrupt conference에 참여한 투자 패널들은 가시적인 매출이 없는 AI 기업들이 기업 가치보다 높은 밸류에이션으로 평가받고 있다고 꼬집었다. 투자회사인 티어리 벤처스Theory Ventures의 설립자 토마스 텅거즈Tomasz Tunguz는 1,000만 달러(약 135억 원) 이상의 수익을 창출하는 순수 AI 스타트업은 전 세계를 통틀어 25개 미만이라고 지적했다.

그러면서 현재 투자 시장에서 주목받는 AI 기업의 95%가 연간 매출액 500만 달러(약 67억 원) 미만이라고 설명했다. 투자 전문 싱크탱크 피치북PitchBook이 발표한 자료에 따르면, 저조한 매출 실적에도 불구하고 1억 달러(약 1,341억 원) 이상의 기업 가치로 투자 라운드를 진행한 AI 기업이 74개에 달하는 것으로 나타났다.

역사적으로 볼 때 밸류에이션이 낮으면 투자자가 예상수익 성장에 대해 '지불'할 가능성이 높다. 일반적으로 주가매출액비율PSR이란 주가를 주당 매출액으로 나눈 것으로, 기업의 성장성에 주안점을 두고 상대적으로 저평가된 주식을 발굴하는 데 이용하는 성장성 투자지표다. PSR이 낮을수록 저평가됐다고 본다. 1994년 당시 투자자들은 약 3의 PSR로 마이크로소프트의 주식을 매입할 수 있었다. 2024년 8월 26일 기준 MS의 PSR은 12.60배로 거래되고 있다.

닷컴 버블과 마찬가지로 AI 시장도 빠른 혁신, 거품이 낀 투자 환경,

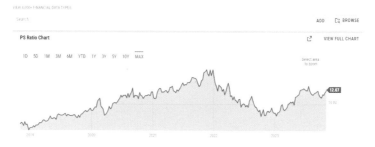

● 마이크로소프트 PSR 차트 (출처 : 마이크로소프트)

많은 신규 진입자, 그리고 부풀려진 기대감으로 대표되는 과대광고 사이클을 경험하고 있다. 2024년 8월 5일 엔비디아, 테슬라 등 기술주들의 주가가 일시적으로 급락하자 인공지능에 대한 오랜 논쟁이 다시 불거졌다. 월스트리트 저널에 따르면 아마존, 애플, 테슬라를 포함한 '매그니피센트 세븐Magnificent 7'으로 알려진 거대 기술 기업들은 월요일 하루에만 총 6,500억 달러의 손실을 입었다.

ChatGPT가 출시된 지 거의 2년이 지난 지금, 생성형 AI와 초거대 인공지능 출현 가능성에 그 어느 때보다 많은 투자가 이뤄지고 있지만, 자본 지출이 AI 수익보다 훨씬 많고 혁신의 속도가 느려지면서 투자자들은 실리콘밸리가 언제쯤 이러한 비용을 회수할 수 있을지 의문을 품게 되었다. 특히 골드만삭스, 세쿼이아 캐피탈Sequoia Capital, 바클레이즈Barclays PLC 등 주요 금융기관의 많은 애널리스트들은 생성형 AI가 성과를 거둘 수 있을지에 대해 의문을 제기하고 있다. 물론, 그동안의 기록을 보면 기술 기업은 종종 오랫동안 수익을 내지 못하는 경우가 대부분이다. 아마존은 창업 후 첫 9년 동안 흑자를 내지 못했고, 우버^{Uber}는 창립 15년 만인 올해 처음으로 연간 흑자를 기록했다.

유명 헤지펀드 엘리엇은 AI가 "황금기를 맞이할 준비가 되지 않은 많은 애플리케이션으로 과대 포장돼 있다"고 설명하면서 "생성형 AI가 회의 내용을 요약하고, 보고서를 작성하고, 코딩을 돕는 것 외에 실제적인 용도는 거의 없으며, AI 도구는 집중적인 컴퓨팅 수요와 에너지 요구로 인해 다른 소프트웨어보다 수익률이 훨씬 낮다"고 말하고 있다. 게다가 현재 출시된 AI 서비스들이 "비용 효율적이지 않거나 실제로 제대로 작동하지 않거나 너무 많은 에너지를 소모하거나 신뢰할 수 없다"고 지적했다.

실제로 Character.AI는 AI 챗봇을 개발하기 위해 1억 5천만 달러를 모금했다. 앱트^{Adept}는 AI 에이전트 구축을 위해 4억 1,500만 달러를 모금했다. 인플렉션^{Inflection}은 무려 15억 2,500만 달러의 자금을 조달하여 파이^{Pi}라는 AI 챗봇을 개발했다. 하지만 막대한 자금이 투입된 이러한 AI 서비스가 과연 기대 이상의 가치를 창출할 수 있을지는 여전히 베일에 싸여있다.

엘리엇과 같은 투자자들은 실리콘밸리가 AI에 대한 지출을 줄이기를 원하고 있지만, 실상은 정반대로 흘러가고 있다. 마이크로소프트, 알파벳, 아마존, 메타의 AI에 대한 지출은 2024년 상반기에만 총 1,060억 달러에 달하고 있으며, 향후 5년 동안 AI에 총 1조 달러를 지출할 것으로 예상된다.

빅테크 CEO들은 모두 AI가 적어도 한 세대 만에 가장 큰 기회라고 동의하고 있으며, 지금 지출을 줄일 경우 향후 경쟁사에게 경쟁 우위를 내줄 위험이 있고, 이는 장기적인 수익에 더 큰 악영향을 미칠 수 있다고 생각하고 있다.

Part 2

AI
트랜스포메이션
어떻게
추진해야 하나?

AI 트랜스포메이션 전략
어떻게 추진할 것인가?

디지털 트랜스포메이션을 넘어서 AI 트랜스포메이션으로

스마트폰의 등장과 함께 기업 비즈니스 전반에 디지털 역량을 강화하는 디지털 트랜스포메이션 단계를 넘어서, AI를 활용해 운영효율성 및 생산성을 강화하여 비즈니스 모델을 혁신하는 AI 트랜스포메이션 단계로 진화하고 있다.

1단계는 1990년대 말의 '디지털 인프라 구축 단계'이다. 인터넷이 본격적으로 도입되기 시작하면서 기업 내부에 인터넷을 사용할 수 있는 환경을 제공하기 위하여 서버, 네트워크 등의 디지털 인프라를 구축하고, 기존 오프라인 기반의 음악, 영화 등의 서비스를 인터넷으로 제공하기 시작한 시기다.

2단계는 2000년대 초의 '디지털 비즈니스 추진 단계'이다. 인터넷 사용자가 늘어나면서 기존 오프라인 기반의 상거래와 비즈니스를 인터넷 기반으로 전환하는 단계로 전자상거래, e비즈니스, 인터넷마케팅 등이 본격적으로 진행된 e-트랜스포메이션e-Transformation 시기다.

3단계는 2010년대 초의 '디지털 트랜스포메이션 전환 단계'이다. 모바일, 빅데이터, AI, 사물인터넷IoT 등의 디지털 기술이 발전하고 산업구조가 디지털 기반으로 변화되면서 기업의 조직, 프로세스, 가치사슬, 비즈니스 모델 등의 기업 경영전략의 모든 것을 디지털 기반으로 탈바꿈한 시기다.

4단계는 2023년 초의 'AI 기반 비즈니스 통합 단계'이다. 오픈AI의 ChatGPT가 대중화되고, 구글, 네이버, 메타 등의 ICT 기업들이 대규모 언어모델Large Language Models; LLM을 앞다퉈 출시하면서 기업들이 기존 디지털 트랜스포메이션 역량 강화를 위하여 AI를 활용하면서 본격화되었

● 디지털 트랜스포메이션을 넘어서 AI 트랜스포메이션으로 진화 (출처 : 디지털이니셔티브 그룹)

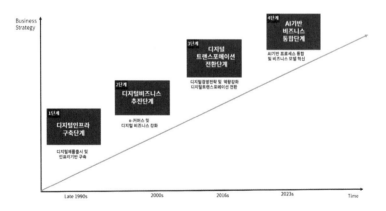

다. 디지털 트랜스포메이션으로 구축된 조직역량 및 프로세스 기반을 AI로 통합하고 연결하여, 기존 비즈니스 모델을 자동화하고 맞춤화된 비즈니스 모델로 혁신하고 있다.

AI 트랜스포메이션은 디지털 트랜스포메이션의 확대 및 가속화 전략 측면에서 바라봐야 한다. 기존 기업의 조직, 운영관리, 프로세스, 가치사슬Value Chain, 비즈니스 모델 등의 디지털 트랜스포메이션 역량이 확보되지 않은 상태에서 AI 트랜스포메이션을 추진하게 되면 실패할 확률이 높다.

2016년에 국내 기업들이 디지털 트랜스포메이션 전략을 추진하면서 AI 기술을 제조현장 및 내부운영 최적화에 활용하였으나, 대부분의 기업들이 실패했다. AI 알고리즘 및 기술이 최적화되어 있지 않은 이유도 있었으나, 무엇보다 내부 학습데이터가 부족한 상황에서 무리하게 AI를 도입하다 보니 신뢰할 수 없는 결과가 나올 수밖에 없었으며, 조직 내부 직원들의 디지털 역량이 충분하지 않은 상태에서 AI를 도입해 제대로 활용하지 못하면서 비싼 돈을 들인 AI 기술이 어느 순간에 '빛 좋은 개살구'가 되었다.

그렇기 때문에 AI 트랜스포메이션은 단순하게 AI 기술을 도입하고 적용하는 과정이 아니라, 기존 디지털 트랜스포메이션 전략 추진 영역에 AI 기술을 통합하고 활용하여 AI 기반으로 기업의 전략, 조직, 프로세스, 일하는 방식, 가치사슬, 제품 및 서비스, 비즈니스 모델을 근본적으로 변화시키는 중장기 경영전략이다.

구분	디지털 트랜스포메이션 (DX)	AI 트랜스포메이션 (AX)
핵심 전략	디지털 기반 역량 확보 전략	디지털 기반 역량 통합 전략 (End to End)
주요 추진 전략	일하는 방식 변화 가치사슬 최적화	고객경험 강화 (초개인화) 비즈니스 모델 혁신 (온디맨드)
주요 활용 기술	빅데이터 (Big Data) RPA	AI (머신러닝 및 생성형 AI) 슈퍼앱 (Super APP)

● 디지털로 인한 변화 (출처 : 디지털이니셔티브 그룹)

기존의 디지털 트랜스포메이션이 빅데이터, RPA^{Robotic Process Automation} 등의 디지털 기술을 활용하여 일하는 방식의 변화, 가치사슬 최적화를 위한 디지털 기반 역량을 확보하는 데 중점을 두었다면, AI 트랜스포메이션은 기존에 확보된 디지털 트랜스포메이션 역량을 기반으로 머신러닝^{Machine learning} 및 생성형 AI^{Generative AI}, AI 기반 기술과 슈퍼앱^{Super App} 같은 기업의 통합플랫폼 등을 활용해 초개인화^{Hyper-Targeting}, 온디맨드^{On-Demand} 비즈니스 모델 혁신을 강화하는 디지털 기반 역량을 통합하는 전략이다.

기업은 AI 트랜스포메이션 전략을 추진하여 지능화하고 자동화된 업무프로세스로 최적화된 의사결정을 내릴 수 있으며, 제조 및 생산현장에서 제품 품질을 개선하여 생산성을 향상시키고, 수요예측 및 맞춤형 가격을 제안하고, 개인화된 고객서비스 및 경험을 강화할 수 있다. 더 나아가 향상된 데이터 분석 역량과 서비스 플랫폼 통합으로 비즈니스 모델 혁신을 이루어 신규 수익을 창출할 기회를 얻을 수 있다.

AI 트랜스포메이션 전략 어떻게 추진할 것인가?

기업이 성공적인 AI 트랜스포메이션 전략을 추진하기 위해서는 우선적으로 현재의 마켓, 기술, 고객 등 디지털 환경의 변화요인을 분석하여 장기적인 관점에서 기업 비전 및 전략 방향성이 재정립되어야 한다.

자사의 내재화된 핵심역량을 파악하여 고객경험을 강화하고, 신규 비즈니스 모델을 확보하여 새로운 생태계를 만들 수 있는 핵심역량에 기반한 경쟁 우위 전략 접근이 필요하다.

더불어 빠르게 기업 내에 AI 역량을 내재화하고 프로세스에 최적화하기 위해서는 유연하고, 속도감 있게 AI 기술을 받아들이고 활용할 수 있는 기업 문화 및 조직체계의 체질 개선이 이루어져야 한다.

AI 트랜스포메이션의 핵심은 AI 기술 그 자체를 도입하고 구축하는 전략이 아닌, AI 기술을 활용하여 고객경험 강화, 프로세스 최적화, 비즈니스 모델 혁신을 강화하는 데 있다.

그렇기 때문에 단기적인 관점에서 다른 기업이 머신러닝 및 생성형 AI를 도입하기 때문에 성급하게 우리 기업도 따라 하는 미투 Me Too 전략보다는 장기적인 관점에서 기존 디지털 트랜스포메이션 전략과의 연계를 고려해야 한다. 신뢰할 수 있는 학습데이터를 우선적으로 확보하고, 현재 조직역량을 강화하고 비용 절감 효과 및 매출 증대를 가져다줄 수 있는 기업전략에 부합하는 AI 기술을 단계별로 도입하고 구축해야 한다.

AI 트랜스포메이션 전략추진은 비전 수립, 거버넌스 체계 구축, 변화관리 및 조직문화 형성, 혁신 및 R&D 추진, 비즈니스 모델 혁신 단계로 이루어진다.

비전 수립

현재 AI 기술 발전에 따른 변화를 인식하고 AI가 기업 경영전략과 비즈니스에 끼치는 영향을 분석하여 장기적인 관점에서 기업의 AI 비전과 전략 방향성을 정립해야 한다. AI 비전을 수립할 때는 AI 기술이 아닌 비즈니스 전략에 중점을 두어야 한다. AI 기술을 통해 장애물을 제거하고 역량을 확대할 수는 있지만, AI 기술 그 자체가 목적이 아니라 어떻게 하면 고객경험을 향상시키고, 내외부 프로세스를 최적화하고, 비즈니스 모델을 혁신할 수 있는지에 초점을 맞추어야 한다.

컨스털레이션 리서치Constellation Research의 설립자 겸 회장인 레이 왕Ray Wang은 "AI 구현으로 성공을 꿈꾸는 조직이라면 장기적인 안목을 가져야 하고, AI 구현으로 상당한 경쟁 우위를 점할 수 있다는 것과 장기적인 투자가 필요하다는 것을 이해해야 한다. 그 밖의 모든 것은 무용지물이다"[2]라고 장기적인 관점에서 AI 비전 수립의 중요성을 강조했다.

성공적인 AI 트랜스포메이션을 추진하기 위하여 무엇보다 경영진이 강력한 탑다운Top Down 리더십을 통해 명확한 비전을 세우고, AI 트랜스포메이션 전 과정에 적극적으로 참여하여 변화의 필요성을 주장하고, 직원들의 공감대 및 참여를 이끌어 내는 게 무엇보다 중요하다.

맥킨지 조사에 따르면 AI를 잘하는 조직은 그렇지 않은 조직보다

2. 인공지능은 어떻게 산업의 미래를 바꾸는가, MIT SMR Connections

AI뿐만 아니라 C레벨 경영진의 전반적인 리더십 수준도 2.3배 높은 것으로 나타났다. AI에서 가장 큰 가치를 창출하는 기업은 그렇지 않은 기업보다 C레벨 경영진이 AI 이니셔티브에 적극적으로 관여하고 있다. 현재 기업전략에서 왜 AI가 중요한지를 적극적으로 설명하고, 직원들로 하여금 새로운 아이디어를 테스트하고 그것이 실패할지라도 계속해서 변화를 추구하도록 동기부여를 강화하는 활동을 최우선에 두어야 한다.[3]

롯데그룹은 그룹 전반에 디지털 트랜스포메이션을 추진하면서 확보된 AI 기술을 활용해 업무 전반에 수용성을 높이고, 생성형 AI를 비롯한 다양한 부문에 기술 투자를 강화해 새로운 게임체인저Game Changer가 되고자 하는 비전을 기반으로 AI 트랜스포메이션 전략을 추진하고 있다.[4] AI를 단순히 업무 효율화 수단이 아닌 혁신의 관점에서 본원적 경쟁력을 강화하기 위한 다양한 접근을 하고 있다. 이를 위해 롯데그룹은 지주사에 AI TF를 신설하고 주요 계열사는 AI 플랫폼 구축 및 기술도입에 속도를 내고 있다.

롯데건설은 AI 트랜스포메이션 시대에 발맞춰 신사업 경쟁력을 확보하기 위해 R&D 조직과 사업본부 인력으로 구성된 AI 전담조직인 'AGI TFT'를 신설해 범용AIAGI 추진 전략을 수립하고 로드맵을 설계했다. 'AGI Driven Construction Company'라는 비전 아래 본원적 비즈니스 경쟁력 강화와 일하는 방식의 변화를 목표로 AI 중심의 건설사업을 확대하고 있다.

3. AI 설계과정에 최종 사용자 포함하고 도입 이후의 변화관리에 적극 투자를, 동아비즈니스리뷰(2021.07)
4. 유통대기업 "AI로 리테일 혁신" 이구동성, ZDNET Korea(2024.02.27)

거버넌스 체계 구축

체계화되고 일관성 있는 AI 트랜스포메이션 전략추진을 위해서는 이를 운영, 관리, 조정, 평가할 수 있는 거버넌스 체계가 구축되어야 한다. AI 거버넌스 체계를 통해 AI 혁신의 방향성을 제시하고 경영, 사업, AI 전략이 일관성 있게 추진되도록 조정하고 관리해야 한다. 또한, 기업 내 AI 역량 강화에 대한 합리적인 투자가 이루어지도록 지원하고 단계별로 성과를 측정하여 제대로 추진되고 있는지도 분석해야 한다.

AI 거버넌스 체계를 구축하기 위해서는 CEO가 주도하여 AI 트랜스포메이션 추진위원회를 구성해야 한다. AI 트랜스포메이션 추진위원회는 전략수립, 투자의사결정, 정책수립, 사업추진 조정, 운영평가 관리 등의 전사 AI 관련 최종 의사결정 및 활동을 관리 감독하는 협의체 역할을 수행한다.

AI 트랜스포메이션 전략 및 프로젝트를 전담하여 총괄하는 AI 트랜스포메이션 전담조직도 신설해야 한다. 단기적으로는 기존 디지털 트랜스포메이션 전략을 총괄하는 조직에서 AI 트랜스포메이션의 중장기 전략수립과 사업과제 발굴을 진행한 후 프로젝트 관리, AI 기술도입, 운영관리, 활용지원 등을 전담하여 실무를 추진할 수 있는 AI 전담조직을 구성하여 확대하는 단계로 진행할 수 있다.

유니레버Unilever는 AI를 전담하는 CoE Center of Excellence 조직을 통해 데이터 기반 의사결정을 가능하게 하는 도구와 방법론을 제공하며, 다양한 비즈니스 부서와 AI 과제를 협업하고 있다. GM은 AI 전문가들을

전담조직에 배치하여 차량안전, 제조 효율성, 고객경험 등 여러 비즈니스 문제해결을 진행하고 있다.[5]

롯데케미칼은 기초소재 사업과 첨단소재 사업에 AI 조직을 별도로 신설하여 운영하고 있다.[6]

기초소재 사업의 경우 대전 종합기술원에 'AI 솔루션팀'을 신설했다. 관련 부서에서 담당해온 AI 업무를 통합하고 머신러닝·딥러닝 기법을 활용해 제품 물성 개선, 촉매 특성 예측, 시뮬레이션 기반의 반응기 설계 업무를 수행한다. 축적된 연구개발R&D 지식과 AI 융합을 통해 AI 연계 촉매, 제품 개발, 품질 개선 등의 역할을 담당한다.

첨단소재 사업에는 효율성 개선과 제품 품질 향상을 위한 전담조직인 'AI 추진 사무국'을 신설했다. 제품 개발, 생산, 글로벌 공급망 등 사업 전 분야에서 발생하는 다양한 문제를 식별하고 AI를 기반으로 하는 해결책을 개발하기 위해서다. 신설된 조직은 예측 설비와 유지보수, 최적 소재 조합 시뮬레이션 등 현장에 필요한 AI 기술을 도입해 스페셜티Specialty 소재 사업의 경쟁력을 끌어올린다는 계획이다.

AI 트랜스포메이션 거버넌스 조직체계와 함께 거버넌스 운영을 위한 전략수립, 투자 의사결정, 과제발굴 기준, AI 구축 및 개발, 운영관리, 평가 등의 단계별 프로세스에 관한 상세한 기획 및 역할도 정의되어야 한다.

PwC는 기업이 성공적으로 책임 있는 AI 시스템을 도입할 수 있도록 기업 맞춤형 엔드 투 엔드End-to-End 거버넌스 모델을 제시하고 있다.

---

5. AI와 인간의 공존시대, HR의 역할, LG경영연구원(2023.10.10)
6. 롯데케미칼, 인공지능(AI) 활용 조직 신설, 롯데케미칼(2024.02.22)

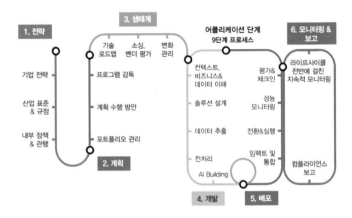

● PwC의 책임 있는 AI 거버넌스 모델 (출처: PwC)

AI 전략수립, 기획, 생태계 구축, 개발, 배포, 모니터링 및 보고의 6단계로 기업의 비즈니스 전략 부합 및 기업 데이터 이해도를 기반으로 AI 적용 범위를 결정하고 단계별로 AI 모델 도입 및 운영관리를 할 수 있도록 상세하게 프로세스를 정의하고 있다.[7]

AI 트랜스포메이션 거버넌스 프로세스 설계시 AI 관련 정책, 제도, 법률뿐만 아니라 AI의 윤리적 문제에 효과적으로 대응할 수 있는 방안과 함께 AI 도입시 내외부 데이터 활용 범위, AI 모델의 검증, 정보보호 및 AI 업무 활용 규정, 문제시 대응 방안에 관한 종합적인 AI 거버넌스 정책 및 가이드라인도 함께 마련되어야 한다.

SKT는 AI 트랜스포메이션 전략을 추진하면서 신뢰할 수 있는 AI 시스템을 구축하기 위한 AI 거버넌스 전담조직을 구성하여, AI 거버넌스 기준을 제공하고 거버넌스 프로세스를 수립하였다. AI 거버넌스 전

7. 책임 있는 AI, PwC 코리아 (2023.09)

담조직은 국내외 AI 관련 글로벌 법·제도 트렌드를 분석해 AI 추구 가치를 재정립하고, 업무 기준과 지침을 마련하여 AI 기술 및 서비스를 개발하고 운영하는 과정에서 SKT 구성원들이 준수해야 할 내부 프로세스를 수립하고 있다.[8]

AI 트랜스포메이션 성과를 분석할 수 있는 평가체계도 함께 갖추어야 한다. AI 트랜스포메이션 혁신 추진 성과를 분석하기 위한 전략평가 체계와 핵심성과 지표를 설정하고, 측정 및 분석을 통한 지속적인 개선 활동이 이루어져야 한다. 전략평가 체계는 재무적인 평가도 중요하지만 고객경험 강화, 운영프로세스 최적화 등의 AI 트랜스포메이션 전략추진 목표와도 부합되도록 해야 한다. 핵심성과 평가지표는 내부 프로젝트 추진 및 운영 중심의 AI 기술적용, 과제발굴 건수 같은 단기성과 지표가 아닌 AI 기술을 적용해 고객 중심의 만족도, 정확도, 처리속

● SKT AI 거버넌스 원칙 (출처: SKT)

8. SKT 신뢰할 수 있는 AI 시스템 만든다. 전자신문(2024.01.07)

구분	주요 KPI 지표
제품 개발	• AI 도구를 활용한 상품기획 비율 • 제품 출시부터 가치창출 단계까지 소요시간 • 프로세스 자동화를 통한 인건비 절감
판매	• 고객 방문당 매출 증가 • AI 기반 상품 추천을 통한 매출 증가 • 고객 만족도 및 경험 개선
마케팅	• 아이디어 및 크리에이티브 능력 향상 • 기획, 제작, 커뮤니케이션 등의 프로세스 단축 • 개인화로 증가된 광고투자수익 (ROAS)
고객서비스	• 평균 처리시간 및 상호작용당 비용감소 • 고객만족도 향상 (NPS) • AI 지원도구를 통한 고객 상담원 생산성

● AI 비즈니스 가치 개선 KPI 지표[9] (출처: Google)

도, 신뢰도 등이 개선되고 향상되었는지를 측정하고 관리해야 한다. 성과관리는 AI 트랜스포메이션 추진위원회에서 지속적으로 추진 단계 및 성과를 모니터링하여 투자 결정, 프로젝트 조정, 성과보상 제공 등의 검토와 개선이 이루어지도록 해야 한다.

스페인 운송기업 페로비알Ferrovial 은 IoT, 빅데이터, AI, 드론, 3D 프린팅 등 혁신, 기술, 트렌드 분야의 전문가들로 구성된 디지털허브Digital Hub 조직 내에 AI 전문가로 구성된 CoECenter of Excellence 조직을 통해 AI 트랜스포메이션 전략을 추진하고 있다.[10]

AI 전문조직은 다른 사업부서와 협력하여 새로운 사업기회를 발굴하고 외부 전문가와 함께 프로젝트를 수행하는 수평적 협업모델을 추구하고 있다. AI 전문조직은 수평적 협업모델을 두 가지 원칙을 가지고 추진하고 있다.

---

9. KPIs for gen AI: Why measuring your new AI is essential to its success, google(2023.11.22)
10. 스페인 운송 기업 페로비알, 혁신의 중심에 AI를 두다, CIO Korea(2024.02.26)

● 페로비알 디지털허브 (출처: 페로비알)

　첫 번째는 디지털허브 팀원 모두가 함께 디지털 솔루션을 만드는 사업부를 위해 AI 모델과 프로젝트를 개발하며, 두 번째는 페로비알의 글로벌 사업을 고려할 때 전 세계 모든 부서와 지속적으로 접촉하고 디지털허브가 AI 지식 허브 역할을 수행하는 것이다. 이런 원칙을 기반으로 개념증명Proof of Concept: PoC과 프로젝트가 중복되지 않게 AI 아이디어와 솔루션을 사내에 제공하고 있다.

　이러한 원칙을 기반으로 페로비알은 프로세스를 자동화하거나 더 효율적으로 개선하여 비즈니스에 경쟁 우위를 강화할 수 있는 AI 기반 서비스를 개발하고 있다. 대표적인 사례가 '제초제 열차'라는 AI 프로젝트이다. 스페인 전국을 달리는 기차 전방에 카메라를 설치하고 컴퓨터 비전 모델을 활용해 레일 사이에 초목이 있는 경우 이를 감지하여 최대 7칸 뒤까지 제초제를 살포한다. 이를 통해 제초제 비용을 80% 이상 절감하고, 필요한 곳에만 물을 주는 경제적 효과는 물론 환경친화적 효과까지 함께 얻을 수 있었다.

SK브로드밴드는 2017년에 전사 디지털 트랜스포메이션 확산을 위해 'DT 추진 본부'를 신설한 후 2019년에 AI 기술 활용성을 높이겠다는 목표하에 DT 추진 본부를 'AI·DT 추진 그룹'으로 변경한 후, 2023년에 다시 한번 AI를 핵심 비즈니스에 적용할 기술, 시스템, 플랫폼, 교육 등을 전담하는 'AIX 개발 조직'으로 개편해 AI 트랜스포메이션 전략을 추진하고 있다.[11]

AIX 개발 조직은 크게 4가지 업무를 담당하고 있다. 첫 번째는 레거시 IT 관리 업무이다. SK브로드밴드의 주력 상품인 인터넷 서비스와 IPTV의 근간이 되는 시스템은 물론, 그룹웨어, ERP, HR 시스템을 관리한다. 두 번째는 데이터 관련 업무이다. 현업 부서가 데이터 구축, 제공, 분석 등을 요청하면 전문 데이터 분석가가 나서서 과제를 수행한다. 세 번째는 DT 구축 관련 업무이다. 전사 디지털 트랜스포메이션 관련 개발 프로젝트를 총괄한다. 마지막으로는 AI 프로젝트 추진 업무이다. 생성형 AI와 관련된 프로젝트를 기획하고 추진한다.

더불어 조직 내 체계적이고 신뢰할 수 있는 AI 프로젝트 관리를 위하여 기존 구축된 데이터 거버넌스 및 클라우드 거버넌스를 활용해 AI 거버넌스 체계 및 가이드를 만들어 운영하고 있다. 현업에서 AI 활용에 대한 과제를 제시하면 AI R&D팀과 AI 엔지니어링팀에서는 과제 적합성을 분석하고, 재무 조직에서는 예산을 점검하며, 법무 조직에서는 컴플라이언스Compliance 및 고객 정보 보호 이슈 등을 검토하고 있다.

11. SK브로드밴드가 생성형 AI를 빠르게 도입한 비결은, CIO Korea(2024.03.04)

변화관리 및 조직문화 형성

조직 구성원들이 AI 트랜스포메이션 추진 필요성을 공감하고 기존 업무 프로세스 및 프로젝트에 AI를 자연스럽게 활용할 수 있는 변화관리 및 조직문화가 형성되어야 한다.

성공적인 AI 프로젝트 추진을 위해서는 각 부서에 흩어져 있는 데이터를 빠르게 확보하고 전체 업무 프로세스 및 가치사슬이 일관되게 통합되어야 하는데, 이를 위해서는 내부 조직 간의 개방과 협업 문화가 조성되어야 한다. 조직 간의 개방과 협업이 이루어지지 않는 사일로 현상Silo effect이 발생하면, 부서 간의 데이터 단절로 인하여 데이터 품질이 떨어지면서 AI 결과의 정확도와 신뢰도가 함께 떨어지게 된다. 그러므로 데이터 플랫폼을 구축하고 AI 기술 도입을 결정하기 이전에 먼저 우리 조직과 프로세스가 개방되고 협업하는 문화가 잘 이루어지고 있는지를 점검해야 한다.

조직 및 직원의 AI 역량 강화를 위한 변화관리 프로그램도 단계적으로 진행되어야 한다.

먼저, 왜 지금 기업이 AI 트랜스포메이션을 추진해야 하는지, AI 트랜스포메이션으로 일하는 방식, 비즈니스 프로세스, 비즈니스 모델이 어떻게 변화되고, 이러한 AI 트랜스포메이션 시대에 생존하고 성과를 향상시키기 위하여 어떠한 역량이 필요한지에 관한 기본적인 역량 강화 교육이 진행되어야 한다. 더불어 AI에 관한 기술적 이해와 다양한 AI 툴을 활용하여 업무의 효율성 및 생산성을 강화할 수 있는 업스킬UpSkill

교육도 함께 병행되어야 한다. 역량 강화 교육을 통해 기업의 AI 트랜스포메이션 비전을 이해하고 AI 프로젝트 추진 시 공감과 참여를 이끌어 낼 수 있다.

톰슨 로이터Thomson Reuters는 생성형 AI 플랫폼을 구축하면서, 직원들이 고부가가치 활동에 집중할 수 있는 시간을 확보할 수 있도록 생성형 AI가 업무의 속도와 품질을 개선하기 위한 역량 강화 교육을 진행했다.[12]

글로벌 학습의 날Global Learning Day을 통해 직원 1만 4,000명이 참석하는 생성형 AI 교육 프로그램을 시작했다. 교육과정 구성과 대부분의 학습 자료는 제품 엔지니어링 책임자와 다른 기술 및 연구실 팀원들의 참여로 사내에서 개발했다. 교육은 AI와 머신러닝ML의 기초, 생성형 AI와 대규모 언어모델LLM을 다뤘다. 이어서 9,000명의 직원이 6시간짜리 AI 및 ML 기초 과정을 수강했다. 마케팅 부서에서는 마케팅 커리큘럼에 생성형 AI 유니버시티를 개설했다. 6,000명의 개발자와 엔지니어를 위한 약 8시간짜리 과정도 따로 만들었다.

톰슨 로이터는 역량 강화 교육을 통해 생성형 AI 도입의 필요성 및 직원들의 참여를 이끌어 냈을 뿐만 아니라, 제품 엔지니어링과 고객서비스 등 여러 부문에서 업무 자동화 및 품질 개선이 이루어지며, 직원들이 고객 문제를 더 빠르고 효율적으로 해결할 수 있게 되었다.

SKT는 글로벌 AI 컴퍼니 도약을 위해 전사 구성원을 대상으로 AI 리터러시Literacy 역량 강화 프로그램을 진행하고 있다.[13]

---

12. 생성형 AI 기반의 직무 업스킬링 사례, 삼성 SDS(2023.12.20)
13. SKT, 글로벌 AI 컴퍼니 도약 위해 구성원 AI 역량 강화 나선다. SKT(2023.10.29)

● SKT AI 리터러시 역량 강화 프로그램 (출처 : SKT)

　　SKT는 구성원의 직무와 역량을 고려해 ▲베이직Basic & 인터미디어트Intermediate ▲어드밴스드Advanced ▲마켓탑Market Top 등 3단계로 구성된 AI 교육 프로그램을 신설했다.

　　'베이직 & 인터미디어트' 단계에서는 주요 생성형 AI를 이해하는 과정과 함께 일상 업무에 생성형 AI를 활용하는 역량을 갖추는 교육을 받는다. 모든 구성원을 대상으로 진행한 '베이직' 단계에서는 주요 생성형 AI 기술에 대한 기초적인 이론에 대해 학습한다. 이를 바탕으로 '인터미디어트' 단계에서 다양한 AI 프로그램 사용 방법에 대해 숙지하고 일상의 반복 업무를 자동화해 업무 효율을 높이는 방법에 대해 학습한다.

　　'어드밴스드' 단계에서는 본격적으로 AI를 활용해 비즈니스 모델을 변화시키는 교육을 받는다. 예를 들어, 마케팅과 고객센터에 콘택트센터AICC 등 AI를 접목하고, AI를 시장 분석과 기획안 초안을 작성하는데 활용하는 역량을 키운다.

'마켓탑' 단계는 AI 개발자를 위한 교육이다. SKT 개발자들이 업계 최고 수준의 역량을 지속적으로 유지할 수 있도록 최신 AI 논문을 바탕으로 상용화 이전의 알고리즘을 학습하고 기술을 구현해 보는 방식으로 진행된다.

특히 '마켓탑' 과정에서는 개발자들이 글로벌 탑 수준의 AI 역량을 유지할 수 있도록 앤트로픽Anthropic, 오픈AI, 구글 등 글로벌 파트너사와 협업해 AI 기술과 전략을 공유하는 기술 세미나 형태로 운영된다.

역량 강화 교육은 단순히 지식을 전달하는 것을 넘어서 실질적인 업무 프로세스의 개선과 고객서비스의 질을 높이는 데 기여하며, 자연스럽게 조직의 전반적인 경쟁력 강화로 이어진다. 특히, 사내에서 개발된 맞춤형 교육 프로그램과 자료는 직원들이 회사의 구체적인 비즈니스 요구와 목표에 부합하는 기술을 습득하도록 해 AI 기술 도입의 성공률을 높이고, 변화에 대한 직원들의 인식전환 및 공감대를 증가시키는 데 중요한 역할을 한다.

다음으로 직원들이 AI 트랜스포메이션 혁신에 참여할 수 있는 다양한 프로그램과 창구를 마련하는 것이다. 조직 내 누구나 AI 프로젝트에 관한 아이디어를 제시할 수 있는 플랫폼을 구축하고, 아이디어 경진대회 및 해커톤HackThon 프로그램을 통해 체험 및 참여 기회를 확대하는 것이다.

일본 미즈호 파이낸셜 그룹FG은 사내에 생성형 AI 플랫폼 도입 후 직원들이 일상 업무에서 생성형 AI를 효과적으로 활용할 수 있도록 하기 위해 다양한 교육 프로그램 및 사내 소셜미디어를 통한 활용 방법의 공유가 이루어졌다. 직원들로 하여금 생성형 AI의 다양한 가능성을 탐색하고 실제 업무에 적용할 수 있는 기회를 제공했다.[14]

또한 미즈호 FG는 '아이디어톤Ideathon'(아이디어와 마라톤을 합친 신조어, 아이디어 창출을 위한 단기 프로그램) 프로그램을 진행해 직원들이 생성형 AI를 활용할 수 있는 다양한 아이디어를 제안해 총 2,000건 이상의 아이디어가 제출되었다. 단순한 이벤트에 머물지 않고 직원들이 제안한 'AI에 의한 투자 능력 판단'과 'AI에 의한 제안서 작성'의 2개 아이디어는 실제 개발 프로젝트로 선정되었다.

마지막으로 조직 내 AI 트랜스포메이션에 관한 공감과 참여가 이루어진 이후 현업 사업부서들이 AI 전문조직과 협업하여 AI 기술이 적용 가능한지 검증하는 PoCProof of Concept 과제를 발굴하여 파일럿Pilot 프로젝트를 수행할 수 있도록 지원해야 한다. PoC 과제는 사업에 리스크를 주지 않고 단기간에 소규모로 데이터, 알고리즘, 시스템 운영, 화면 설계, 사용성 테스트의 전체 개발 프로세스를 확인할 수 있는 범위 안에서 추진되어야 한다.

코니카 미놀타Konica Minolta는 AI를 활용한 유럽의 수요예측 개선을 목표로 AI 활용 가능성을 검토하는 회의를 실시하고 이를 실행하기로 결정했다. 이 과정에서 AI 도입의 경제성과 효과를 설명하기 위해 경영진과 SCMSupply Chain Management 부서 등 다양한 이해당사자들과의 광범위

14. 생성형 AI를 활용하여 업무 효율화와 새로운 혁신 실현에, 미즈호FG

한 논의가 필요했다.[15]

AI 도입의 가능성을 검증하기 위해 PoC를 통해 기술적 측면과 업무 적용성의 두 가지 사항을 중점적으로 검토했다. 기술적 검증에서는 AI가 얼마나 정밀한 수요예측을 할 수 있는지에 대한 평가를 실시했으며, 그 결과 목표를 초과하는 정밀도를 달성할 수 있다는 것을 확인하였다. 또한, 업무 적용성 검증에서는 이 기술이 실제 업무 프로세스에 통합되어 효과를 낼 수 있는지를 평가했다. 이 과정에서 데이터 정제 Data Cleansing 및 가공의 필요성과 참여 직원의 경험 부족과 같은 문제점이 드러났으나 AI를 업무에 통합하는 것이 조건부로 가능하다는 결론에 도달했다.

PoC 과정에서 또 다른 중요한 발견은 AI를 사용함으로써 더욱 세밀한 수요예측이 가능하다는 것이었다. AI는 다양한 예측 모델을 생성하여 예측 대상 기간과 제품의 특성에 따라 예측 정밀도를 높일 수 있는 능력을 보여주었다. 이는 시간과 노력의 제약으로 사람이 달성하기 어려운 일로, AI 도입의 큰 강점 중 하나로 평가되었다.

PoC 실시의 또 다른 긍정적인 효과로는 사내 인지도와 직원들의 동기부여가 향상된 것이다. CEO와 임원진이 회의에서 AI 도입의 내용을 다루며 전사적인 관심을 이끌어 내 프로젝트에 대한 지지와 열정을 불러일으켰다.

AI 트랜스포메이션의 성공과 실패를 좌우하는 것은 결국 조직과 사람이다. 강력한 탑다운 리더십으로 AI 트랜스포메이션 추진의 혁신 드라이브를 가속화하여 조직 전체에 변화의 의지를 심어주는 것도 중요

15. 코니카 미놀타는 어떻게 'AI 도입의 벽'을 극복했는가?, NEC

하다. 그렇지만 이와 동시에 직원들의 공감과 참여가 이루어질 수 있도록 변화관리와 조직문화가 제대로 이루어져야 성공할 수 있다.

그렇기 때문에 리더들은 AI 도입의 중요성을 강조하고, 변화에 대한 저항을 최소화하기 위해서 직원들과의 소통과 교육을 강화해 AI 기술이 조직의 목표 달성에 어떻게 기여할 수 있는지에 관한 명확한 비전을 제시해야 한다. 또한, CEO가 변화관리 프로세스를 주도해 AI 프로젝트의 성공을 위해 필요한 자원과 지원을 충분하게 제공해야 한다. 이러한 변화관리 과정을 거쳐 조직 내 혁신문화를 조성하고, AI를 통한 지속 가능한 성장과 경쟁 우위를 확보해야 한다.

SK브로드밴드는 생성형 AI 프로젝트를 추진하면서 우선적으로 사내 구성원의 생성형 AI 기술 역량을 강화하는 것부터 시작했다. 특히 프롬프트 엔지니어링Prompt Engineering 활용법을 알려주기 위해 ChatGPT와 달리DALL-E 3 같은 생성형 AI 교육과 툴을 지원했다. 이외에도 전사 구성원 대상으로 생성형 AI 활용 아이디어 경진대회를 개최해 구성원의 관심과 참여를 유도했다.

교육과 더불어 AIX 개발 조직은 기술 실험을 적극 시도했다. 주요 클라우드 기업과 PoC를 진행하며 내재화 방안을 모색했고, 고객센터 상담 업무에 활용되는 챗봇에 생성형 AI를 결합했다. 테스트 결과, 생성형 AI를 결합한 챗봇은 이전 대비 훨씬 더 많은 문의를 처리할 수 있었다. 디지털 마케팅 성과를 높이기 위해 생성형 AI와 데이터 분석 결과를 결합해 홈페이지 UX를 변경하고 잠재 고객을 찾기도 했다.

혁신 및 R&D 추진

빠르게 변화하는 AI 기술 트렌드를 파악하고 조직 내 데이터 역량 및 AI 기술 기반을 구축하기 위한 장기적인 관점에서의 혁신 및 R&D가 추진되어야 한다. 혁신 및 R&D 추진은 단순하게 AI 기반 기술 확보를 위한 접근Tech-Driven이 아닌, 현재의 디지털 트랜스포메이션 추진 단계, 데이터 관리 체계, IT 인프라 분석과 함께 업무 프로세스 최적화, 가치 사슬 재정의, 비즈니스 모델 혁신을 강화할 수 있는 비즈니스 전략 접근 Strategy-Driven이 이루어져야 한다. 그렇기 때문에 AI 트랜스포메이션 혁신 및 R&D 추진 시에는 3가지 원칙을 기반으로 진행해야 한다.

첫 번째는 디지털 트랜스포메이션 전략 및 AI 트랜스포메이션 비전과 연계된 혁신 및 R&D가 이루어져 한다. 기존 디지털 트랜스포메이션 전략 추진으로 확보된 역량을 강화하고, AI 기술도입으로 기업의 핵심 비즈니스 전략과 연계하여 실질적인 비즈니스 가치를 창출할 수 있도록 혁신 및 R&D가 추진되어야 한다.

두 번째는 AI 트랜스포메이션 전략을 가속화하고 빠르게 혁신 및 R&D 역량을 확보하기 위해서는 다양한 파트너들과의 생태계Ecosystem 구축이 이루어져야 한다. AI 기술이 빠르게 진화하고 차별화된 기술 및 비즈니스 모델로 무장한 다양한 경쟁자들이 등장하면서 내부 자원과 역량만 가지고 자체적으로 기술을 개발하여 비즈니스를 혁신하는 데 한계가 있다. 그렇기 때문에 빠르게 핵심기술을 확보하고, 빠르게 비즈니스 모델을 구축하여, 빠르게 경쟁 우위를 확보하기 위해서는 AI 기반 데이터, 기술, 인프라, 비즈니스 모델 등을 가진 다양한 파트너들과의 생태계 구축을 통해 혁신 및 R&D 역량을 강화해 나가야 한다.

세 번째는 혁신 및 R&D 추진 시 직원들이 함께 참여하여 진행해야 한다. 혁신을 위한 혁신을 하는 것이 아닌 진정한 혁신은 기업이 직면한 실질적인 문제를 해결해 기업의 비즈니스 역량과 가치를 향상시키는 것이다. 이 과정에는 직원들의 적극적인 참여가 필요하며, 모든 현업 부서들과 함께 문제를 정확히 파악해 이를 해결하기 위한 효과적인 방법을 찾아 나가는 과정이 무엇보다 중요하다.

생우유를 원료로 치즈, 버터 등 유제품을 생산하는 공장을 운영하는 뉴질랜드의 낙농업 기업은 우유를 투입한 뒤 곧바로 제품 품질을 예측하기 어려운 문제를 해결하기 위해 AI를 생산 공정에 도입했다. 이에 회사는 6년간의 우유, 공장, 품질 관련 데이터를 통합해 AI 모델을 만들었으나, 이 모델은 가동 초기부터 품질을 제대로 예측하는 데 실패했다. 현업에서 유제품을 만들어보지도 않은 사람들이 가설을 세우다 보니 프로젝트 기간과 비용은 늘어나고 분석이 제대로 이루어지지 않았던 것이다.[16]

그러나 실제로 유제품을 만들어본 현업 직원이 프로젝트에 참여하면서 바로 문제의 원인을 파악할 수 있었다. 기업의 AI 모델이 실패했던 원인은 전 세계에 흩어져 있는 공장마다 다른 알고리즘을 개발하지 않고 데이터를 무작정 합쳤기 때문이다. 공장에서 실제 일해 본 현업 직원은 각 공장의 차이를 무시하고 데이터를 통합해 하나의 AI 모델을 만들

16. AI 전문가를 현업에 배치하는 것보다 현업 인재 상대로 AI 교육 실시하는 것이 효과적, DBR(2021.01)

수 없다는 것을 바로 이해했다. 공장마다 장비가 다르고, 기후가 다르고, 가동 빈도가 다르기 때문이다. 현장의 이해와 경험이 있는 직원들이 AI 모델 개발에 참여하면서 데이터를 다시 샘플링Sampling하자 공장별 AI 품질 예측의 정확도가 크게 향상되고 프로젝트의 속도 또한 빨라졌다.

그렇기 때문에 혁신 및 R&D 추진 시 직원들의 참여를 이끌어 내고 현업 부서와의 긴밀한 협업이 이루어질 수 있도록 혁신이 기업 내부에 자연스럽게 스며드는 문화를 조성해야 한다.

이러한 핵심원칙을 기반으로 혁신문화 조성, 기술역량 강화, 생태계 구축을 위한 장기적인 관점에서 AI 트랜스포메이션 혁신 및 R&D 전략이 추진되어야 한다.

혁신문화 조성은 AI 트랜스포메이션을 추진하는 데 있어서 필요한 조직 내 혁신역량 기반을 강화하는 활동이다. AI 기반 핵심인재를 선발하고 육성하며, 기존 조직의 AI에 관한 이해 및 프로젝트 참여를 위한 업스킬UpSkill 및 리스킬ReSkill 교육을 담당하고, 현업 부서들이 AI 관련 프로젝트를 추진할 수 있도록 디자인 씽킹Design Thinking, 린 스타트업Lean Startup, 데브옵스DevOps 및 MLOpsMachine Learning Operations 같은 다양한 방법론을 활용할 수 있도록 지원한다. 또한 직원들이 AI 프로젝트에 참여하여 아이디어를 제안하고 실제 현업의 문제를 해결할 수 있는 해커톤, 오픈 이노베이션, PoC, 파일럿 프로젝트 같은 혁신 프로그램을 지원하고 진행한다.

기술 역량 강화는 AI 성능을 강화하고 정확성과 신뢰도를 높이기

구분	주요 내용
핵심인재 육성	데이터 사이언스 및 AI 관련 개발 연구인력 육성
역량강화 교육	데이터 분석, AI 기술 활용 관련 직원 역량강화 교육
방법론 지원	디자인씽킹, 린스트타업, DevOps, MLOps 방법론 활용 지원
혁신프로그램 진행	해커톤, 오픈이노베이션, PoC, 파일럿 프로젝트 등의 혁신 프로그램 지원 및 진행

● AI 혁신문화 조성 범위 (출처 : 디지털이니셔티브 그룹)

위한 학습데이터 확보, 인프라 구축, AI 알고리즘 최적화를 진행하는 활동이다.

학습데이터 확보는 AI 모델을 훈련시키기 위해 필요한 데이터를 수집, 정제, 구성하는 과정으로 AI 모델의 성능과 정확도에 큰 영향을 미친다. 그러므로 AI 프로젝트의 성공은 고품질의 학습데이터 확보가 중요하다. 따라서 효과적인 데이터 관리 전략과 정확한 데이터 처리 절차를 마련하는 것은 프로젝트의 성공을 위한 필수 요소이다. 학습데이터 확보는 데이터의 수집, 전처리, 라벨링Labelling, 보안 및 윤리적 고려에 이르기까지 다양한 단계로 진행되며, 각 단계별로 필요한 데이터 및 기술 역량 확보를 위한 체계적인 혁신 및 R&D 접근이 필요하다.

인프라 구축은 AI 시스템을 개발, 테스트, 배포 및 유지보수하는 데 필요한 기술적 환경과 자원을 마련하는 과정이다. 하드웨어, 소프트웨어, 네트워크 자원 및 데이터 저장소 등을 포함하며 AI 모델의 효율적인 학습과 실행을 지원하기 위해 최적화된 인프라 구축을 위한 혁신 및 R&D가 진행되어야 한다.

인프라 구축은 단순히 기술적 자원의 확보를 넘어서 프로젝트의

구분	주요 내용
데이터 수집	조직 내 내부 데이터 및 공공기관 데이터, 제휴 및 파트너 등의 데이터 수집
데이터 정제 및 전처리	불완전 데이터, 오류, 중복 제거 등 데이터 정제를 통한 데이터 품질 향상, 정규화, 표준화 범주형 데이터 인코딩, 결측치 처리 등의 모델 학습에 적합한 데이터 전처리 진행
데이터 라벨링	수동 및 자동 라벨링을 통한 데이터 정확도 향상 진행
데이터 증강	기존 데이터를 변형하거나 새로운 정보를 추가하여 데이터의 다양성과 양을 증가 (이미지 회전, 노이즈 추가, 텍스트의 동의어 교체 등)
데이터 보안 및 윤리 고려	데이터 암호화, 접근 권한, 개인정보 보호, 저작권 등의 관리 효율화 진행

● AI 학습데이터 확보 전략 (출처 : 디지털이너셔티브 그룹)

목표 달성을 지원하는 다양한 요소의 통합적 관리를 의미한다. 그렇기 때문에 효과적인 인프라 구축과 관리는 프로젝트의 성공을 위한 핵심 요소 중 하나이다. 초기 설계 단계에서부터 명확한 계획과 전략을 수립하고, 프로젝트 진행 과정에서 지속적인 최적화와 관리가 이루어져야 한다.

● AI 인프라 구축 범위 (출처 : 디지털이너셔티브 그룹)

구분	주요 내용
하드웨어 자원 확보	AI 모델의 계산을 위한 GPU 및 대규모 데이터셋(Dataset)을 저장하고 관리할 수 있는 스토리 확보
소프트웨어 및 개발 도구 선택	TensorFlow, PyTorch, Keras 등의 라이브러리와 프레임워크를 통한 모델 개발. 데이터 전처리, 분석 및 시각화 도구와 소프트웨어 활용
네트워크 인프라	대용량 데이터셋을 효율적으로 전송하기 위한 안정적인 인프라 및 VPN, 암호화, 방화벽 설정 등의 데이터 보안 확보
클라우드 서비스 활용	MS Azure, AWS, Google Cloud Platform 등을 활용한 개발, 인프라 구축, 데이터 관리의 유연성 및 확장성 확보
모니터링 및 유지보수	시스템의 성능 모니터링 및 정기적인 업데이트와 유지보수를 위한 도구 활용

구분	주요 내용
모델 구조 조정	• 모델 구조를 간소화하거나 정규화 기법을 적용하여 필요 이상의 복잡도를 줄임 • 데이터 특성 중에서 중요한 것들만 선택하는 조정 진행
효율적인 알고리즘과 기법 적용	• 특정 문제에 가장 적합하고 계산 효율이 높은 고성능 알고리즘을 선택 • 데이터나 모델 파라미터를 병렬 처리와 분산학습을 통해 학습 속도를 향상
하이퍼 파라미터 튜닝	• 자동화된 튜닝 도구를 사용하여 모델의 하이퍼 파라미터(Hyper Parameters)를 자동으로 최적화 • 데이터를 여러 세트로 나누어 하이퍼 파라미터 성능을 평가하고 최적의 값을 선택
소프트웨어 및 하드웨어 최적화	• 효율적인 프로그램 언어와 라이브러리를 선택해 코드를 최적화하여 실행 시간을 단축 • GPU 등을 활용하여 모델 학습과 추론의 속도를 향상
모델 압축과 경량화	• 모델의 크기를 줄이고 추론 속도를 향상시킬수 있는 모델 압축기법을 활용 • 설계 단계부터 경량화 모델을 선택하여 구현

● AI 알고리즘 최적화 방법 (출처 : 디지털이너셔티브 그룹)

AI 알고리즘 최적화는 모델의 성능을 개선하고, 계산 효율성을 높이며, 자원 사용을 최적화하는 중요한 과정이다. 알고리즘 최적화 과정을 통해 모델이 실제 환경에서 더 빠르고 정확하게 작동하도록 만들어 비용 절감 및 사용자 경험을 향상시킬 수 있다. 모델의 성능과 효율성을 강화하고 AI 프로젝트의 요구 사항과 사용 환경에 맞게 구성될 수 있도록 혁신 및 R&D가 이루어져야 한다.

생태계 구축은 AI를 기반으로 한 비즈니스 혁신을 위해 필요한 다양한 역량을 확보하기 위하여 학습데이터, AI 모델 및 알고리즘, 기술 인프라, AI 플랫폼 및 서비스 등의 다양한 파트너들과 제휴하고 네트워크를 형성하는 것이다. 생태계 구축을 통하여 빠르게 학습데이터의 품

구분	주요 내용
파트너 제휴	학습데이터, AI 모델 및 알고리즘, 기술 인프라, AI 플랫폼 및 서비스 등의 다양한 파트너들과의 제휴 형성
기술 및 플랫폼 개방	오픈소스 공유, API 제공으로 데이터, 인프라, 서비스 역량 확보를 위한 기술 및 플랫폼 개방

● AI 생태계 구축 방안 (출처 : 디지털이니셔티브 그룹)

질을 높이고, AI 모델 및 알고리즘의 성능을 강화하고, 최적화된 AI 기술 인프라 구축을 통하여 AI 플랫폼 및 서비스를 혁신할 수 있다. 더불어 AI 트랜스포메이션 추진을 위해 필요한 데이터, 인프라, 서비스 역량을 단기간에 확보하기 위한 오픈소스Open Source 공유, API 제공 등의 기술 및 플랫폼 개방도 함께 이루어져야 한다.

LG 그룹은 2020년 그룹 AI 연구의 싱크탱크 역할을 할 'LG AI 연구원'을 설립한 데 이어 2022년에는 향후 5년간 AI·데이터 분야 연구개발에 3조 6,000억 원을 투입해 미래 기술을 선점하고 인재 영입에도 적극 나서고 있다.[17]

LG그룹의 AI 혁신 및 R&D를 담당하는 LG AI 연구원은 2021년 엑사원EXAONE 1.0 출시 이후 LG 계열사와 국내외 파트너사들과 협력하여 '엑사원'으로 보다 빠르고 편리하게 각 분야에 특화된 전문 AI를 사용할 수 있도록 연구개발을 추진해 초거대 멀티모달Multimodal AI 플랫폼 '엑사원 2.0'을 개발했다.

엑사원 2.0은 파트너십을 통해 확보한 특허, 논문 등의 전문문헌 약 4,500만 건과 3억 5,000만 장의 이미지를 학습했다. 한국어와 영어를

17. 초거대 멀티모달 AI '엑사원(EXAONE) 2.0' 공개, LG(2023.07.19)

● LG전자 엑사원 2.0 (출처: LG전자)

동시에 이해하고 답변할 수 있는 이중 언어체계를 구축했으며, 학습데이터의 양도 기존 모델 대비 4배 이상 늘려 성능을 높였다.

또한, 초거대 AI의 고비용 문제를 해결하기 위해 대규모 언어모델 LLM과 멀티모달 모델의 경량화·최적화를 통해 추론 처리 시간은 25% 줄이고, 메모리 사용량은 70% 낮춰 비용을 약 78% 절감했다.

실제 고객데이터 보안을 위해 학습 과정을 미세조정하는 '파인튜닝 Fine-tuning'과 AI 인프라를 고객이 보유한 서버에 직접 설치하는 '구축형' 및 '사설 클라우드' 방식도 지원한다. 그룹 내 AI 플랫폼 활용도를 높이기 위하여 전문가 AI 서비스인 유니버스Universe, 디스커버리Discovery, 아틀리에Atelier도 개발하였다.

엑사원 유니버스는 질의응답·대화, 텍스트 분류·요약, 키워드 추출·생성, 번역 등 기능별로 메뉴를 나눴던 방식에서 각 분야의 전문가들을 믿고 정보를 탐색하며 인사이트를 찾을 수 있는 플랫폼으로 만들기 위해 전문성과 신뢰성을 높였다.

엑사원 디스커버리는 화학 및 바이오 분야 발전을 주도할 세상에 없던 새로운 지식을 발견하는 플랫폼으로, 신소재·신물질·신약 관련 탐색을 할 수 있다. 논문과 특허 등 전문문헌의 텍스트뿐만 아니라 분자 구조, 수식, 차트, 테이블, 이미지 등 비(非) 텍스트 정보까지 AI가 읽고 학습할 수 있는 형태로 데이터베이스화하는 심층 문서 이해Deep Document Understanding: DDU 기술을 적용했다. 엑사원 디스커버리를 통해 1만 회가 넘었던 합성 시행착오를 수십 회로 줄이고, 연구개발 소요시간은 40개월에서 5개월로 단축시켰다.

엑사원 아틀리에는 인간에게 창의적 영감과 아이디어를 제공하기 위해 개발한 플랫폼이다. 저작권이 확보된 이미지–텍스트가 짝을 이룬 페어Pair 데이터 3.5억 장을 학습한 엑사원 2.0을 기반으로 이미지 생성과 이미지 이해에 특화된 기능을 제공하고 있다. 제품 이미지를 보고 마케팅 문구 등을 생성할 수 있다.

글로벌 화장품 기업 벨코프Belcorp의 R&D 부서는 제품 개발 프로세스의 시장 출시 시간을 단축하기 위해 AI 혁신 연구소 플랫폼을 도입하여 실험 및 테스트 단계의 기간을 줄였다. 이 플랫폼은 내부 R&D 프로세스를 간소화하고 불필요한 비용을 줄이며, 팀의 효율성을 개선하는 데 중요한 역할을 하고 있다. R&D 연구소에는 대량의 비정형 데이터가

● 벨코프 R&D 부서 (출처: 벨코프)

다양한 형식으로 저장되어 쌓여 있었지만, 데이터의 접근 및 추적이 어려웠다. 이러한 환경으로 인해 연구 테스트 결과를 제품 개발에 활용하여 인사이트를 얻기 위해서는 분석 단계에서 별도의 수작업이 진행되어야만 했다.[18]

AI 혁신 연구소 플랫폼은 두 단계로 개발되었다. 초기 단계에서는 데이터 아키텍처를 구축하여 데이터를 보다 효과적이고 체계적으로 처리할 수 있도록 했다. 안전성, 감각적 효능, 독성 테스트, 제품 공식, 성분 구성, 피부, 두피, 신체 진단 및 치료 이미지를 포함한 실험실 데이터를 데이터 레이크Data Lake로 이전하여 인사이트를 더 쉽게 도출할 수 있게 되었다.

두 번째 단계에서는 AI 솔루션을 사용하여 복잡한 생물학적 조건을 예측 및 시뮬레이션하고, 연구 발견을 가속화하여 위험을 줄이고 기술 개발의 비용 편익 비율을 최적화하기 위한 알고리즘 및 모델 구축에 중점을 두었다. 이때 연구팀은 데이터 과학자Data Scientist와 생명 과학자

---

18. 화장품 기업 벨코프, AI로 R&D를 완전히 재구성하다, CIO Korea(2023.06.30)

*Biological Scientist*의 전문가 지원을 받았다. 이러한 알고리즘은 고급 분석 셀프서비스 플랫폼을 기반으로 구축되어 데이터 모델링, 교육 및 예측 프로세스의 민첩성을 향상시켰다.

프로젝트를 진행하면서 R&D 프로세스와 외부 데이터베이스에 있는 대부분의 데이터가 광범위하고 구조화되지 않은 문제를 해결하기 위해 다양한 데이터 원본과 형식을 자동화하고 정리해 충분한 고품질 데이터를 확보하는 데 집중했다. 데이터 마이닝*Data mining* 기술을 활용하여 23개의 국제 공개 벤치마크 데이터베이스에서 모델에 대한 데이터를 스크랩하고 컴파일*Compile*한 후, 이를 2016년부터 내부적으로 생성된 데이터와 비교했다.

다양한 인재(생명 과학자, 생물 정보학 전문가, 기술자 및 데이터 과학자 포함) 확보와 새로운 플랫폼의 활용을 위한 혁신문화 조성도 필요했다. 새로운 인재를 채용하여 여러 팀 간의 지식 격차를 해소했다. 기술 허브를 설립하여 프로젝트의 설계 및 구현을 지원할 정도로 전문성이 높은 데이터 과학자 및 데이터 엔지니어를 모집했다.

실험실의 많은 수동 프로세스를 제거해 혁신문화를 조성했다. 실험실 분석가들에게 플랫폼 사용 방법을 교육하고 초기 사용 사례를 시범 운영하여 피드백을 수집했다. 이를 바탕으로 플랫폼과 사용자 경험을 미세 조정하기 위해 반복적인 변경을 수행했다. 플랫폼의 가치와 이점을 최종 사용자들이 쉽게 이해하고 체험할 수 있도록 데모 행사 및 워크숍 프로그램을 제공해 사용자들의 적극적인 참여를 유도하고 플랫폼 활용을 강화했다.

벨코프는 AI 혁신 연구소 플랫폼을 통해 고객 요구사항에 빠르게 대응하고 제품 개발 프로세스를 향상시켜 비즈니스 혁신을 강화해 나가고 있다. 더불어 데이터를 중심으로 한 의사결정을 촉진하고 연구개발의 효율성을 높이며 신제품 출시 기간을 단축하고 있다.

비즈니스 모델 혁신

비즈니스 모델 혁신은 산업 간의 경계가 사라지고 경쟁의 강도가 높아지는 상황에 기업이 생존하기 위하여 전통적인 방식의 비즈니스 모델을 AI 기술과 결합하는 것이다. 현재의 비즈니스 모델을 점검하고 AI로 변화하는 환경에 대응하기 위하여 기존 비즈니스 모델을 개선하거나 AI 기반으로 비즈니스 모델을 확장하거나, 기존과 다른 새로운 영역으로 비즈니스 모델을 혁신하는 것이다. 특정 제품이나 서비스에 마진을 붙여 원가 이상의 이윤을 획득하는 전통적인 비즈니스와는 완전히 다른, 확보된 고객데이터를 자산화Data Asset하여 새로운 고객가치Customer Value와 경험을 제공하는 비즈니스 모델로 전환하는 것이다. AI 기술변화, 혁신기업 등장, 가치사슬 구조 등 비즈니스 모델에 영향을 줄 수 있는 내외부의 다양한 변화요인을 분석하여 비즈니스 모델을 혁신해야 한다.

AI 기술 및 변화에 따른 기존 비즈니스 모델의 역량을 분석하여 새로운 사업전략의 방향성을 정의하고, AI 비즈니스 변화를 촉진하는 변

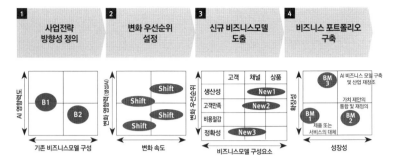

● AI 비즈니스 모델 혁신 전략 (출처 : 디지털이니셔티브 그룹)

화의 영향력(AI 기술변화, 혁신기업의 등장, 가치사슬 분석 등) 및 변화 속도를 고려하여 AI 비즈니스 변화의 우선순위를 설정해야 한다. 핵심적인 AI 비즈니스 변화 우선순위와 비즈니스 모델 구성요소(채널, 고객관계, 파트너십, 수익모델, 가치제안 등)를 결합하여 잠재적 위협 방어와 미래기회 선점을 위한 최적의 AI 비즈니스 포트폴리오를 구축해야 한다.

AI 트랜스포메이션 비즈니스 모델은 '제품 또는 서비스의 대체', '가치제안의 통합 및 재정의', '새로운 AI 비즈니스 모델 구축 및 산업 재창조'로 혁신할 수 있다.

제품 또는 서비스의 대체는 기업의 핵심 서비스를 AI 기술로 대체해 맞춤화된 상품 및 서비스를 제공해 고객경험을 강화하는 방법이다. 가치제안의 통합 및 재정의는 기존에 분리되고 분산되어 있는 가치사슬 단계를 AI 기술로 통합하여 일관되고 자동화된 방식으로 제공하는 것이다. 새로운 AI 비즈니스 모델 구축 및 산업 재창조는 전통적인 비즈니스 모델이 아닌 기업의 비즈니스 활동으로 확보된 다양한 데이터 및 인프라 역량을 AI 기술과 결합하여 스마트 제품을 출시하거나 온디맨드 플랫폼On Demand Platform 기반의 인텔리전트 서비스Intelligent Service를 제공하는 것이다.

LG전자는 AI는 더욱 배려하고 공감해 세심한 고객경험을 제공한다는 의미에서 AIArtificial Intelligence를 공감지능Affectionate Intelligence으로 재정의하여 3CConnectivity, Care, Customization, 2SServitization, Sustainability의 5가지 영역에 집중해 가전기업에서 '스마트 라이프 솔루션Smart Life Solution' 기업으로 전환하는 AI 트랜스포메이션 전략을 제시하였다.[19]

LG전자는 AI 기술을 활용해 실시간 생활 지능Real-Time Life Intelligence, 조율·지휘 지능Orchestrated Intelligence, 책임 지능Responsible Intelligence으로 비즈니스 모델을 차별화한다는 계획이다.

실시간 생활 지능은 7억 개에 달하는 LG전자 제품 및 사물인터넷

● LG전자 공감지능의 AI 가전 (출처: LG전자)

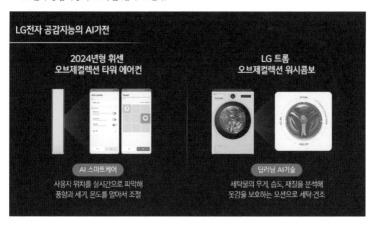

19. 나를 이해하는 AI LG전자 공감지능, 동아일보(2024.02.26)

IoT 기기를 통해 수집된 실시간 생활데이터(가정, 사업장 등)를 통해 사용자 행동 패턴과 얼굴 표정까지 고객과 공감하고 생활에 도움이 되는 실질적인 실시간 제공 솔루션을 제공한다.

조율·지휘 지능은 AI 엔진인 LG AI 브레인의 축적된 데이터를 활용해 다양한 기기를 고객 취향과 선호에 따라 실시간으로 조율할 수 있도록 하고, 멀티모달Multi-modal 센싱Sensing을 통해 주변 상황과 맥락을 인지하고 기기를 지휘하도록 하기 위해 자연스러운 대화 능력을 고도화할 계획이다.

책임 지능은 데이터를 더 안전하게 관리할 수 있도록 자체 데이터 보안 솔루션 LG실드Shield를 적용해 고객데이터 수집, 저장, 활용을 보다 책임 있고 안전하게 관리한다는 방침이다.

LG전자의 AI 트랜스포메이션 비즈니스 모델은 가전을 넘어서 고객의 모든 일상을 연결해 자연스럽게 제품을 경험하고 고객과 소통하며, 고객이 원할 때 필요한 솔루션을 제공하겠다는 의지를 담고 있다.

SKT는 'AI 서비스 회사'로의 AI 트랜스포메이션 비전을 발표하면서 2028년까지 AI 매출 비중 36% 달성을 위해 AI 반도체부터 엔터프라이즈 솔루션, 서비스와 연계한 구독 사업 모델 등으로 비즈니스 모델을 혁신해 나갈 예정이다.[20]

모바일, 브로드밴드, 엔터프라이즈 등 코어 비즈니스Core Business 전반에 AI를 접목해 생산성과 고객경험을 혁신함과 동시에 모빌리티, AI 헬스케어, 미디어, 애드테크AD Tech 등 SKT의 AI 역량을 인접 영역까지

---

20. SKT, 자강·협력의 AI 피라미드 전략으로 '글로벌 AI 기업' 도약할 것, SKT(2023.09.26)

● SKT AI 비즈니스 모델 혁신전략 (출처: SKT)

확장해 가치를 증대시킬 계획이다.

　마케팅, 고객센터의 콘택트센터AICC 등에 AI를 접목하고, 네트워크 인프라를 AI 기반으로 운영 효율을 높여 중장기적으로 현재보다 약 20~30% 이상의 비용 절감 효과를 기대하고 있다. SK브로드밴드 Btv를 AI tv로 진화시켜 TV가 개인을 식별해서 개인화된 TV를 보여주는 'AI 큐레이션', AI 에이전트와의 대화를 통해 다양한 미디어 서비스를 즐길 수 있는 'AI 홈' 등도 제공한다.

　기존의 비전AIVision AI, 언어AILanguage AI, 빅데이터AIBig Data AI 등 AI 솔루션에 멀티 LLM까지 결합하여 금융고객 대상 AI 상담을 지원하는 AICC와 제조 중심의 데이터플랫폼Data Platform 사업을 확장하고, 생성형 AI 사업은 보안이나 특화 서비스 니즈가 강한 공공기관이나 금융 등의 고객에게는 구축형을, 일반 기업 고객에게는 서비스형 소프트웨어SaaS 기반 패키지형으로 구성하여 제공한다.

　도심 항공 모빌리티UAM, 반려동물을 위한 AI 기반 동물 진단 서비

	리더십 역량 (Leadership Capability)			AI 역량 (AI Capability)	
	1 비전 수립	**2** 거버넌스 체계 구축	**3** 변화관리 및 조직문화 형성	**4** 혁신 및 R&D 추진	**5** 비즈니스모델 혁신
추진 방향	현재 AI 기술 발전에 따른 변화를 인식하고 AI가 기업 경영전략과 비즈니스에 끼치는 영향을 분석하여 장기적인 관점에서 기업의 AI 비전과 전략 방향성을 정립	체계화되고 일관성 있는 AI 트랜스포메이션 비전과 전략을 추진하기 위해 이를 운영, 관리, 조정, 평가할 수 있는 거버넌스 체계 구축	조직 구성원들이 AI 트랜스포메이션 추진의 필요성을 공감하고, 기존 업무 프로세스 및 프로젝트에 AI를 자연스럽게 활용할 수 있는 변화관리 및 조직문화가 형성	빠르게 변화하는 AI 기술 트렌드를 파악하고 조직 내 데이터 역량 및 AI 기술 기반을 구축하기 위한 장기적인 관점에서의 혁신 및 R&D 추진	디지털 패러다임의 변화에 따른 기회와 위협에 관한 체계적인 분석을 기반으로 AI 기술 적용, 비즈니스 플랫폼 구축, 사업방식의 변화, 가치사슬 등의 비즈니스 모델을 재정의하고 신규 AI 기반 비즈니스 모델을 개발
추진 전략	**Vision** • 시장, 기술, 고객 등의 디지털 환경변화 요인 분석 • 자사의 내재화된 핵심 역량 파악 • 기업문화 및 조직체계 체질 개선 • AI기술 도입 및 지속적인 R&D 혁신	**Governance** • AI 트랜스포메이션 추진 위원회 설치 • AI 트랜스포메이션 전략 및 프로젝트 전담 조직 운영 • 운영, 관리, 조정, 평가 거버넌스 체계 구축	**Change Management** • 개방과 협업 문화 조성 • AI 역량강화 교육 • AI 혁신프로그램 (해커톤) • 사업조직과 AI 전문조직 협업 진행 (PoC, 파일럿 프로젝트)	**Innovation** • 혁신문화 조성 (핵심인재 육성, 방법론 지원, 혁신 프로그램 진행 등) • AI 기술역량 강화 (학습 데이터 확보, 인프라 구축, AI알고리즘 최적화) • AI 생태계 구축 (파트너 제휴, 기술 및 플랫폼 개방)	**Business Model** • 기존 제품 또는 서비스의 대체 • 가치 제안의 통합 및 재정의 • AI 비즈니스 모델 구축 및 산업 재창조

● AI 트랜스포메이션 단계별 추진 전략 (출처 : 디지털이니셔티브 그룹)

스 엑스칼리버X Caliber 등의 AI 헬스케어 뿐만 아니라 M&A 등을 통해 미디어, 애드테크 등 신규 사업 영역으로 AI 비즈니스 모델을 확장한다.

이를 위해 AI 관련 투자 비중을 과거 5년('19년~'23년) 12%에서 향후 5년간('24년~'28년) 33%로 약 3배 확대하며, 2028년 매출 25조 원 이상을 달성하겠다는 계획이다.

기업의 비즈니스 모델에는 유통기한이 존재한다. AI 기술 확산으로 인해 새롭게 정의되고 있는 고객, 프로세스, 경쟁에서 기존 전통적인 방식의 비즈니스 모델로는 생존할 수가 없다. 그렇기 때문에 기존 비즈니스 모델의 구성요소를 나열해 보고, 이 중 유통기한이 지난 구성요소는 과감히 버리고 AI 트랜스포메이션 시대에 맞는 새로운 비즈니스 모델 기반을 구축하기 위한 전략을 단계별로 추진해야 한다.

기업이 AI 트랜스포메이션 전략을 추진하기 위해서는 현재의 AI 변화를 객관적으로 직시하고 조직, 프로세스, 가치사슬, 비즈니스 모델의 위협과 기회를 모색하여 현재 상황에 우리 기업이 확보하고 구축해야 할 AI 트랜스포메이션 역량이 무엇인지의 우선순위를 정하는 것이 중요하다. 무엇보다 내부 직원들이 AI 도입의 필요성과 가치를 공감하고 AI 트랜스포메이션에 참여할 수 있는 조직문화와 프로세스 체계가 마련되어야 한다. 그래야 AI 기술 발전에 따라 변화하는 경쟁환경 대응과 고객들의 니즈를 발 빠르게 파악하여 그들이 원하는 새로운 고객가치를 제공할 수 있는 비즈니스 모델을 만들어 낼 수 있기 때문이다.

AI 트랜스포메이션은 어떻게 기존 가치사슬을 혁신하고 있나?

전통적인 가치사슬과 AI 트랜스포메이션 가치사슬의 차이

전통적인 가치사슬Value Chain은 주로 물리적인 자산과 생산 프로세스에 중점을 두고 파이프라인Pipeline 기반으로 모든 과정에 사람과 자원이 투여되는 방식이다. 의사결정 과정 또한 경험과 직관에 의존하며, 무엇보다 가치사슬 각 단계가 분리되어 있어 통합 최적화가 어려운 한계가 있다. 그러나 AI 트랜스포메이션은 이러한 기존 전통적인 가치사슬 구조를 파괴하고 혁신하여 기업에 새로운 비즈니스 기회를 제공하고 있다.

기존 전통적인 가치사슬과 AI 트랜스포메이션 기반 가치사슬의 가장 큰 차이점은 가치사슬 전 과정에 데이터와 AI 알고리즘을 활용하여 예측분석, 자동화, 개인화가 가능하다는 것이다. 더불어 가치사슬 단계가 분리되지 않고 엔드 투 엔드End to End로 통합되어 체계적이고 일관된 서비스 및 고객경험을 제공할 수 있다는 것이다.

AI 트랜스포메이션 가치사슬 전반에 AI와 머신러닝 알고리즘을 활용해 실시간으로 제조 공정을 모니터링하여 공정 변수를 최적화한다. 더불어 장비의 상태를 점검하여 공정 효율성과 생산성을 향상시키며, 제품 품질 검사를 자동화하여 결함 있는 제품을 신속하고 정확하게 식별, 분류함으로써 품질 관리를 강화할 수 있다.

● 전통적인 가치사슬과 AI 트랜스포메이션 가치사슬의 차이점 (출처 : 디지털이너셔티브 그룹)

구분	전통적인 가치사슬	AI 트랜스포메이션 가치사슬
가치사슬 기반	물리적인 자산과 생산 프로세스 중심	데이터 및 디지털 플랫폼 중심
가치사슬 프로세스	가치사슬 단계별로 사람과 자원을 투여하여 수동적이면서 반복적 진행	가치사슬 단계에 데이터와 AI 알고리즘을 적용하여 예측분석, 자동화, 개인화 진행
가치사슬 최적화	가치사슬 각 단계가 분리되어 있어 통합 최적화가 어려움	가치사슬 단계를 엔드 투 엔드(End to End)로 통합하여 체계적이고 일관된 서비스 및 고객경험 제공 가능

과거의 판매데이터, 시장 동향, 계절적 변화, 고객 행동 패턴 등을 분석하여 정확한 수요를 예측해 재고관리를 개선하고 비용을 절감하며, 고객 만족도를 높이는 데 중요한 역할을 한다. 다양한 시장 조건, 경쟁사 가격, 고객 구매력, 수요 탄력성 등을 분석해 제품이나 서비스의 적정 가격을 설정할 수 있다. 고객에게 가치 있는 가격을 제공해 시장 점유율을 늘려 기업 이익을 극대화할 수 있다.

재고 수준, 운송 경로, 배송시간, 제품 배치 전략 등을 최적화하여 배송시간을 단축하고, 운송 및 저장 비용을 줄이며, 물류와 공급망 관리를 효율적으로 운영관리 할 수 있다.

AI 알고리즘으로 고객의 선호와 행동을 분석해 고객 맞춤형 제품, 서비스, 콘텐츠 제공이 가능하다. 개인화된 제품 추천, 맞춤형 마케팅 메시지의 제작 및 전달, 고객의 니즈에 부합하는 맞춤형 제품 제공을 통해 고객 만족과 충성도를 강화할 수 있다.

고객의 피드백, 온라인 리뷰, 시장 조사 등을 분석하여 새로운 제품 기회를 식별하고 제품 개선점을 찾아내며, 이를 통해 시장의 요구에 부합하는 혁신적인 제품을 신속하게 개발하고 출시할 수 있다. AI 기반 챗봇 등을 활용해 고객 문의에 빠르고 효율적으로 대응해 고객 만족도를 높이는 동시에 고객서비스 담당자가 더 고객에 집중할 수 있게 만들 수 있다.

가치사슬 단계별 AI 트랜스포메이션 추진 전략

AI 트랜스포메이션은 R&D, 기획, 제조, 생산, 물류, 유통, 영업, 마케팅, 서비스, 고객서비스 등 가치사슬 전반에 걸쳐 비즈니스 프로세스를 혁신하고 있다.

R&D 및 제품 개발 혁신

AI 트랜스포메이션은 전통적인 방법으로는 해석이 어려운 대규모 데이터 세트Data set를 AI 기술을 활용해 분석하여, 숨겨진 패턴이나 연관성을 발견하여 R&D 및 제품 개발 프로세스를 혁신하고 있다.

데이터 처리 능력, 패턴 인식, 예측분석 등의 AI 기술을 활용해 기존 연구결과 및 다양한 리서치 데이터 등 대량의 데이터를 빠르게 분석하여 신기술을 탐색하고, 새로운 제품 아이디어를 도출하며, 창의적인 문제 해결책을 발견해 새로운 비즈니스 기회를 창출할 수 있다.

기업들은 AI 기술을 활용해 데이터 분석, 실험 설계, 시뮬레이션 구현, 프로토타입Prototype 테스트를 자동화하고 최적화하여 인력과 비용도 절감할 수 있으며, R&D 및 신제품 개발에 투여하는 개발 기간 또한 단축하여 연구자들이 창의적 해결책 모색에 더 많은 시간을 할애하게 한다.

AI 트랜스포메이션은 불확실성이 높은 R&D 환경에서의 리스크 관리에도 중요한 역할을 하고 있다. 예측분석, 리스크 평가, 시나리오 시뮬레이션 등에 AI 기술을 활용해 기업들은 개발 과정에서의 잠재적 실패 요소를 사전에 파악하여 대응책 마련과 개발 과정의 오류와 실패를 최소화할 수 있다. 이는 자원의 효율적 배분과 함께 R&D의 성공 확률을 높일 수 있다.

한화솔루션은 신소재 개발을 위하여 초거대 AI를 개발하고 있다. 2021년부터 초거대 AI 개발을 위하여 학술 데이터베이스에 있는 1억 개 이상의 화학식 등을 수집해 AI를 학습시켰다. 화학식, 논문 등을 학습한 초거대 AI는 회사가 개발하고자 하는 물질 관련 정보를 입력하면 오랜 실험 기간 없이도 빠르고 정확하게 결괏값을 도출해낼 수 있다. 이를 통

● 풀무원 AI 고객경험 분석 시스템 'AIRS' (출처: 풀무원)

해 신소재 후보 물질의 화학적 특성을 파악하고 조합하는 등 개발·상용화 기간을 크게 단축하고 있다.[21]

풀무원은 자체 개발한 'AIRS AI Review analysis System'로 소비자의 다양한 의견을 수집하여 제품 개선 및 개발에 반영하고 있다.[22]

AIRS는 풀무원 자사몰을 포함하여 온라인에 산재하는 소비자의 제품 리뷰를 수집하고, 딥러닝 기술과 독자적인 알고리즘을 활용해 긍정 또는 부정적인 고객 감정을 38개의 속성으로 세분화하였다. 여기에 고객센터, 오프라인 매장을 찾는 고객이 판촉사원을 통해 전하는 의견까지 데이터로 만들어 24시간 내에 소비자 의견까지 분석하고 있다.

풀무원은 AIRS 오픈 이후 총 380만 개의 리뷰를 분석하여 소비자의 의견을 반영하고 제품 개발 및 개선에 활용하고 있다. 대표적인 사례가 풀무원 다논에서 출시한 '그릭 시그니처'로, 더욱 진하고 되직한 질감의 그릭요거트 제품을 원한다는 고객의 의견을 반영하였다.

제조 및 생산 공정 효율화

AI 트랜스포메이션은 기존 제조업에 AI 기술을 적용해 생산 설비의 자동화와 최적화를 통해 제조 공정의 효율성을 높이고, 장비 가동 중단 시간을 줄이며, 품질 관리를 강화하고 있다. 예측 유지보수, 장비 성능의 실시간 모니터링, 반복 작업의 자동화 등 AI를 활용해 생산 공정의 전 과정을 혁신하고 있다. 또한 생산 계획 최적화, 공급망 관리, 작업 스케줄링 자동화 등을 통해 운영의 효율성도 높이고 있다.

21. 한화솔루션 초거대 AI 개발 도전장, 매일경제(2023.08.09)
22. 풀무원, AI 고객경험 분석 시스템 정착으로 디지털 전환 성과, 풀무원(2023.04.27)

제조 공정의 생산라인에서 센서와 IoT 기기를 통해 실시간 수집한 데이터를 패턴인식, 예측분석, 머신러닝 알고리즘을 사용하여 비효율적인 부분을 식별하고 개선 방안을 도출할 수 있다.

AI 기술을 활용하여 제품의 품질을 자동으로 검사하고 결함을 식별하여, 사람이 검사하는 것보다 더 빠르고 정확한 결과를 도출할 수 있다. 또한 생산 데이터를 분석하여 공정 변수와 최종 제품 품질 간의 관계를 학습하면 품질 문제를 예측하고 예방하여 품질 관리 과정을 개선할 수 있다.

기계의 고장을 사전에 예측하여 필요한 유지보수 시점을 알려줘 미리 조치를 취할 수도 있다. 이는 비계획적 생산 공정의 중단을 방지하고 유지보수 비용을 절감할 뿐만 아니라, 장비의 수명 주기를 분석하여 효율적인 자산 관리 계획을 수립할 수 있다.

제조 공정에서 AI는 반복적이고 수동적인 작업을 자동화하여 생산성을 높여주며, 복잡한 결정을 내리는 데 필요한 정보를 제공하여 작업자가 빠른 판단과 신속한 결정을 내릴 수 있게 지원한다. 더불어 과거 판매데이터, 시장 동향, 계절성 등을 분석하여 미래의 수요를 예측해 생산 계획을 최적화하고 재고 과잉을 방지할 수 있다. 센서와 AI를 결합한 스마트 재고관리 시스템은 재고 수준을 실시간으로 모니터링하고, 필요시 자동으로 주문을 생성하여 재고 부족이나 과잉 재고를 방지한다.

제품 개발 및 설계 최적화 분야에서 AI 기반 설계 자동화는 제품 설계를 최적화하고, 재료 사용을 최소화하며, 성능을 개선하는 데 중요한 역할을 한다. 시뮬레이션과 AI 분석을 통하면 다양한 설계 옵션을 빠르게 평가할 수 있다. AI를 활용한 사용자 맞춤형 제품 개발은 고객의 선호도와 요구사항을 분석해 맞춤형 제품을 설계하여 제조하는 과정을 자동화한다.

로봇공학 및 자동화 분야에서 AI의 발전은 제조 공장 내에서 자율적으로 작업하는 로봇의 배치를 가능하게 하여 생산성을 향상시키고 있다. 이러한 자율 로봇은 AI를 통해 작업 환경을 인식하고 복잡한 작업을 수행할 수 있다. 사람과 함께 작업할 수 있는 협동 로봇Cobots의 개발은 작업의 효율성을 높이고 안전한 작업 환경을 조성하고 있다.

BMW는 AI 기술을 활용하여 공장 가동 중 잠재적인 기술적 결함을 조기에 식별하여 생산 손실을 미연에 방지할 수 있는 유지보수 예측 시스템을 개발했다. BMW의 독일 바이에른주 레겐스부르크 공장BMW Group Plant Regensburg의 차량 조립공정의 컨베이어 시스템에서 다양한 데이터를 수집하여 AI 알고리즘으로 분석하고 있다.[23]

AI 알고리즘은 전력 소비량의 변동, 컨베이어 구동 움직임의 이상, 바코드 가독성이 떨어지는 등 오작동을 유발할 수 있는 이상 징후를 실시간으로 탐색하여 이상 징후가 발견되면 유지보수 제어 센터에서 경고 메시지를 수신해 이를 근무 중인 유지보수 기술자에게 전달한다. BMW는 유지보수 예측 시스템을 활용하여 연간 평균 약 500분의 중단 시간을 방지하였다.

23. 인공지능 예측 유지보수 모델이 BMW '레겐스부르크 조립라인'에서 발휘하는 그 능력은, 인공지능신문(2023.12.03)

● BMW의 레겐스부르크 공장 유지보수 예측 시스템 활용 (출처: BMW)

LG화학은 실시간 제품 품질 예측을 위해 온도, 압력, 유량 등 공정 센서 정보를 활용해 품질 관리 및 공정 안정성 향상에 AI를 활용하고 있다. AI 기술을 통해 기저귀 등 위생용품에 사용되는 고흡수성수지 SAP 물성 예측값을 계산하고 제품 가공에 용이하도록 적정 함수율을 높이고 있다.[24]

물류 및 유통 프로세스 최적화

AI 트랜스포메이션은 기존 물류 및 유통 과정에서 데이터 분석, 예측 알고리즘, 자동화 기술을 활용해 과거 판매데이터, 계절성, 시장 동향, 소비자 행동 분석 등을 분석해 수요를 예측할 수 있다. 또한 실시간 재고 모니터링으로 필요한 적정 재고 수준을 유지해 과잉 재고 및 품절 상태를 최소화할 수 있다.

24. LG화학 AI로 일하는 방식 싹 바꾼다, LG화학 (2024.03.13)

물류창고 현장에 AI 및 로봇을 활용해 제품의 입고부터 적재, 피킹 Picking, 패킹Packing, 출고 등의 프로세스 전 단계를 자동화하고 작업시간을 단축할 수 있다. 창고 내 재고 위치를 정확히 추적하고 필요한 상품을 신속하게 찾아내어 처리 시간을 단축한다.

물류창고 공간을 효율적으로 활용하기 위한 최적의 상품 배치를 구성해 창고의 수용 능력을 최대화할 수 있다. 물류 작업을 수행하는 데 있어 가장 효율적인 경로와 작업 할당을 계산해 작업자의 이동 거리를 최소화해 전체 작업시간을 단축하며, 효율적인 인력배치를 통해 비용을 절감할 수 있다. 더불어 주문량 변동, 긴급 주문, 작업자 이탈 등 다양한 변수를 고려하여 작업 스케줄을 실시간으로 조정할 수 있다.

교통상황, 날씨 조건, 운송 수단의 가용성을 고려해 가장 효율적인 배송 경로를 계산하여 동적 배송 스케줄링으로 배송시간을 단축하고 운송 비용을 절감할 수 있다. 또한, 고객이 선호하는 배송 방법을 추천하여 배송 과정을 개인화할 수 있다. 반품 과정도 자동화하고 최적화해 반품 처리 비용을 줄이고 고객 만족도를 높일 수 있다.

롯데홈쇼핑은 기존 인력 중심으로 운영되던 물류센터에 AI 및 로봇을 활용하여 입고·분류·출고 등 전 과정에서 자동화할 수 있는 시스템을 구축했다.[25]

이천 자동화 센터에는 디팔레타이저Depalletizer(팰릿 위 박스를 인식해 옮기는 로봇 팔), 로봇 소터Robot Sorter(분류 로봇), AMRAutonomous Mobile Robot(셔틀형 자율주행 이송 로봇), GTPGood to Person(상품이 작업자 앞에 자동 운송되고 피킹되는 시스템), AI 및

---

25. 입고·분류·출고까지… '유통 명가' 답게 물류 전 과정 자동화, 문화일보(2023.10.26)

● 롯데홈쇼핑 이천 물류센터 물류 자동화 (출처: 롯데홈쇼핑)

3D 비전 기술, 디지털 트윈Digital Twin (가상세계에 현실과 동일한 공간 구축) 등 다양한 첨단 기술이 적용됐다.

GS25는 2007년 도입한 '프레쉬푸드FF 자동발주 시스템'에 AI 기술을 적용해 알고리즘 기반의 데이터 고도화를 진행하였다.[26]

FF 자동발주는 도시락·햄버거 등 유통기한이 짧은 상품들과 공산품의 일평균 판매량, 계절 등을 고려해 자동으로 발주를 넣는 시스템이다. 품절을 방지하면서도 과다 재고를 줄이도록 설계됐는데, 여기에 AI 기술로 학습한 알고리즘을 활용해 정확도를 높였다.

26. GS25, 클릭 한번에 발주 · 입고, 전자신문(2023.10.29)

마케팅 및 고객서비스 강화

AI 트랜스포메이션은 AI 기술을 활용해 기존 마케팅과 고객서비스를 더욱 개인화하고, 맞춤화된 경험을 제공함으로써 고객 만족도를 높이고 판매를 증가시키는 역할을 한다.

과거 판매데이터, 시장 동향, 계절성 등을 분석하여 상품 수요를 예측해 가격 책정, 프로모션 계획을 최적화할 수 있다. 고객의 가격 민감도, 경쟁사 가격, 시장 수요 등 다양한 데이터를 분석하여 가장 효과적인 가격 전략을 도출할 수 있다. 또한 고객의 온·오프라인 행동 내용, 구매 이력 등의 데이터를 분석하여 선호도와 행동 패턴을 파악함으로써 구매 가능성, 고객 이탈 위험, 고객가치 등을 예측할 수 있다. 더 나아가 이를 기반으로 개인화된 맞춤형 제품 및 서비스도 추천할 수 있다.

고객여정을 분석하여 다양한 고객 접점 채널에 최적화된 마케팅 캠페인을 실행해 구매 전환율을 높일 수 있으며, 마케팅 채널에서 고객 행동에 기반한 자동화된 타겟 광고를 집행해 성과를 강화할 수 있다.

고객서비스 지원에서는 AI 기반의 챗봇과 가상 어시스턴트^{Assistant}를 활용해 실시간으로 고객 문의에 응답하며 기업이 24/7 고객서비스를 제공해 고객 만족도를 높일 수 있다.

이마트는 AI 기술을 활용해 고객의 라이프스타일과 구매 패턴을 기반으로 고객에게 필요하거나 필요할 것으로 예측되는 상품, 또는 고객이 선호할 만한 상품을 이마트 앱으로 추천한다. 특히 고객이 필요한 상품을 놓치지 않도록 AI를 통해 각 고객별로 상품들을 매일 선별해 추

천한다.[27]

또한, 이마트는 할인행사 효과를 분석, 행사 수요예측에도 AI를 활용한다. 데이터 기반 최저가 상품을 선정해 고객이 원하는 상품을 저렴하게 구매할 수 있게 제공하고 있다. 아울러 이마트 AI는 지역 특색, 고객 라이프스타일을 분석해 전국 각 지역 매장마다 최적의 상품을 구비하도록 돕는다. 매장이 위치한 지역에 따라 고객 라이프스타일에 차이가 있어 고객들에게 필요한 상품이 달라지기 때문이다.

이마트는 상품 리뷰와 고객 게시판에 올라오는 요구사항 등을 AI를 활용해 분석하고 있다. 이마트는 수만 개 상품들에 대한 고객 리뷰와 점포별 이슈를 요약정리하고 분류해 고객 요구사항이나 이슈 등을 종합적으로 판단하고 대응한다.

유한킴벌리 하기스는 AI 기술을 활용해 아기에게 꼭 맞는 기저귀 사이즈를 분석하고 제안하는 '하기스 AI 피팅룸' 서비스를 제공하고 있다.[28]

하기스는 축적된 아기 체형 정보와 사이즈 만족도 빅데이터를 기반으로 AI가 기저귀를 입은 아기 사진 50만 장을 학습하도록 했다. 이후 소비자 조사를 통해 알고리즘의 정확도를 검증한 뒤 정식으로 서비스를 개시했다.

고객이 아기의 키와 몸무게 등 기본정보를 입력 후 기저귀 입은 아기의 모습을 사진으로 촬영하면, 하기스 AI 피팅룸이 기저귀 사이드 패널 영역을 100개의 데이터 포인트로 나눠 분석한다. 이후 허리와 허벅

---

27. "물러설 곳 없다"…유통대기업 "AI로 리테일 혁신", ZDNET코리아(2024.02.27)
28. 유한킴벌리, '하기스 AI 피팅룸' 론칭, 이코노믹리뷰(2024.01.22)

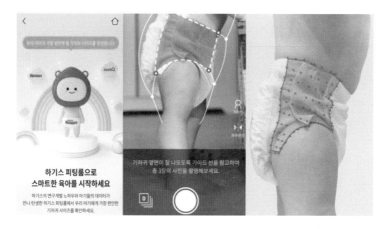

● 유한킴벌리 하기스 AI 피팅룸 (출처: 유한킴벌리)

지 둘레를 머신러닝 알고리즘을 통해 계산해 기저귀 사이즈를 추천해 준다. 사이즈 추천뿐만 아니라 고객은 아기의 성장기록을 지속해서 확인할 수 있으며, 아기에게 맞는 맞춤형 제품과 육아 정보도 함께 제공받을 수 있다.

기업의 AI 트랜스포메이션 전략 추진은 가치사슬 혁신으로 기존 비즈니스의 경제적 이익뿐만 아니라 운영효율성을 향상시키고 비용 절감 효과를 창출할 수 있다. 특히 "생성형 AI는 기존 AI 기술에 비해 최대 40%까지 기업의 생산성을 높여주며, 전 세계 경제에 연간 약 2조 6천억 달러에서 4조 4천억 달러의 추가 가치를 제공할 수 있는 잠재력을 지니고 있다"라고 맥킨지McKinsey는 분석하고 있다.[29]

또한, 가트너의 '2024년 기획 설문조사'에 따르면, 비즈니스 리더들은 생성형 AI를 활용함으로써 평균적으로 매출은 15.8% 증가하고, 비

---

29. 맥킨지 "생성형 AI 연간 4조 4천억 달러 경제 가치 창출", ZDNET코리아(2023.07.11)

R&D 및 제품 개발	제조 & 생산	물류 & 유통	마케팅 & 고객서비스
활용 전략			
• 대량의 데이터를 빠르게 분석하여 신기술 탐색 및 새로운 제품 아이디어 도출 • 데이터 분석, 실험 설계, 시뮬레이션 구현, 프로토타입 테스트를 자동화하고 최적화 • 예측 분석, 리스크 평가, 시나리오 시뮬레이션 등 리스크 관리	• 패턴 인식, 예측 분석, 머신러닝 알고리즘을 활용, 공정에서 비효율 부분을 식별 및 개선 • 제품의 품질을 자동으로 검사하고 결함을 식별하여 품질 관리 과정을 개선 • 기계의 고장을 사전에 예측하여 필요한 유지보수 시점을 미리 알려줘 조치 • 반복적이고 수동적인 작업을 자동화하여 생산성을 높여줌 • 설계 자동화하여 제품 설계를 최적화하고, 재료 사용을 최소화하며, 제품 성능을 개선	• 실시간 재고 모니터링으로 필요한 적정 재고 수준을 유지해 과잉재고 및 품절 상태를 최소화 • 제품의 입고부터 적재, 피킹(Picking), 패킹(Packing), 출고 등의 프로세스 전 단계를 자동화하고 작업시간을 단축 • 최적의 상품 배치를 구성해 창고의 수용 능력을 최대화, 효율적인 경로와 작업 할당을 계산해 작업자의 이동 거리를 최소화 • 교통상황, 날씨조건, 운송수단의 가용성을 고려하여 가장 효율적인 배송경로를 계산해 배송 시간을 단축	• 과거 판매 데이터, 시장 동향, 계절성 등을 분석해 상품 수요를 예측해 가격 책정, 프로모션 계획을 최적화 • 고객의 온오프라인 행동 내용, 구매 이력 등의 데이터를 분석해 선호도와 행동 패턴을 파악하여 구매 가능성, 고객 이탈 위험, 고객 가치 등을 예측 • 고객여정을 분석하여 다양한 고객접점 채널에 최적화된 마케팅 캠페인 및 타겟 광고 집행 • AI 기반의 챗봇과 가상 어시스턴트를 활용해 실시간으로 고객 문의 대응

● AI 트랜스포메이션 가치사슬 혁신 전략 (출처: 디지털이니셔티브 그룹)

용은 15.2% 절감하였으며, 22.6%가 생산성 향상을 경험한 것으로 나타났다.[30]

  기업의 AI 트랜스포메이션 전략 추진은 단순히 자동화와 효율성 증대를 넘어서 기업 경쟁력을 강화하는 동시에 기존 비즈니스를 혁신해 새로운 수익모델을 창출할 수 있다. 이를 통해 기업은 지속 가능한 성장과 시장에서의 경쟁 우위를 확보할 수 있다.

30. AI 프로젝트의 ROI, 어떻게 구체화할 것인가, CIO코리아(2024.03.05)

Part 3

그들은 어떻게
AI
트랜스포메이션에
성공했나?

월마트,
토탈 AI 전략으로 AI 기업으로의 전환을 가속화하다

월마트, 전통 리테일 강자에서 디지털 트랜스포머가 되다

월마트는 2014년에 더그 맥밀런Doug McMilon이 CEO로 새롭게 취임하면서 기존 e-커머스 중심의 전략에서 벗어나서 디지털 퍼스트Digital First 전략을 본격적으로 추진하기 시작했다.

아마존닷컴과 경쟁하고 모바일 기반의 e-커머스 환경에 대응하기 위해 리테일 테크Retail Tech를 강화하는 데 중점을 두었다. 기존 온라인 상품 검색과 구매 중심의 모바일앱을 개편해 개인화, 검색 및 가격 비교, 제품 추천, 결제 등의 서비스 기능을 추가했다. 특히 월마트의 핵심역량인 최저가를 보상하는 세이빙 캐처Saving Catcher뿐만 아니라 매장 방문을 유도하기 위해 매장 재고, 상품 위치, 가격 검색 등의 매장 검색 기능을 강화했다. 또한, 매장 내에서도 바코드 스캐너를 통해 온라인에서처럼 손쉽게 상품정보, 가격, 리뷰, 평점을 볼 수 있는 매장스캐너 서비스 등을 제공해 오프라인 매장의 방문을 유도하는 전략도 함께 추진했다.

2017년 12월에 사명을 월마트 스토어Walmart Store에서 월마트Walmart로 변경하였다. 1970년 1월부터 유지해온 '월마트 스토어'라는 사명을 48년 만에 바꾼 것이다. 사명 변경은 월마트가 더 이상 오프라인 기반의 리테일 기업이 아닌, 고객이 언제 어디서나 자신이 원하는 방식으로 쇼핑할 수 있는 디지털 기반의 회사로 거듭나기 위한 의지라고 볼 수 있다. 더그 맥밀런은 "우리는 고객의 선택과 필요에 따라 성장 전략을 바꿔야 하는 유통업체이기 때문에 온라인 쇼핑을 원하는 고객들의 니즈에 맞춰 회사 이름을 바꿨다"라고 밝혔다.

그동안 아마존닷컴에 밀려 고전을 면치 못한 월마트는 디지털이라는 혁신 DNA를 이식하려면 무엇보다 기존과 다르게 플랫폼에서 경쟁

● 월마트 모바일앱 서비스 (출처 : 월마트)

해야 함을 인식하고 과감하게 스토어를 버리는 파괴적 혁신을 감행해 상품 구성부터 매장운영, 물류 배송, 판매 마케팅, 고객 접객, 직원 교육 등 기존 월마트의 기반이 되는 모든 것들을 디지털로 전환하고 있다.

사명을 변경한 후 기존의 웹사이트와 모바일앱을 강화하는 e-커머스 전략에서 벗어나 월마트의 핵심역량이면서 아마존닷컴과 차별화할 수 있는 오프라인 매장을 중심으로 옴니채널을 강화하는 방향으로 전략을 수정했다. 이를 위해 11억 달러를 들여 미국 5,000여 개 매장을 새롭게 리모델링해 매장 디지털화를 이루고, 물류 거점으로 활용할 수 있도록 혁신했다.

이를 기반으로 온라인에서 주문한 상품을 매장에서 손쉽게 받아볼 수 있는 클릭앤콜렉트Click & Collect와 같은 다양한 배송서비스를 확대했다. 매장 내 자동화 서비스를 도입해 매장운영 효율성을 높이고 배송시간을 단축해 고객경험을 강화했다. 더불어 기존에 온라인과 오프라인이 분리돼 있던 백엔드Backend 조직을 통합해 고객여정을 중심으로 상품, 가격, 배송, 서비스 등을 온·오프라인에서 일관되게 진행할 수 있게 했다. 고객이 원하는 채널에서 원하는 방식으로 제품을 구매하고 빠르게 상품을 받아볼 수 있게 조직을 고객 중심으로 통합했다.

온라인에서의 고객구매경험을 향상하기 위해 구매의 최종 단계인 배송 및 물류 서비스 강화를 위한 다양한 서비스와 투자를 확대했다. 월마트는 미국 인구의 90%가 월마트 매장에서 16km 이내에 거주한다는 강점을 활용해 기존 매장을 물류 거점으로 활용했다. 온라인에서 구매한 고객이 오프라인 매장에서 제품을 바로 픽업할 수 있는 다양한 클릭 앤콜렉트 서비스를 제공할 수 있게 되었고, 매장 내에서 고객의 주문을 바로 처리할 수 있는 물류 기반을 갖춘 풀필먼트 센터Fulfillment Center로 활용해 빠른 배송이 가능하게 했다.

매장 내 디지털 기술을 도입해 온·오프라인의 끊김 없는 구매경험을 제공하고, 업무효율성과 쇼핑 편의성을 높이기 위한 노력을 지속하고 있다. 고객경험을 향상하기 위해 IT 기업과 제휴하여 다양한 혁신 기술을 적극적으로 도입, 활용하고 있다. 마이크로소프트의 AI 및 머신러닝 기술을 활용해 판매데이터 분석을 기반으로 한 개인화된 맞춤서비스를 제공하고, 자동결제 기술을 활용해 무인매장 서비스를 개발하고 있다.

아마존닷컴의 음성쇼핑에 대응하기 위해 구글의 음성비서 서비스인 구글 어시스턴트Google Assistant에서 월마트의 상품을 구매할 수 있게 하고, 고객편의성을 강화하여 다양한 부가서비스를 받을 수 있게 했다. 또한, 구글의 자율주행 자동차 회사인 웨이모Waymo와 제휴하여 월마트 홈페이지에서 상품을 구매하면 웨이모 자율주행 차량이 고객의 집으로 와서 매장으로 이동해 구매한 상품을 집으로 가져가는 서비스도 제공하고 있다.

IBM과는 블록체인 기술을 활용한 식품유통이력 추적시스템을 구축했다. 신선식품의 공급망 관리와 식품안전 관리를 통해 고객들에게 안전한 먹거리를 제공하기 위해 실시간으로 농장에서 마트까지 식품이력을 추적한다.

AI 기술로 전통적인 리테일 모델을 혁신하고 고객경험을 개선하다

월마트는 고객 개인화, 직원 운영 최적화, 공급망 효율성 개선에 중점을 두고 AI 트랜스포메이션 전략을 추진하고 있다. 월마트는 기술이 단독으로 변화를 이끌어 내는 것이 아니라 기술들이 어떻게 통합되고 투자되는지가 중요하다고 강조하며, AI와 데이터의 중요함을 인식하고 AI 기술 투자를 확대하고 있다. 특히 고객의 시간을 절약하고 개인화를 통해 고객과의 상호작용 방식을 개선해야 한다는 점을 강조하며, AI를 활용하여 고객의 삶을 더 단순하고 편리하게 만들겠다는 계획이다.

월마트는 '토탈 AI^{Total AI}' 전략을 채택하여 디지털과 AI에 집중투자함으로써 전통적인 소매업 강자에서 AI 기업으로의 전환을 가속화하고 있다. 월마트의 AI 전략은 전통적인 소매업 모델을 혁신하고, 고객에게 더 나은 서비스를 제공하는 데 중점을 두고 있다. AI 기술도입은 고객과 직원 모두에게 보다 개인화되고 효율적인 경험을 제공하며, 월마트가 미래 지향적인 기업으로서의 위치를 공고히 하는 데 중요한 역할을 하고 있다.

더그 맥밀런은 AI 트랜스포메이션의 핵심전략으로 "생성형 AI와 같은 새로운 도구에 대한 우리의 접근 방식은 고객이 쇼핑을 더 쉽고 편리하게 즐기도록 만들고, 직원이 더 만족스럽고 생산적인 작업을 즐길 수 있도록 돕는 데 중점을 두는 것이다"라고 말했다.

월마트는 고객서비스 향상과 운영효율성 증대를 위해 자연어 이해와 생성형 AI 기술을 적극적으로 활용하고 있다. 월마트가 고객의 말을 정확히 이해하고 적절한 반응을 할 수 있게 해주며, 이는 월마트의 AI 음성 주문 서비스와 텍스트 투 숍Text to Shop 기능에 특히 중요하다.

이를 위해 월마트는 전 세계 수많은 국가에서 판매되는 수억 개의 제품정보, 고객 검색어, 거래 대화 상황 등 방대한 데이터를 자체 생성형 AI 모델에 학습시키고 있다. 2억 4,000만 명이 넘는 월마트 고객의 구매이력과 600만 개 이상의 상품정보를 활용하여 월마트만의 맞춤형 AI를 개발하는 것을 목표로 하고 있다.

월마트는 딥러닝Deep Learning 기술을 사용해 다양한 변수를 실시간으로 분석하고, 고객에게 최상의 제품을 제안하며 필요한 경우 대체 품목의 승인을 요청한다. 또한, 과거 데이터 및 인력 가용성을 분석하여 슬롯Slot 용량을 결정하여 픽업 및 배송 시간을 자동으로 예약하고 있다. 월마트는 거시적 날씨 패턴, 경제 동향, 지역 인구통계 등의 데이터를 분석하여 수요예측과 잠재적인 주문이행Order Fulfillment 중단을 예측하고 있으며, 이를 통해 공급망 모델의 불일치와 비효율성을 식별하고 수정한다.

월마트는 또한 로봇 공학 및 자동화 기술에 대한 지속적인 투자를 통해 머신러닝과 AI 기술 통합을 강화하고 있다. 이러한 기술의 결합은 고객의 주문을 접수, 처리, 배송하는 주문이행 능력을 향상시키고 더 빠른 배송을 가능하게 하며, 전반적인 운영효율성을 개선하고 있다. 2026년까지 매장의 65%를 자동화된 공급망으로 서비스할 계획이다.

더그 맥밀런은 "세상을 변화시키는 건 어떤 단일 기술이 아니라, 기술들이 어떻게 합쳐지는지와 우리가 어디에 투자하는지에 달려 있다.

수요예측을 더 잘해야 하고, 이를 위해서는 AI와 데이터가 정말 중요하다"라고 강조했다.

매장 직원 업무지원 효율성 개선

월마트는 생성형 AI 기술을 활용하여 매장 내 직원들의 업무효율성을 크게 향상시키고 있다. 음성비서 서비스인 'Ask Sam'을 활용해 매장에서 제품 찾기, 가격 조회, 직원 근무 일정 조회 등 다양한 업무를 지원함으로써 직원들이 보다 복잡한 고객서비스에 집중할 수 있도록 돕고있다. 예를 들어 직원이 "라면은 어느 구간에 있나요"라고 물으면, Ask Sam은 음성으로 해당 위치를 안내한다.

Ask Sam은 고객응대 영역에도 효과를 발휘하고 있다. 생성형 AI

● 월마트 Ask Sam (출처: 월마트)

챗봇을 통해 고객의 반품이나 주문에 관한 질문에 즉시 대응할 수 있게 되면서 고객응대로 인한 직원들의 스트레스가 크게 줄었다. 결과적으로, 이러한 단순하고 반복적인 업무에서 해방된 직원들은 고객경험과 만족도를 높이는 데 더 많은 시간을 할애할 수 있게 되었다.

Ask Sam의 성공적인 도입과 활용은 월마트가 지난 5년 이상 AI 기술을 실험해 온 노력의 결과이다. 2019년 Sam's Clubs에서 처음 소개된 후 1년 뒤 월마트로 확대하여 매장 내 다양한 정보를 빠르게 제공함으로써 직원들의 작업효율을 극대화하고 있다.

직원들의 다양한 업무영역에서 손쉽게 생성형 AI를 활용할 수 있도록 생성형 AI 서비스 플랫폼인 'Gen AI Playground'도 제공하고 있다. 직원들이 다양한 생성형 AI 모델을 학습하고 경험할 수 있도록 대화, 텍스트, 이미지, 비디오, 음악 등 콘텐츠 생성을 가능하게 하는 여러 생성형 AI 모델을 포함하고 있으며, 이를 통해 직원들의 AI 활용 능력을 향상시키는 것을 목표로 하고 있다.

직원들은 내부 데이터를 외부 생성형 AI 모델과 공유하지 않으면서도 생성형 AI를 통제된 환경에서 자유롭게 실험하고 학습할 수 있도록 하였으며, 프롬프트를 입력하면 동일한 내용을 입력해도 각각의 AI 모델이 어떠한 반응을 보이고, 어떤 결과물을 생성하는지 직접 경험할 수 있다. 이러한 과정을 통해 직원들은 자신의 업무 분야에 적합한 프롬프트 입력 능력을 개발하고 생성형 AI의 다양한 활용 방법을 습득할 수 있다.

● 월마트 마이 어시스턴트 (출처: 월마트)

월마트는 또한 직원들의 업무효율성과 창의성을 높이기 위해 자체 생성형 AI 도구인 '마이 어시스턴트My Assistant'를 제공하고 있다.

마이 어시스턴트는 월마트의 데이터와 연동되어 보고서 초안 작성, 자료 요약, 콘텐츠 생성 등 다양한 업무를 지원한다. 마이 어시스턴트 활용으로 초안 작성 속도 향상, 대량 문서의 신속한 요약, 다양한 주제에 대한 창의적 사고 강화 등에 효과를 보이고 있다. 미국과 캐나다에 처음 도입 후 월마트 본사 직원 5만 명이 사용하고 있으며, 2024년까지 11개 국가의 직원들에게 확대할 계획이다.

월마트는 직원들에게 혁신적인 기술을 적극적으로 경험하게 하여 업무효율성과 창의력을 높이는 동시에 AI 기술의 내재화와 직원들의 기술 역량을 강화해 나가고 있다.

검색부터 구매 전 단계에 생성형 AI 활용

월마트는 고객구매경험 향상과 매출 증대를 위하여 검색부터 구매에 이르는 구매여정의 모든 단계에 걸쳐 생성형 AI를 적극적으로 도입하여 활용하고 있다.

생성형 AI를 기반으로 한 새로운 검색 기능을 제공해 고객의 쇼핑경험을 높여주고 있다. 고객의 쇼핑 의도를 파악해 제품 검색에 소요되는 시간을 절약할 수 있도록 하였다. 고객이 특정 제품을 여러 번 검색하는 대신, 원하는 시나리오나 주제에 대해 직접 질문함으로써 원하는 제품을 효율적으로 찾을 수 있게 도와준다. 예를 들어 부모가 아이의 유니콘 파티를 위해 접시, 깃발, 파티 기념품 등을 여러 번 별도로 검색하는 대신 "내 딸을 위한 유니콘 테마 파티 계획을 도와줘"라고 요청하면 유니콘 테마의 파티용품 추천과 같은 개인화된 쇼핑경험을 제공한다.

고객이 문자 메시지를 통해 상품을 주문하고, 결제 및 배송이나 픽업 시간을 예약할 수 있는 텍스트 투 숍Text to Shop도 제공하고 있다. 챗봇 형태의 대화형 AI 기술을 기반으로 고객의 과거 구매이력과 연동하여 자주 구매하는 품목을 쉽게 재주문할 수 있도록 해 고객편의성을 강화하였다. 예를 들어 고객이 "종이 타올 3개"라고 문자를 보내면, AI가 고객이 선호하는 브랜드의 상품을 선택하여 장바구니에 추가하고 구매프로세스를 완료한다.

문자 이외에도 음성으로 주문할 수 있도록 'AI 음성 주문 서비스'도 강화하였다. 고객은 자신의 모바일 장치나 홈스피커를 월마트 계정과 연동하여 음성 명령만으로 간편하게 원하는 상품을 주문할 수 있다.

예를 들어 고객이 "헤이 구글, 내 장바구니에 계란 12개 추가해 줘"라고 말하면, AI는 고객의 이전 구매 내역과 선호하는 브랜드 정보를 분석하여 자동으로 원하는 상품을 장바구니에 추가한다. 고객의 쇼핑 편의성을 개선해 음성 대화만으로 자신이 원하는 상품을 쉽게 구매할 수 있도록 하였다.

월마트는 가상 피팅 서비스를 제공하는 이스라엘의 스타트업 기업 지킷Zeekit을 인수한 후 옷을 구매할 때 자신에게 어울리는 다양한 옷들을 고객이 가상으로 시착할 수 있는 서비스를 제공하고 있다.

지킷은 실시간 이미지 프로세싱 기술, 컴퓨터 비전, AI 기술을 활용하여 사람의 이미지를 수천 개의 세그먼트로 나눠 선택한 옷과 매핑하는 기술을 가지고 있어, 이미지 프로세싱Image processing 알고리즘을 기반으로 모바일앱과 웹사이트에서 옷을 구매하기 전에 입어 볼 수 있다.

고객이 전신 사진을 찍어 사진을 업로드한 후 신체 사이즈를 입력하고 온라인 쇼핑몰에서 입어보고 싶은 옷을 선택하면, 자신의 전신 사진에 맞춰 가상으로 다양한 옷들을 매칭하여 입어 볼 수 있다. 또한 사진을 업로드하지 않더라도 자신의 신체 사이즈, 피부색과 동일한 가상 모델을 선택할 수도 있다.

가상 시착 서비스는 안경 구매에도 활용하고 있다. 고객이 안경을 구매할 때 월마트 앱에서 750개 이상의 안경테를 가상 시착할 수 있는 'Optical Virtual Try-On'을 제공해 안경 구매경험을 개선하였다.

● 월마트 Optical Virtual Try-On (출처: 월마트)

3D 데이터와 AI 알고리즘을 활용해 안경 프레임의 디지털 트윈Digital
Twin을 생성해 보다 현실감 있는 가상 시착 서비스를 제공하고 있다.

　월마트는 2019년에 출시한 인홈 리플리쉬먼트InHome Replenishment 서
비스를 AI 기술을 활용해 새롭게 강화했다. 인홈 리플리쉬먼트 서비스
는 온라인에서 식료품 주문 후 배달 날짜를 선택하면 정해진 날짜와 시
간에 직원이 식료품을 배달해 냉장고에 직접 넣어주는 서비스로, 개인
화된 알고리즘을 활용해 고객의 요구를 예측하고 필요한 상품을 바로
주문하여 배송할 수 있게 했다. 고객은 필요하지 않은 상품 품목을 삭
제하거나 주문에 새로운 상품을 추가하고 배송 날짜도 조정할 수 있다.

　월마트의 기술 전략 및 상용화 담당 수석 부사장인 안슈 바르드와
즈Anshu Bhardwaj는 "고객이 구매하고 싶은 것이 무엇인지 파악하고, 이를
고객에게 전달하는 더 나은 방법을 찾고 있다. AI는 우리가 그러한 결정

을 쉽게 내릴 수 있는 최선의 방법이다"라며 고객 구매여정에서 AI의 중
요성을 강조하고 있다.

매장운영 혁신 및 재고관리 정확도 증가

샘스클럽Sam's Club은 비전 AI 카메라와 로봇 기술의 전략적 도입을
통해 매장운영의 혁신을 이루어내고 있다. 고객의 매장 이용 경험을 개
선하고, 재고관리의 정확도를 높여 전반적인 매장운영의 효율성을 크
게 향상시키고 있다.

월마트의 창고형 대형할인점인 샘스클럽은 고객들이 매장을 떠날
때 영수증 확인을 받으려 줄을 서지 않고 비전Vision AI 카메라로 카트 속
이미지를 캡처해 담겨 있는 모든 항목의 지불 여부를 자동으로 확인해
매장운영을 개선하였다. 이전에는 회원들이 출구에 줄을 서서 샘스클

● 샘스클럽 AI 영수증 확인 서비스 (출처: 샘스클럽)

럽 직원에게 구매 티켓을 확인받아야 했다. 현재까지 10개 지역에서 도입하였으며, 2024년 말까지 약 600개 매장으로 확장할 계획이다.

샘스클럽의 최고 판매자인 메건 크로지어Megan Crozier는 "샘스클럽은 회원이 우리와 함께 보내는 모든 순간을 소중하게 생각한다. 따라서 출구에서 영수증을 스캔하는 데 걸리는 몇 초를 없애는 것은 그만한 가치가 있다"라고 강조했다.

효율적인 매장 및 재고 관리를 위하여 로봇도 활용하고 있다. 평균 136,000평방피트 규모의 매장을 돌아다니면서 바닥을 청소하는 자율주행식 로봇청소기와 매일 선반에 있는 모든 상품을 스캔하여 2천만 장 이상의 사진을 찍는 '인텔리전스 타워Intelligence Towers'를 장착해 재고를 관리하고 있다.[31]

샘스클럽은 빛의 양이나 선반의 깊이를 고려하여 다양한 브랜드와

● 샘스클럽 바닥청소 로봇 (출처: 샘스클럽)

31. How Walmart is using A.I. to make shopping better for its millions of customers, CNBC (2023.3.27)

재고 위치를 식별하기 위해 알고리즘의 정확도를 95% 이상으로 높였다. 매대에 상품 재고가 없는 경우 자동으로 알림이 전송되어 해당 품목을 항상 구매할 수 있도록 하고 있다.

공급업체와의 협상 프로세스 자동화

월마트는 AI와 머신러닝 기술을 전략적으로 활용하여 공급업체와의 협상 프로세스를 자동화하고, 공급망 관리 및 물류 운영의 효율성을 극대화하고 있다. 공급업체와의 협상부터 재고관리, 물류센터 운영에 이르기까지 월마트의 전반적인 비즈니스 운영프로세스를 AI 기술을 활용해 혁신해 나가고 있다.

약 10만 곳의 공급업체를 보유한 월마트는 AI 챗봇을 이용해 공급업체와의 가격 및 계약조건 협상을 자동화하고 있다.[32] 월마트가 플랫폼에 원하는 제품과 사용할 수 있는 예산 범위, 협상의 달성 목표 등을 입력해두면 조달 담당 직원 대신 챗봇이 납품업체 담당자와 협상을 진행하는 것이다. 과거 거래명세를 바탕으로 납품업체의 조건, 가격을 파악한 다음 ChatGPT와 유사한 방식으로 대화를 주고받으며 거래한다.

AI 챗봇은 구매담당자와 공급업체 사이에서 조정자 역할을 수행하고 있다. 공급업체 측에서 더 높은 가격을 요구할 경우 AI 챗봇은 과거 가격추세, 경쟁업체에서 제시할 것으로 예상되는 가격, 상품에 들어가는 주요 원재료 가격 등을 비교 분석해 월마트 측에서 수용 가능한 최대 가격을 제시한다. 또한 협상 과정 중 공급업체에 가격 인하에 따른 계

32. 밀당하며 2,000개 납품 협상 한 번에… 월마트 신입의 정체, 머니투데이(2023.10.07)

● 월마트의 AI 활용 공급업체 협상 자동화 (출처: 팩텀AI)

약기간 연장이나 구매품목 다양화 등 추가적인 제안을 통해 계약 당사
자들이 모두 만족할 수 있는 최적의 조건을 찾을 수 있도록 하고 있다.

월마트와 납품업체 사이에 AI 챗봇을 통한 협상은 감정적 소모 없
이 다양한 조건을 서로 제안해볼 수 있으며, 유연한 협상력을 발휘하여
몇 주에서 몇 달까지 걸리던 협상 시간을 며칠로 단축시키는 효과를 얻
었다. 더불어 2,000개의 협상이 동시에 진행 가능하다. 월마트 공급업
체 75%가 정확한 분석력에 유연성이 더해진 AI 챗봇과 협상하는 것을
더 선호하는 것으로 나타났다.

이 시스템은 2020년에 AI 기반 소프트웨어 개발업체 팩텀AI^{Pactum}
^{AI}와 협력하여 파일럿 프로그램으로 시작하였다. 생성형 AI를 활용하여
조달 과정을 자동화하고 업무 효율을 개선하는 것을 목적으로 하고 있

으며, 납품업체와의 협상에서 월마트가 수락 가능한 최고가에 점진적으로 접근하는 방식으로 진행되었다.

2021년 캐나다 사업장에서 최초로 도입된 이후, 월마트는 초기 파일럿 프로그램에서 거래 성사율 20%가 목표였으나 약 68%의 거래 성공률과 평균 3%의 비용 절감 효과를 얻었다. 현재는 주로 매장 내 필수 장비 구매에 사용되고 있지만, 2026년까지 전체 매장의 65% 자동화를 목표로 하는 등 운영의 전반적인 자동화를 추진하면서 유통상품 조달에도 AI 기반 구매 협상 시스템을 확대 적용할 예정이다.

AI 기반 재고관리 시스템의 도입은 고객의 요구를 적시에, 저렴한 비용으로 충족시키는 데 필수적이다. 월마트는 과거 데이터를 활용하고 예측분석을 결합하여 최적의 상품 품목을 전략적으로 배치함으로써 쇼핑경험을 강화해 나가고 있다. AI는 또한 블랙프라이데이Black Friday와 같은 중요한 대규모 쇼핑 할인행사 기간 동안의 고객 패턴을 시뮬레이션하여 병목현상을 예측하고 공급망 준비 상태를 강화하는 데 활용하고 있다.[33]

재고관리 시스템은 4,700개 매장, 주문처리 센터, 유통 센터 및 공급업체와 연결되어 있으며, 모든 상호작용과 그 과정에서 발생하는 모든 데이터는 AI 모델과 머신러닝 엔진을 추가로 학습하는 데 활용된다.

월마트는 재고관리를 위한 AI/ML 프레임워크를 구축할 때 판매량, 온라인 검색, 페이지 조회수 등의 과거 데이터를 사용하여 머신러닝 모델을 미세 조정하였다. 또한 날씨 패턴, 거시경제 동향, 지역 인구통계

33. Decking the aisles with data : How Walmart's AI-powered inventory system brightens the holidays, Walmart (2023.10.25)

● 월마트 재고관리 데이터 분석 (출처: 월마트)

와 같은 데이터를 활용하여 수요와 잠재적인 공급망 리스크까지 예측할 수 있다.

　소비자 행동을 예측하는 것은 가능하지만 예상치 못한 사건과 그것이 일반적인 구매 패턴에 미치는 영향은 추가적인 문제를 야기할 수 있기 때문에 재고관리 프로세스에 과거 소비자 동향 및 조정에 최대한 가깝게 수요를 예측할 수 있도록 하였다.

　월마트는 AI 기반 물류창고 로봇 자동화에 집중적으로 투자하고 있다. 월마트 전체 점포의 3분의 1가량이 로봇 중심 물류센터에 의해 운영되고 있다.[34] 창고 로봇이 고객에게 상품을 빠르게 전달하는 데 중대한 역할을 하고 있으며, 물류창고 로봇 자동화 시스템의 도입으로 3년 내에 상품 이동 단가가 20% 하락할 것으로 예측하고 있다.

34. 월마트 물류창고 로봇이 공급망의 미래, 로봇신문사 (2023.04.06)

플로리다주 브룩스빌Brooksville의 풀필먼트 센터에는 로봇들이 상품 케이스를 분류하고, 상품을 거대한 선반 네트워크로 보내며, 고밀도 스토리지 시스템은 매장으로 상품을 발송하기 전에 같은 층에 더 많은 상품을 보관할 수 있도록 해준다. AI 스캐너는 재고 정확도를 개선하고, 소비자 요구에 보다 신속하게 대응하기 위해 어떤 품목이 어디에 있는지 기록한다.

월마트는 3년 내로 물류센터에 AI와 로봇을 활용한 자동화 비율을 65%로 확대하고, 풀필먼트 센터에서 처리되는 물량의 55%가 자동화된 시설을 통해 이루어질 것으로 예측하고 있다.

데이터와 AI 기반 플랫폼 비즈니스 구축

월마트는 그동안 확보된 데이터와 AI 역량을 기반으로 기존 상품 판매 중심의 비즈니스 모델에서 플랫폼 서비스 중심으로 비즈니모델을 혁신하고 있다.

월마트 루미네이트Walmart Luminate는 고객의 객관적이고 정량적인 의사결정을 지원하는 데이터 분석 서비스로 월마트의 온라인과 오프라인 매장 데이터를 통합하여 시장 트렌드, 고객 인사이트 등 리테일 기업의 주요 의사결정에 활용할 수 있도록 제공하고 있다. 기업들은 루미네이트를 활용하여 변화하는 고객의 니즈를 파악할 수 있으며, 고객의 구매 경로 및 신제품 출시, 프로모션 최적화 등에 활용할 수 있다.

월마트는 1997년부터 리테일 분석의 새로운 표준을 제시한 리테

● 월마트 루미네이트 (출처: 월마트)

일 링크Retail Link 시스템을 통해 공급업체에 판매 및 재고 데이터 서비스를 제공해 왔다. 그러나 시간이 흐르면서 리테일 분야의 디지털 혁신이 가속화됨에 따라 업데이트된 시스템이 필요해져 2021년 10월에 새롭게 루미네이트 서비스를 플랫폼 형태로 제공하게 되었다.

월마트 루미네이트 서비스는 3가지 모듈로 구성되어 있다. 변화하는 고객니즈를 파악할 수 있는 고객트렌드 분석 솔루션인 '고객행동Shopper Behavior', 충성도와 매출 제고에 도움을 주는 채널별 성과분석 솔루션인 '채널성과Channel Performance', 실제 고객을 대상으로 설문조사를 수행할 수 있는 '고객인지Customer Perception'이다.

월마트는 무료로 활용할 수 있는 '루미네이트 베이직' 패키지를 제공하고 있지만, 상세한 데이터를 활용하기 위해서는 구독료를 내고 유료 프로그램 차터Charter에 가입해야 한다. 이러한 결과 2022년 2분기 기준 루미네이트 매출이 전분기보다 75% 성장했다.

더불어 월마트는 루미네이트와 월마트의 광고플랫폼인 월마트 커넥트Walmart Connect와 결합하여 광고 생태계에 데이터를 적용해 정확도를 높이고 사업도 확대해 나갈 예정이다.

월마트는 자체 개발한 AI를 기반으로 트럭의 배송 경로를 효율적으로 매핑하여 배송 과정을 최적화하는 '경로 최적화Route Optimization' 기술을 공개해 서비스형 소프트웨어SaaS 형태로 판매하고 있다.

AI 기반 경로 최적화 서비스는 시간, 위치, 매장 배송 기간 등 다양한 요소를 고려하여 경로 매핑을 자동화한다. 또한, 공간 최대화와 온도에 민감한 품목의 보존을 고려하여 트레일러를 더 효율적으로 포장할 수 있다. 월마트는 경로 최적화 기술을 활용해 불필요한 거리를 줄이고, CO_2 배출량을 감소시키며, 비효율적인 경로를 피할 수 있었다. 2022년에 서비스를 구축한 후 이 시스템을 사용하여 1년 동안 약 9,000만 달러의 비용을 절감했다.

월마트는 AI 기반 경로 최적화 이외에도 매장 주문처리 프로세스를

● 월마트 경로 최적화 서비스 (출처 : 월마트)

최적화하는 주문 애플리케이션 서비스인 스토어 어시스트Store Assist도 서비스형 소프트웨어 형태로 판매하고 있다.

이처럼 월마트는 고객경험 강화와 운영효율화를 위해 자체 개발한 기술 및 서비스를 플랫폼 기반으로 출시해 비즈니스 모델을 강화하고 디지털 기업으로의 전환을 가속화하고 있다.

월마트는 2024년 CESConsumer Electronics Show에서 쇼핑과 관련한 모든 과정이 유기적으로 상호 연결되어 끊김 없이Seamless 고객이 원하는 개인화된 경험을 제공하는 '적응형 리테일Adaptive Retail'을 제시했다. 즉, 고객이 제품을 발견하고Discovery, 구매하고Purchase, 배송받는Receive 전 과정이 통합되어 끊김 없이 고객에게 일관된 경험을 제공할 수 있도록 하겠다는 것이다.

월마트는 이러한 적응형 리테일을 구현해 나가기 위해 자사의 핵심역량인 장기간 누적된 매장과 고객데이터를 AI 기술과 결합하고 비즈니스 전반에 걸쳐 통합End to End하고 있다. 이를 통해 고객, 회원, 직원을 위한 경험을 강화하고 공급망을 통해 재고를 확보하는 방식을 새롭게 혁신해 나가고 있다.

까르푸,
데이터 중심·디지털 우선으로 AI 트랜스포메이션을 추진하다

디지털 리테일 기업으로 탈바꿈하다

까르푸는 2013년 전 세계 3위 규모의 매출을 기록할 정도로 성장했으나, 2016년 6위 규모로 밀려나는 등 매출 부진을 겪게 된다. 오프라인 매장 중심의 판매 구조가 주된 원인으로 e-커머스 플랫폼 아마존과의 경쟁에서 고전했기 때문이다.

2017년에는 아마존과의 e-커머스 경쟁을 강화하기 위해 전자제품 유통 체인인 프낙FNAC의 대표였던 알렉상드르 봉파르Alexandre Bompard를 새로운 CEO로 영입했다. 알렉상드로 봉파르는 프낙에서 고객 이탈을 막기 위해 노력했다. 경쟁업체인 아마존과 상품 가격을 동일하게 낮추고, 데이터 마이닝 기법을 도입해 충성도가 높은 단골고객들에게는 혜택을 제공했다. 그뿐만 아니라 웹사이트와 모바일앱 환경도 개선해 고객들이 편하게 쇼핑할 수 있는 환경을 만들었다.

그는 까르푸 CEO를 맡고 2018년에 바로 향후 5년간 디지털 트랜스포메이션 전략 사업 추진을 담은 '까르푸 2022 로드맵'을 발표했다. 2022년까지 프랑스 식품 소매 분야 e-커머스 시장 점유율 20%를 목표로 향후 5년간 총 28억 유로, 연간 5억 6,000만 유로를 투자했다.[35]

그룹 내 8개 사이트와 14개 앱으로 각각 나뉘어 있던 전산시스템을 단일 인터넷 플랫폼으로 통합하여 온·오프라인 쇼핑의 최적화를 위한 옴니채널 전략을 추진했다. 중·소규모 매장과 클릭 앤 콜렉트Click and Collect 드라이브 매장을 대폭 신설하는 등 영업망 구조를 개선하는 작업을 진행하고, 이와 동시에 마케팅 투자 금액의 50%를 디지털 마케팅에 집중투자하였다.

까르푸는 디지털 트랜스포메이션 전략을 가속화하기 위하여 밀키트Meal Kit 배달 전문회사인 키토크Quitoque를 인수했다. 키토크 인수로 소비자의 식품 구매 트렌드를 분석하고 배달 시스템(드라이브, 클릭 앤 콜렉트 포함) 사업을 강화하였다.

온라인 플랫폼 강화를 위해 구글과의 협력도 강화했다. 구글 어시스턴트를 통해 까르푸 플랫폼에서 음성 주문이 가능하도록 했다. 구글은 또한 까르푸의 직원 약 1천 명의 디지털 역량 강화 교육을 맡아 진행했다.

이러한 노력의 결과, 코로나19로 프랑스 e-커머스 식품시장이 본격적으로 성장하기 이전인 2019년부터 까르푸의 e-커머스 성장률이 전 세계적으로 32%, 프랑스에서는 23%가 증가했다. 디지털 트랜스포

---

35. 프랑스 주요 기업의 디지털 전환 사례, Kotra(2021.03.16)

메이션을 통해 고객의 구매 패턴을 분석해 빠르게 대응하고, 온·오프라인에서 고객의 구매경험을 강화하고, e-커머스 데이터를 통해 상품의 판매량을 분석해 재고물량을 효율적으로 관리한 결과다.

2018년부터 꾸준히 디지털 트랜스포메이션 전략을 추진한 까르푸는 디지털 역량을 강화해 다양한 디지털 자산Digital Asset을 보유하게 되었다. 플랫폼 및 데이터 기반으로 8억 명의 연간 디지털 플랫폼 방문자, 3,300만이 다운로드한 까르푸 모바일앱, 8,000만 고객 데이터베이스DB 그리고 유럽에서 가장 큰 80억 거래 트랙 레코드Track Record의 데이터레이크Data Lake들이다. 더불어 3,700개 이상의 e-커머스 판매대리점, 45개 이상의 e-커머스 전용 풀필먼트 센터도 보유하고 있다.[36]

까르푸는 정보기술 시스템을 클라우드Cloud로 이전Migration하기 위해 'move2cloud' 전략을 추진하고 있다. 현재까지 그룹 애플리케이션의 30%가 클라우드로 이전되었으며, 2026년까지 완전한 클라우드 기반의 회사로 변모하는 것을 목표하고 있다.

● 까르푸 디지털 자산 (출처: 까르푸)

36. 까르푸의 리테일 미디어 새로운 전략수립, 한국옥외광고센터(2024.03.15)

까르푸는 재고관리를 포함한 공급망을 최적화하고 낭비를 줄이는 데 AI 기술을 활용하고 있다. AI 솔루션은 실제 매장과 e-커머스 서비스를 통합하여 창고의 재고 수준을 효율적으로 관리하고 있다. 또한, 블록체인 기술을 도입해 고객이 구매하는 제품에 대한 세부 정보를 제공하고 있다. 고객은 스마트폰으로 제품 포장에 부착된 QR 코드를 스캔함으로써 제품의 전체 생산 및 유통 과정 정보를 알 수 있다.

또한 재무 및 회계 데이터의 투명성, 단순성, 접근성을 강화하기 위해 캡제미니Capgemini 및 SAP와 협력하여 SAP S/4HANA 솔루션을 도입하고 있다.

디지털 트랜스포메이션 가속화 전략수립

까르푸는 2018년부터 추진한 디지털 트랜스포메이션 전략을 기반으로 '데이터 중심, 디지털 우선Data-centric, Digital first'으로 디지털 트랜스포메이션을 가속화하는 '2026 디지털 리테일 전략Digital Retail 2026'을 수립하였다.

전략 추진은 e-커머스 가속화 Acceleration of e-commerce, 데이터 및 리테일 미디어 활동 강화Ramp-up of Data & Retail Media activities, 금융서비스의 디지털화Digitization of financial services, 디지털을 통한 기존 리테일 운영의 혁신 Transformation, through digital, of traditional retail operations을 중점으로 추진한다는 계획이다.[37]

까르푸의 회장 겸 CEO인 알렉산드르 봉파르는 "첫 번째 혁신 계획

---

37. DIGITAL RETAIL 2026, Carrefour

● 까르푸 2026 디지털 리테일 전략 (출처: 까르푸)

이 성공적으로 마무리됨에 따라, 이제 e-커머스 역량을 갖춘 전통적인 리테일러인 까르푸를 디지털과 데이터를 모든 운영과 가치 창출 모델의 중심에 두는 디지털 리테일 기업으로 탈바꿈시키고자 합니다. 2026년까지 추진하고자 하는 이 대대적인 변화는 오늘날 까르푸의 DNA이자 업계에서 독보적인 자산인 옴니채널의 잠재력을 최대한 발휘할 것입니다"라고 말했다.

까르푸는 2026년까지 e-커머스 총 상품판매량Gross Merchandise Value을 3배로 늘려 100억 유로를 달성하는 것을 목표로 하고 있다. 또한, 디지털 분야의 2021년 대비 2026년 경상 영업이익이 6억 유로로 증가할 것으로 예상하고 있다. 이를 위해 까르푸는 2022년부터 2026년까지 디지털에 대한 투자를 약 50% 늘려 30억 유로를 투자할 예정이다. 그 결과, 그룹은 연간 투자 목표를 약 17억 유로로 상향 조정하여 2021년 초에 발표한 15~17억 유로 범위의 높은 수준까지 끌어올릴 예정이다.

마지막으로, 사회적·환경적 책임 정책에 따라 2030년까지 e-커머스 활동에서 탄소중립을 달성하겠다는 목표를 발표했으며, 이는 그룹 전체 목표인 2040년보다 10년 앞당긴 것이다.

그룹의 디지털 트랜스포메이션 가속화 전략은 '데이터 중심, 디지털 우선' 접근 방식을 기반으로 하며, 4가지 전략을 중심으로 추진한다.

2026년까지 e-커머스 분야에서 2021년 대비 3배 성장하여 총상품판매액GMV을 100억 유로로 확대해 시장을 주도할 계획이다. 특히, 주요 시장에서 3시간 이내의 특급 배송과 15분 이내의 퀵 커머스 서비스를 제공함으로써 홈 배송 분야에서 리더의 위치를 더욱 공고히 할 예정이다.

데이터 및 리테일 미디어 시장이 2024년까지 전 세계적으로 300억 유로에 이를 것으로 예상되는 가운데, 까르푸는 유럽에서 최고의 리더가 되는 것을 목표로 하고 있다. 까르푸 링크스Carrefour Links 플랫폼을 통해 까르푸의 산업 파트너들이 웹사이트, 애플리케이션, 매장 등 모든 그룹 자산을 활용해 마케팅 캠페인을 진행하고, 판매 거래 전 과정의 영향을 실질적으로 측정할 수 있게 한다는 계획이다.

까르푸 링크스는 80억 건의 거래와 8천만 명의 고객데이터를 바탕으로 유럽 최고의 데이터 및 리테일 미디어 솔루션으로 자리매김하고 있다. 이 독보적인 데이터는 검증되고 세분화된 데이터 레이크에 수집되어 매장 내외의 디지털 거래와 금융서비스 정보들이 실시간 업데이트되고 있다. 또한, 크리테오Criteo, 구글, 라이브램프LiveRamp와 같은 글로벌 기술 리더들과의 파트너십을 통해 가용 데이터를 최대한 활용하여 가치를 창출하고 있다. 까르푸 링크스는 빠르게 성장하여 2021년 대비 2026년에 2억 유로의 ROI를 추가로 창출할 것으로 예상하고 있다.

까르푸는 프랑스, 브라질, 스페인, 벨기에, 아르헨티나 등 5개국의 은행과 상업적 계약을 체결함으로써, 금융 및 보험 서비스 분야에서도 중요한 위치를 확보했다. 이 중 브라질의 은행을 중심으로 한 디지털 금융서비스의 전문성과 혁신을 바탕으로, 그룹이 진출한 모든 국가에서 개인 고객B2C과 기업 고객B2B을 대상으로 새로운 금융 및 보험 상품과 서비스를 개발할 계획이다. 이러한 상품과 서비스에는 '지금 사고 나중에 지불하기BNPL', '소액 신용Micro-Credit', '제휴 보험Affinity Insurance' 등이 포함된다.

디지털화된 금융서비스 활동으로 확보된 고객데이터를 적극 활용해 금융서비스의 운영을 최적화할 예정이다. 이를 통해 디지털 마케팅 캠페인의 효율성, 적격 신용 부여의 정확성 향상, 업그레이드된 점수 부여를 통한 리스크 관리를 강화할 수 있다. 이는 금융서비스 분야에서의 경쟁력을 높이고, 위험 비용을 더욱 효과적으로 관리할 수 있는 기반이 된다.

2018년부터 까르푸는 정보기술 시스템을 클라우드로 전환하는 전략을 추진하여, 현재 그룹 애플리케이션의 30%가 이미 클라우드로 이전되었다. 2026년까지 완전한 클라우드 기반의 기업Cloud-based company이 되는 것을 목표로 하고 있다. 클라우드 도입을 통해 까르푸는 시스템의 유연성을 높이고 새로운 서비스 및 애플리케이션의 출시 시간을 단축할 수 있게 되었다. 운영 데이터의 가치는 AI 솔루션을 사용함으로써 더욱 강화되었다.

더불어 '데이터 중심의 디지털 우선' 문화를 도입하여, 가격 책정, 상품 구성 전략, 비즈니스 활동 예측, 물류 및 공급망 관리, 그리고 기타 관리 프로세스 등 기존 비즈니스 프로세스에 근본적인 변화를 주도하고 있다. 이러한 디지털 트랜스포메이션 가속화 전략 추진은 고객경험 개선, 개인화된 서비스 강화, 본사 및 매장운영의 효율성뿐만 아니라 회사의 고객만족도NPS, 매출, 그리고 영업이익도 증대시킬 것으로 예상하고 있다.

AI 기술로 디지털 트랜스포메이션을 가속화하다

까르푸는 디지털 트랜스포메이션 가속화를 위해 AI 기술을 적극적으로 활용하고 있다. 이를 위해 구글과의 협력을 통해 상품 구성, 가격 책정, 공급망 관리, 매장 운영, e-커머스, 마케팅 등 다양한 부문에서 혁신적인 가치를 창출하고 있다.

일일 디지털 방문자 수가 100만 명에 이르고 연간 거래량이 80억 건에 달하는 방대한 데이터를 활용하여, 현재까지 해결되지 않은 문제들을 식별하고 적절한 사용 사례를 정의해 AI 솔루션의 적용 범위를 확대하고 있다. 이러한 과정에서 조직 내 AI 활용 역량 및 서비스 개발 능력을 강화하기 위하여 직원들에게 AI 교육을 제공해 AI 기술이 비즈니스의 다양한 영역에 활용될 수 있도록 하고 있다.

까르푸는 AI 트랜스포메이션 전략을 추진하면서 생성형 AI를 적극적으로 활용하고 있다. 초기 단계에서는 개념 증명^{PoC}과 파일럿 프로젝트$^{Pilot Project}$에 주력하여 기술의 잠재력을 탐색했지만, 현재는 생성형 AI를 보다 광범위하게 적용하는 데 중점을 두고 있다. 자사의 운영에 혁신적인 AI 기반 솔루션을 도입하는 과정에 있으며, 이러한 솔루션은 AI 기반 고객 쇼핑 지원 챗봇에서부터 제품 설명을 개선하고 내부 구매 프로세스를 간소화하는 등 다양한 서비스로 확대하고 있다.

생성형 AI를 도입하는 과정에서 비즈니스에 미치는 영향, 프로젝트의 실현 가능성, 그리고 까르푸의 전체적인 디지털 트랜스포메이션 전략과의 일치성 등 여러 중요한 요소를 신중히 고려하여 접근하고 있다.

까르푸의 CEO인 알렉산드르 봉파르는 "디지털과 데이터 문화 덕분에 우리는 이미 AI 분야에서 전환점을 맞이했다. 생성형 AI를 활용함으로써, 우리는 고객경험을 풍부하게 하고 업무 방식을 근본적으로 혁신할 수 있는 능력을 갖게 되었다. 오픈AI 기술을 우리의 업무에 통합하는 것은 까르푸에게 탁월한 기회를 제공한다. 생성형 AI를 선도적으로 사용함으로써, 우리는 미래의 소매업을 선도하고 창조해 나가고자 한다"라고 생성형 AI 활용의 중요성을 강조했다.

내부 직원의 업무생산성 강화

까르푸는 내부 직원들의 업무생산성과 운영효율성을 증대하기 위하여 다양한 업무영역에 생성형 AI를 활용하고 있다.

● 까르푸 마케팅 스튜디오 (출처: 까르푸)

마케팅팀이 생성형 AI를 활용하여 캠페인을 빠르게 생성하고 효율적으로 관리할 수 있도록 마케팅 스튜디오Marketing Studio를 제공하고 있다. 마케팅팀은 다양한 기준을 설정하여 맞춤화된 캠페인을 기획하고, 제품에 어울리는 카피를 선택하거나, 실제 제품 이미지를 사용하거나, 생성형 AI를 이용해 이미지를 자동으로 생성할 수 있다. 자동화된 요약 및 이미지 생성 기능을 통해 마케팅 담당자는 작업 흐름을 간소화하고 시간을 절약할 수 있으며, 페이스북, 인스타그램, 구글 등의 다양한 소셜네트워크 캠페인 기획을 위해서 활용하고 있다.

예를 들어 유기농 아보카도, 과일, 빵, 요구르트와 같은 건강한 아침 식사 관련 상품을 광고하고자 할 때, 마케팅 스튜디오는 데이터 레이크에서 자동으로 상품정보를 검색하여 관련 내용과 이미지를 간단하게 만들어준다. 이 자동 채우기 기능은 정확한 상품 세부 정보를 디자인 시스템에 부합하게 표시할 수 있도록 하여 시간을 절약해 준다.

또한, 생성형 AI를 활용하여 비소매 구매팀 입찰 초안 작성 및 견적 분석 작업의 효율성을 크게 향상시켜 조달 프로세스를 간소화해 구매팀의 시간을 절약하고 효율성을 높이는 데 기여하고 있다.

고객 구매 과정의 쇼핑경험 개선

까르푸는 생성형 AI를 고객의 쇼핑경험을 강화하는 데 적극적으로 활용하고 있다.

구매 과정에서 고객의 쇼핑경험을 개선하기 위하여 생성형 AI 기술을 활용한 AI 쇼핑도우미 챗봇인 '호플라Hopla'를 출시했다.

호플라는 고객의 질문을 분석해 개인화된 제품을 추천하며, 온라인 쇼핑객들이 자신의 예산과 조건을 고려하여 제품을 선택하거나 새로운 요리 아이디어를 얻을 수 있도록 도와준다. 예를 들어, 고객이 10유로 예산으로 세 사람을 위한 글루텐프리Gluten-free 옵션을 찾지만 초콜릿은 제외하길 원한다면 호플라는 이 요구에 부합하는 제품을 추천해 준다. 또한 재료의 재사용을 권장하며 음식물 쓰레기를 줄이는 데 도움이 되는 솔루션을 제안한다.

호플라는 까르푸 웹사이트에 통합되어 고객 구매 과정에서 상품검

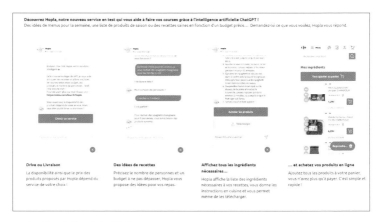

● 까르푸 AI 쇼핑 도우미 호플라 (출처: 까르푸)

색 및 추천을 제공하며, 장바구니에 상품을 직접 추가하는 기능도 제공해 구매 편의성을 높여주고 있다.

까르푸는 상품 카탈로그가 고객 유치와 참여를 증진하는 데 중요하다는 사실을 잘 알고 있다. 이를 위해, 까르푸는 상품 카탈로그에 생성형 AI 기술을 활용하여 고객이 상품을 더 잘 이해할 수 있도록 고품질의 설명과 이미지를 제공하고 있다. AI의 자연어 처리 능력 덕분에 현재 2,000개 이상의 상품에 대해 더 상세하고 도움이 되는 설명이 제공되고 있다. 생성형 AI는 상품설명과 영양정보 등을 포함하여 자체 브랜드의 상품정보를 개선하는 데에도 사용되고 있다. 이미 2,000개가 넘는 상품정보가 업데이트 되었으며, 까르푸는 이 서비스를 모든 상품에 적용할 계획이다.

옴니채널 유통 및 재고 최적화 문제 해결

까르푸는 수요예측 및 공급망 최적화를 위하여 매장, 창고, e-커머스 주문으로 얻은 데이터를 분석하는 데 AI를 활용함으로써 옴니채널 유통 및 재고 최적화 문제를 해결하고 있다. 데이터 분석을 통해 공급업체와의 수요예측 및 재고관리가 향상되어 비용 낭비와 과잉 재고를 크게 줄였다.

까르푸의 예측이사Forecasting Director인 프랑크 노엘 폰타나Franck Noel-Fontana는 "AI는 우리 팀이 차별화된 예측 전략을 개발하는 데 집중할 수 있는 시간을 확보하고 낭비를 줄이면서 고객의 기대를 가장 잘 충족시킬 수 있게 해주었다"라고 AI 활용의 효과성을 말했다.

까르푸는 AI 기술을 활용해 2026년 디지털 혁신 비전인 '데이터 중심, 디지털 우선'의 디지털 트랜스포메이션 전략 추진을 가속화하고 있다. 특히 핵심역량인 유럽에서 가장 큰 80억 거래의 데이터를 한곳에 모

● 까르푸 AI 활용 수요예측 및 재고관리 (출처: 까르푸)

은 강력한 데이터 레이크를 기반으로, 다양한 AI 신기술들을 비즈니스 전 과정에 적용해 내부 업무 프로세스를 최적화하고, 고객의 쇼핑경험을 강화하며, 수요예측 및 공급망 효율성을 증대시키고 있다.

P&G,
AI로 비즈니스 핵심 영역을 최적화하다

-

-

-

-

-

-

디지털 트랜스포메이션 추진으로 가치사슬 프로세스를 자동화하다

P&G는 펨퍼스Pampers 기저귀, 타이드Tide 세탁 세제, 바운티Bounty 종이 타올, 샤민Charmin 화장지, 질레트Gilette 면도기 등 시장을 선도하는 유명 브랜드들을 보유하고 있다. 소비자의 일상적인 문제를 깊이 이해하고 해결하기 위해 힘쓰고 있으며, 이를 위해 디지털 기술을 활용해 고객경험을 강화하고 가치사슬 프로세스를 최적화하는 데 중점을 두고 있다.

P&G는 디지털 기술을 활용해 업계를 선도하는 혁신을 주도하며, 이를 통해 소비자에게 차별화된 경험을 제공하고 고객에게 더 큰 가치를 제안함으로써 회사의 가치를 높이고 있다. 디지털 트렌드를 실시간으로 파악하여 변화를 주도하고, '이그나이트Ignite'라는 주요 기술 향상 프로젝트를 통해 조직의 기술 역량을 강화하는 데 집중하고 있다.

디지털 기술은 효과적인 변화를 가져올 수 있는 강력한 도구이지만, 마법의 해결책은 아니다. 우수한 운영 성과를 달성하기 위해서는 먼저 기본적인 요소들을 갖추어야 한다. 이는 직원들의 참여와 역량 개발, 표준화된 작업 프로세스의 확립, 그리고 신뢰할 수 있는 장비의 확보를 의미한다. 이러한 기본 요소가 갖추어진 후에 디지털 기술을 도입하여 성능을 개선해야 기업 전반에 걸쳐 확장이 가능하고 지속 가능한 결과를 얻을 수 있다.

그렇기 때문에 P&G는 디지털 기술을 활용하는데 크게 네 가지 원칙을 가지고 접근하고 있다.

첫째, 디지털 기술은 프로세스나 활동 전반에 걸쳐 데이터 흐름을 자동화하고, 현재 상황에 대한 더 큰 가시성을 제공함으로써 누구나 쉽게 문제를 식별하고 제거할 수 있도록 해 시간을 절약할 수 있어야 한다.

둘째, 디지털 기술은 로봇 프로세스 자동화나 물리적 자동화 등을 통해 반복적인 작업을 제거하여 효율성을 높여야 한다. 이는 직원들이 더 가치 있는 작업에 집중할 수 있게 함으로써 전반적인 생산성을 향상시킬 수 있다.

셋째, 디지털 기술을 사용하면 생산라인에서 제작된 모든 부품을 100% 정확하게 검사하고, 운영성능의 모든 측면을 지속적으로 모니터링하거나 정기적으로 정확도를 확인하는 등 사람이 할 수 없는 정밀한 작업을 수행하도록 해야 한다.

넷째, 고급 분석과 같은 기술은 사람이 찾아내기 어려운 데이터 간의 상관관계를 발견할 수 있으므로 머신러닝을 활용해 근본 원인을 분

● P&G 통합작업 시스템 구조 (출처: P&G)

석하고 복잡한 문제를 해결할 수 있어야 한다.

P&G는 디지털 기술을 활용해 전체적인 생산성과 효율성을 더욱 향상시켜 손실과 낭비를 줄이고, 강력한 표준 프로세스를 구축하여 조직목표를 달성할 수 있도록 통합작업시스템Integrated Work System, IWS을 활용하고 있다. 통합작업시스템은 작업 프로세스, 직원 역량, 도구, 방법, 운영 및 기술 표준, 지원 기술을 포괄하는 전사적 통합 운영 시스템이다.

통합작업 시스템은 단순한 생산 시스템을 넘어서 P&G 전체 조직의 업무를 포괄하고 있다. 제조 과정뿐만 아니라 엔드 투 엔드 공급망 전반에 걸친 활동을 아우르며, 조직의 모든 수준에서 운영효율성을 강화할 수 있도록 지원하고 있다.

P&G는 조직 전반에 걸쳐 디지털 트랜스포메이션 전략 추진을 강화하고 있다. 고객과의 소통 방법, 혁신 접근법, 시장 진출 전략, 그리고 비즈니스 운영 방식에 있어서 중요하기 때문이다. 조직의 디지털 역량을 발전시키고, 혁신을 가속화하며, 생산성을 향상시키기 위해 빅데이터, 클라우드, AI, 자동화 기술에 투자를 확대하고 있다.

디지털 기술을 활용해 고객 리서치를 강화하고 제품개선에 활용하고 있다. 훌륭한 제품과 소비자 경험을 만들기 위해서는 소비자의 필요와 행동을 정확히 파악하는 것이 필수다. 하지만 전통적인 방법인 패널 설문조사만으로는 소비자의 실제 생활패턴을 완전히 이해하기 어렵다.

이를 극복하기 위해 P&G는 일부 가정에 센서를 설치하여 제품 사용량과 자원 소비를 실시간으로 측정하고 있다. 예를 들어, 스마트 플러그Smart Plug로 가전제품 사용주기를, 스마트 수도꼭지로 물 사용량을, 저울로 제품 사용량을 각각 모니터링한다. 이렇게 수집된 데이터는 클라우드로 전송되어 분석된다.

특히, 이 방법을 통해 식기세척기 사용과 관련된 데이터를 분석해 실제로 식기세척기의 물 사용량을 크게 줄였다. 더불어 많은 소비자가 식기세척기 사용이 물과 에너지를 낭비한다고 잘못 인식하고 있어, 캐스케이드Cascade팀은 매일 저녁 식기세척기를 사용하도록 권장하는 'Do it Every Night' 캠페인을 시작했다. 이 캠페인은 소비자에게 시간과 물을 절약하는 방법을 제시했고, 지구 환경에 대한 영향을 줄이는 동시에 지속 가능한 비즈니스 성장을 강화했다.

● 데이터 분석 기반 식기세척기 세제 캠페인 (출처: P&G)

　　P&G는 공급망 문제를 극복하고 소비자가 필요한 시점에 언제 어디서나 제품을 구매할 수 있도록 자동화된 모델링과 시뮬레이션을 활용하여 제품 설계를 최적화하고, 최고의 제품을 제공하고 있다.

　　세제 공식 데이터를 데이터 레이크에 통합하고 성분 변경이 제품사양에 미치는 영향을 예측하는 독점 알고리즘을 개발했다. 또한, 시스템을 생산라인과 원활하게 통합하여 '원 클릭, 노 터치One Click, No Touch' 접근법으로 제조라인에서 빠르게 제품을 개발할 수 있게 되었다.

　　2021년 2월, 텍사스와 루이지애나를 강타한 겨울 폭풍으로 인해 많은 파트너의 원자재 공급에 차질이 생겼을 때 시스템은 중요한 역할을 했다. 시스템을 활용해 미국 액체세제 사업의 약 60%에 해당하는 세제를 단 28일 만에 최적화하여 고객이 제품을 구매할 수 있도록 제공하였다.

　　디지털 기술을 활용해 소비자가 온·오프라인 어떤 매장이든 원하는 제품을 쉽게 찾을 수 있도록 하고 있다. 과거에는 P&G가 제품을 최적의 위치에 배치하여 카테고리 전체 매출을 끌어올리기 위해서는 복잡한 과정을 거쳤다. 그러나 디지털화 덕분에 대량의 데이터를 분석하는 머신러닝 알고리즘을 활용하여 이 과정을 크게 간소화하여 효율적으로 개선했다.

온라인 쇼핑 분야에서도 검색결과를 최적화하여 소비자가 온라인에서 제품을 손쉽게 찾을 수 있도록 했다. 예전에는 유료 검색 캠페인 관리가 주로 수동으로 이루어졌지만, 이제는 머신러닝 알고리즘을 사용해 데이터를 실시간으로 분석하고 15분마다 성능을 모니터링하여 조정하고 있다. 이러한 자동화를 통해 고객 니즈에 맞는 콘텐츠를 제공해 마케팅 성과를 효과적으로 개선하였다.

P&G는 디지털 트랜스포메이션 전략 추진을 통해 고객의 일상에서 빠르게 변화하는 요구를 파악하여 제품개선과 고객경험 강화에 나서고 있다. 이와 함께 상품 개발, 공급망 관리 등 비즈니스의 핵심영역도 최적화하고 있다.

P&G의 CIO인 비토리오 크레텔라Vittorio Cretella는 디지털 트랜스포메이션의 목적이 "전 세계 수백만 소비자를 위한 최적의 솔루션을 만드는 한편, 모든 이해관계자를 위한 성장과 가치를 창출하는 것이다. 데이터, AI, 자동화를 활용하여 비즈니스의 모든 측면에서 민첩성과 확장성을 갖추고, 혁신을 가속할 뿐만 아니라 모든 업무에서 생산성을 높이고 있다"라고 말했다.

제품 개발과 제조 전 과정을 AI로 혁신하다

머신러닝과 AI에 대한 P&G의 투자는 2018년부터 시작되었으며, 회사의 다양한 비즈니스 영역에 걸쳐 광범위하게 활용되고 있다.

P&G는 판매와 제품 선호도를 포함해 비즈니스에 관한 방대한 데이터 포인트를 가지고 있지만, 이 데이터들은 지리적으로 분산되어 수백 가지 다른 데이터 유형들로 구성되어 있어 P&G의 기존 레거시 시스템으로는 데이터 분석의 어려움이 있었다.

이러한 문제를 해결하기 위하여 클라우드 기술을 이용해 이전에 분리되어 있던 데이터를 통합했으며, 데이터 과학자와 엔지니어들의 AI 개발 작업이 손쉽게 구현될 수 있는 플랫폼을 개발하였다. 그뿐만 아니라, 유능한 인재를 육성하고 전사적으로 데이터와 알고리즘에 대한 이해도를 강화해 나가고 있다.

P&G는 비즈니스 목표를 명확히 하고 조직 내 AI 사용 능력과 기술을 발전시키며 속도와 효율성을 높이기 위해 회사 전체에서 AI 개발을 표준화하는 데 집중하고 있다.

CIO인 비토리오 크레텔라는 "AI가 회사 조직 전반에서 널리 사용될 때만 진정한 영향을 체감할 수 있다. 단발적인 프로젝트를 넘어서, 전 세계 다양한 카테고리와 시장에 걸쳐 알고리즘 기반 솔루션을 확장해 나가야 할 시기"라고 조직 내 AI 활용을 강조하고 있다.

P&G는 AI 트랜스포메이션 전략을 추진하기 위해 3가지 핵심역량 강화에 집중하였다.[38]

---

38. Delivering Superior Solutions by Embracing AI at Scale, Vittorio Cretella(2013.10.18)

첫째, 사업목적을 명확하게 정의하는 게 중요하다. AI를 도입하는 목적은 디지털화 자체가 아니라 비즈니스 가치를 창출하는 데 있다. AI 트랜스포메이션은 기업의 중장기 전략을 추진하는 수단이지 목적이 아니다. 그러므로 AI 트랜스포메이션의 성공은 비즈니스 성과와 직접적으로 연결되어야 하며, 이를 위해 P&G는 AI가 해결해야 할 구체적인 비즈니스 문제를 정의하는 데 많은 시간을 투자했다. 예를 들어 AI를 통해 마케팅 캠페인의 고객 타겟팅을 강화하거나, 머신러닝을 활용한 개인화 추천으로 매출을 증가시키거나, AI 기반 생산라인의 유지보수를 최적화하여 비용을 절감하는 방안에 집중하고 있다.

둘째, AI 기술만으로 비즈니스가 변화하지는 않는다. 무엇보다 사람이 변화해야 한다. 데이터 사이언스, 머신러닝 엔지니어링 등 핵심기술 역량을 확보하는 것뿐만 아니라 직원들이 AI 활용을 강화할 수 있도록 핵심기술 능력 개발은 물론 모든 직원이 AI에 익숙해질 수 있도록 하는 것이 중요하다. 이를 위해 교육 및 코칭 프로그램을 통해 지속적인 학습문화를 장려해야 한다.

P&G는 데이터 사이언스 기초에 대한 15주 수업을 포함하여 2가지 수준의 인증을 갖춘 내부 교육 프로그램을 제공하였다. 비즈니스 리더들은 하버드 비즈니스 스쿨Harvard Business School과의 파트너십을 통해 'AI 시대 경쟁력'을 키울 수 있도록 했다. 더불어 조직 전체에 성공 사례도 공유하였다.

셋째, 속도와 효율성을 위해 AI 개발을 표준화하고 자동화해야 한다. P&G는 머신러닝 시스템 개발 및 구현과 관련된 많은 프로세스를 단순화하고 자동화하는 도구를 사용하여 데이터 사이언스의 역량을 강화하는 'AI 팩토리AI Factory'를 개발했다. AI 팩토리에는 AI 프로젝트를 위한 리소스 및 인프라 설정, 재사용 및 공유 가능한 소스코드의 표준 라이브러리와 소프트웨어 개발 키트Kits, 모델 위험 검토 용이성, 통합 가시성 설정, 경량 사용자 프런트엔드Front End 생성 등이 포함된다. AI 팩토리는 복잡한 많은 과정을 단축하여 데이터 사이언스의 개발 속도를 10배 더 빠르게 수행할 수 있게 하였다.

AI 팩토리의 성공 사례로는 부모가 아기에게 적합한 기저귀 사이즈를 선택하는 데 도움이 되는 AI 기반 기저귀 추천 도구인 '팸퍼스 마이퍼팩트핏Pampers MyPerfectFit'이 있다. 부모는 팸퍼스 클럽Pampers Club 모바일앱을 이용해 생년월일, 아기 체중과 키, 기저귀 핏 등의 세부 정보를 제공하면 AI 알고리즘이 90% 정확도로 아기에게 맞는 기저귀 사이즈를 추천해 준다.

CIO인 비토리오 크레텔라는 "AI는 브랜드가 고객과 소매업체의 요구를 충족시키고, 비용을 줄이며, 신속하고 효과적인 결정을 내릴 수 있도록 하는 데 필수적인 역할을 하고 있다"라고 기업 비즈니스 전략에서 AI의 중요성을 언급했다.

업무 자동화와 생산성 강화

P&G는 생성형 AI를 다양한 비즈니스 분야에 빠르게 적용하고 있

다. 2022년 여름 클라우드 기반 엔지니어링 모델을 사용하는 챗봇을 도입했으며, ChatGPT가 대중화되기 시작한 시점에 이미 여러 AI 도구를 실험하며 시범적으로 사용해왔다.

P&G는 2023년 2월, 자체 개발한 생성형 AI 도구인 'chatPG'의 베타버전을 선보이고, 그해 9월에 정식 버전을 출시했다. 오픈AI의 API를 기반으로 만들어졌으며, 프롬프트를 통해 얻은 정보가 외부로 유출되지 않도록 보안 기능을 갖추고 있다.

P&G는 신규 직원 교육부터 콜센터의 고객서비스 강화에 이르기까지 회사의 다양한 업무영역으로 범위를 확대하고 있다. chatPG를 35개 이상의 업무에 적용하여 업무 자동화와 생산성을 높이고 고객경험을 개선하는 것을 목표로 하고 있다.

직원들의 책임 있는 사용을 위하여 P&G는 생성형 AI의 활용 방안을 직원들에게 교육하며, 10분짜리 교육 세션Session 이수 이후 생성형 AI 사용 정책에 대한 서명을 의무화하고 있다.

CIO인 비토리오 크레텔라는 "우리가 강조하는 것은 생성형 AI 모델이 아무리 강력하더라도 결과물이나 콘텐츠에 대한 책임과 권한은 직원에게 있다는 것이 가장 중요하다는 사실이다. 생성형 AI가 생성한 콘텐츠나 초안을 직원이 검토하는 것은 항상 매우 중요하다"라며 직원들의 책임 있는 AI 사용을 위해 노력하고 있다고 말했다.

고객 리서치 강화 및 신제품 개발 활용

AI는 제품 혁신 및 개발 프로세스를 가속화하고, 모델링 및 시뮬레이션 기술을 사용해 기능 사양에 따라 새로운 성분을 빠르게 찾아내어 제품 개발 시간을 단축할 수 있다. 기존에는 수개월이 걸리던 테스트 작업을 몇 주 안에 완료할 수 있게 되었다. 또한 제품 변경에 대한 소비자 피드백을 신속하게 분석하고, R&D 엔지니어에게 실시간으로 중요 사항을 알리며 필요한 조정을 추천하는 알고리즘을 개발하였다.

P&G는 매년 20,000건 이상의 소비자 연구를 실시하여, 소비자의 요구와 혁신적인 제품 개발에 필요한 통찰력을 얻고 있다. 이 과정에서 AI 기술을 적극 활용하여 소비자의 니즈를 정확히 분석하고 있다.[39]

P&G의 연구개발R&D 팀은 고객의 제품 활용 행태 및 니즈를 분석하기 위하여 AI 기술을 활용해 오랄비Oral B iO와 같은 스마트 제품에서

● 오랄비 실시간 사용자 데이터 분석 (출처: P&G)

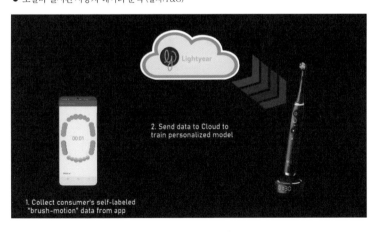

39. 184년 장수기업 P&G가 "100년 더!"를 외치는 까닭, 한국경제(2021.07.22)

발생하는 실시간 사용 데이터를 분석했다. 스마트 제품들에는 사용 상황을 파악할 수 있는 센서가 탑재되어 있어 사용자의 행동 패턴이나 제품 사용 방법 등 중요한 데이터를 수집할 수 있다. 이렇게 수집된 데이터는 새로운 제품 개발이나 기존 제품 라인의 개선, 사용자의 선호도 맞춤화에 활용된다.

오랄비 iO 칫솔의 경우, 사용자가 실제로 칫솔질하는 평균 시간이 자신들이 생각하는 2분이 아닌 47초라는 것을 AI 분석을 통해 밝혀냈다. P&G가 소비자의 실제 사용 습관을 정확하게 이해하고, 이를 바탕으로 사용자 교육 방식을 개선하거나 제품 기능을 보완하는 데 도움이 되었다.

P&G는 고객 연구를 위해 2019년에는 싱가포르에 AI 분석 센터인 'i-SIDOC'를 설립했다. 이 센터에서는 AI를 활용하여 지역 소비자들의 프로필과 구매 정보를 정밀하게 분석하고, 그 결과를 바탕으로 유의미한 데이터를 추출하는 작업을 수행하고 있다. 이를 통해 P&G는 현지 제조사보다 더 정확하게 소비자 맞춤형 제품을 개발할 수 있는 능력을 갖추게 되었다.

또한, P&G는 방대한 데이터 관리를 위해 클라우드 시스템을 활용하고 있으며, 이를 통해 얻은 인사이트로 다양한 신제품을 시장에 출시하고 있다. 예를 들어, 유아의 24시간 생활패턴을 모니터링한 데이터를 바탕으로 로지텍과 함께 연구하여 만든 어린이 수면 루틴 시스템 '루미 바이 펨퍼스Lumi by Pampers'도 그중 하나다.

● 루미 바이 펨퍼스 (출처: P&G)

코로나19 팬데믹 기간에는 외출 자제와 개인위생에 대한 관심 증가로 인해 소비자들의 구매 패턴이 근본적으로 변화하였고, 과거에 축적된 데이터가 더 이상 유효하지 않게 되자 P&G는 빠르게 대응하여 새로운 AI와 알고리즘을 개발하는 데 집중했다.

회사는 50억 명 이상의 매장 방문자들의 데이터를 처음부터 새롭게 분석해 변화된 상황에 맞는 소비자들의 새로운 쇼핑 습관과 패턴을 신속하게 파악할 수 있었다. 이러한 빠른 대응은 P&G가 변화하는 시장 조건에 유연하게 적응하고, 소비자의 니즈에 맞춘 제품과 서비스를 제공하는 데 크게 기여하고 있다.

디지털 제조 플랫폼 혁신

2022년 여름, P&G는 디지털 제조 플랫폼을 혁신하기 위해 마이크로소프트와 파트너십을 체결했다. 제조 플랫폼의 디지털 전환을 통해 생산라인에서 직접 실시간으로 제품 품질을 확인하고, 낭비를 방지하면서 장비의 탄력성을 극대화하며, 제조 공장에서 에너지와 물 사용을 최적화할 수 있게 되었다.[40]

P&G는 전 세계적으로 제조 프로세스의 효율성과 품질을 높이기 위한 혁신적인 접근 방식으로 애저 IoT 허브Azure IoT Hub 및 IoT 엣지IoT Edge를 기반으로 한 산업용 사물인터넷Industrial Internet of Things ; IIoT 플랫폼을 활용하고 있다. 이집트, 인도, 일본, 미국 등 여러 국가에서 진행된 파일럿 프로젝트를 통해, 실시간으로 제조 인력의 인사이트Insight를 분석하여 생산 과정을 개선하고 있다.

기저귀 제조 과정에서 최적의 흡수력, 누출 방지, 사용자 편안함을 보장하기 위해서는 여러 겹의 재료가 매우 정밀하고 빠르게 조합되어

● 제조 플랫폼 혁신 추진 (출처: P&G)

This will be
the first time that
P&G will digitize and
integrate its data from
100+ manufacturing sites
around the world.

40. 대규모 스마트 제조 혁신의 비결은, CIO Korea(2022.10.07)

야 한다. 새로운 IIoT 플랫폼은 장비의 원격 측정 및 고속 분석 기능을 통해 생산라인을 지속적으로 모니터링하여 재료 흐름의 잠재적 문제를 조기에 발견하고 예방할 수 있게 되었다.

P&G는 기저귀 브랜드인 팸퍼스Pampers을 운영하면서 제품 품질을 높이는데 많은 노력을 기울이고 있다.[41] P&G의 공장에선 손상된 기저귀가 발생하면 바로 폐기한다. 그러다 보니 수천 개에 달하는 불량품을 버리는 게 일상이 되어 이를 해결하기 위한 방안을 고심했다. 이때 P&G가 선택한 것이 AI였다.

기저귀는 안감용 펄프, 플라스틱, 흡수성 알갱이, 탄성체로 만들어진다. 제조 공장은 그런 원료를 기반으로 여러 단계를 거쳐 뜨거운 접착제와 열을 결합해 제품을 생산한다. P&G는 제조 공정에서 불량품 발생을 줄이기 위하여 '핫멜트 최적화Hot Melt Optimization' 플랫폼을 개발하고 적용했다.

핫멜트 최적화 플랫폼은 제조라인에 설치된 특정 센서를 통해 데이터를 수집하며, 이 데이터는 마이크로소프트의 예측분석 및 제조용 애저Azure 클라우드와 통합되어 처리된다. 이 시스템을 통해 P&G는 제조 공정 중에 발생하는 문제를 실시간으로 감지하고 해결하여 불량률을 대폭 줄이고, 최종적으로는 높은 품질의 기저귀를 보다 효율적으로 생산할 수 있게 되었다.

P&G는 11개의 공장에서 폐기되어야 할 기저귀 수를 70%까지 감소시키는 성과를 달성했다. 이는 매주 백만 달러 이상으로 추정되는 비

41. P&G 제조 공장의 불량품을 줄여준 일등공신 'IoT와 예측분석 도구, CIO Korea(2023.08.29)

용을 절감하는 효과를 가져왔으며, 비용 절감뿐만 아니라 생산 효율성도 크게 향상시켰다.

또한, P&G는 페이퍼 타월 생산 과정에서도 IIoT, 고급 알고리즘, 머신러닝, 예측분석 등을 통해 제조 효율성을 개선하는 실험을 진행해 페이퍼 타월의 시트 길이를 더욱 정확하게 예측할 수 있게 되었다.

제조 현장의 AI 기술 활용은 제조 인력의 작업효율을 높이고, 생산 주기를 단축하여 생산 과정의 최적화는 물론, 자원의 효율적 사용과 제품의 일관된 품질 유지가 가능하게 되었다.

공급망 데이터 분석 및 예측 활용

P&G는 허리케인, 운하 막힘, 코로나19 대유행 같은 예상치 못한 사건들로 인한 심각한 공급망 문제에 직면했다. 공급망 문제는 제품 및 개별 부품을 관리하는 시스템에도 영향을 미쳤으며, 이로 인해 제품, 공급업체 네트워크, 공장 장비에 대한 영향을 신속하게 파악하기가 어려웠다.

이에 대응하기 위해 P&G는 다양하고 분리된 데이터 시스템을 통합하는 작업을 진행했다. 제조, 공급망, 마케팅, 품질 보증, 연구실 정보 시스템 등 다양한 부서의 전문가들이 참여하여 프로젝트를 진행했다.

프로젝트에는 5,000개 제품과 22,000개의 부품에 대한 BOM^{Bill Of Materials} 데이터, 공급업체, 제조 공장, 창고, 유통 센터를 포함한 공급망 데이터, 공급 및 수요 위험을 평가하기 위한 현재 재고 데이터들이 입력되었다. 입력된 데이터를 기반으로 서로 다른 데이터 스트림$^{Data\ stream}$을 단일 저장소로 통합 및 표준화 작업을 진행하였으며, 통합된 정보를 대시보드나 보고서를 통해 데이터 세트를 제공할 수 있도록 하였다.

데이터 통합에 이어 실시간 분석 및 공급 예측 기능이 구현되었다. 이를 통해 공급, 수요 및 재고 데이터를 실시간으로 분석하여 현재 재고 수준, 공급망 병목 현상, 잠재적인 공급망 중단 등 중요 지표를 포함하는 실시간 분석 보고서를 생성할 수 있게 되었다.

예측분석을 위하여 머신러닝 모델을 활용해 제품 가용성을 분석하고, 재고를 관리하며, 공급에 대한 잠재적 위험뿐만 아니라 과거 데이터를 분석해 패턴이나 추세를 식별해냄으로써 수요도 예측도 진행하였다.

이러한 공급망 데이터 분석으로 데이터 검증에 필요한 전문가 수를 10명에서 0명으로 줄였으며, 공급망 문의에 대한 응답 시간을 2시간 이상에서 즉시 결과를 확인할 수 있도록 하였다. 여러 지역 회의를 하나의 글로벌 회의로 통합하여 의사결정 프로세스를 간소화하였다.

P&G는 데이터 통합 및 머신러닝 모델을 활용하여 공급망 관리에 있어 예상치 못한 사건들로 인한 위험을 최소화하고, 공급 및 수요를 예측하여 빠르고 효율적으로 대응할 수 있게 하고 있다.

미디어 믹스 및 광고 효율성 증대 활용

AI 활용은 P&G의 광고 전략과 효율성 개선에도 핵심적인 역할을 하고 있다. P&G는 미디어 구매와 마케팅 전략 강화를 위해 AI 알고리즘, 대규모 언어모델[LLM] 등을 포함한 최신 AI 기술을 적극 활용하고 있다. 특히 타이드[Tide], 다우니[Downy], 펨퍼스[Pampers]와 같은 주요 브랜드들은 수십 년간 축적된 방대한 소비자 연구 데이터를 활용하여 광고 및 마케팅 전략에 AI를 활용하고 있다.[12]

P&G는 TV와 같은 전통적인 광범위한 채널보다는 마감일 계산기, 아기 이름 생성기, 펨퍼스 클럽[Pampers Club] 보상 프로그램과 같은 자체 채널에 더 많은 관심을 기울이고 있다. 이러한 채널을 통해 수집된 데이터는 타겟팅 및 개인화 마케팅에 활용된다. 자사가 보유한 퍼스트파티[1st-party] 데이터를 AI 알고리즘으로 분석하여 타겟 분석 및 광고 성과 개선을 강화하고 있다.

AI는 광고 크리에이티브의 개발과 테스트에도 활용되고 있다. P&G는 '신경 데이터 네트워크[Neural data network]를 통해 광고 콘텐츠를 테스트하고 소비자 반응을 분석하여 최적의 광고 성과를 달성할 수 있는 방법을 모색하고 있다. 이 과정을 통해 이미지, 음악, 카피, 텍스트 등을 빠르게 변경하여 최상의 성과를 낼 수 있도록 개선하고 있다.

기저귀 브랜드 팸퍼스[Pampers]의 경우 틱톡[TikTok], 유튜브[YouTube], e-커머스 등 다양한 채널에서 연간 140개 이상의 광고를 최적화하고 있다. 또한, 알고리즘을 활용한 새로운 광고 배치 전략을 통해 도달 범위를 높이고, 추가 비용 절감 효과를 보고 있다.

세제 브랜드 타이드[Tide]는 AI를 활용하여 TV와 스트리밍 플랫폼에

---

42. P&G's Pritchard says AI, algorithms are improving ad effectiveness, Marketing Dive (2023.02.17)

서의 광고 효율을 개선하고 있다. AI 기반의 미디어 믹스 알고리즘을 도입하여 커넥티드 TV^{Connected TV} 광고의 중복성 문제를 줄이고, 다양한 네트워크와 프로그램을 조합해 효율적으로 광고를 배치하고 있다. AI를 활용한 미디어 믹스로 P&G는 세제 부문에서만 6,500만 달러의 비용을 절약했다.

더 나아가, 타이드는 모든 TV 프로그램, 채널, 시간대에 걸쳐 광고를 보다 효율적으로 미디어 믹스하는 새로운 방법을 알고리즘을 사용하여 테스트하고 있다. 이 새로운 접근 방식은 광고의 도달 범위를 기존 방식보다 3% 더 높이고, 추가로 4천만 달러의 비용 절감 효과를 얻을 것으로 예상하고 있다.

P&G는 AI 기술을 통해 제품 개발 과정에 혁신을 가져오고 있으며, 제조 현장의 작업 효율을 향상시키고 생산 주기를 단축하는 데 기여하고 있다. AI의 활용은 모델링과 시뮬레이션을 통한 고객 인사이트 분석을 통한 상품 개발 시간의 단축, 자원의 효율적 사용, 제품 품질의 일관성 유지 등 제품 개발과 제조 과정 전반에 걸쳐 활용되고 있다. 또한, 데이터 통합과 머신러닝 모델을 활용한 공급망 관리 최적화를 통해 예기치 않은 위험을 최소화하고, 공급 및 수요예측을 통해 보다 신속하고 효율적으로 대응하고 있다.

이러한 AI를 통한 제품 혁신과 개발, 제조 효율성의 향상, 공급망 최적화 등은 제품의 품질과 서비스를 개선하여 고객 만족도를 높이고, 최종적으로 브랜드 충성도와 매출의 성장으로 이어지는 선순환 구조를 형성하고 있다.

　CIO인 비토리오 크레텔라는 AI 트랜스포메이션의 필요성을 강조하며 "P&G의 모든 비즈니스 영역이 자동화와 AI 및 머신러닝과 같은 신기술의 영향을 받고 있다. 이를 감안해서 기업 전반에 걸쳐 디지털 역량을 강화하고 AI 활용을 2배로 늘려 비즈니스 및 소비자를 위한 추가적인 혜택을 창출하고 있다"라고 말했다.

이케아,
AI로 고객이 원하는 생활공간을 디자인하다

-
-
-
-
-
-

디지털 트랜스포메이션 추진으로 옴니채널 및 D2C 전략을 강화하다

오랜 기간 동안 이케아IKEA의 차별화 요소는 매장 경험에 있었다. 미로 같은 매장 레이아웃을 통한 차별화된 경험, 다양한 가구를 체험하는 즐거움, 저렴하고 푸짐한 푸드코트를 기반으로 방문고객이 매장에 더 오래 머물고 더 많이 구매하는 데 중점을 두었다.

그러나 아마존닷컴에서의 가구 구매가 늘어나고, 더 나아가 직접 가구 브랜드를 출시하면서 위협이 되었으며, 웨이페어Wayfair 같은 신생 D2C 브랜드들의 출현으로 더 이상 기존 판매방식만 고수하기에는 한계가 있었다. 이케아의 CEO인 예스페르 브로딘Jesper Brodin은 파이낸셜 타임스Financial Times와의 인터뷰에서 "고객들은 더 이상 평범한 가구를 사기 위해서 도심 외곽 매장으로 차를 몰고 오는 것을 좋아하지 않으며, 가구 사업이 과거에 우리가 경험한 것보다 더 성장하기 힘든 사업이 되었다"라고 말했다. 더불어 "이케아는 꾸준하게 성장하고 있으나 이와 동시에 리테일 환경은 유래 없는 속도로 변화하고, 고객의 소비 행동 또한 급변하고 있다. 고객의 니즈에 맞는 경험을 지속적으로 제공하기 위해 비즈니스를 더욱 새롭게 개선할 수 있는 부분에 투자를 집중하고, 기존 매장을 포함한 전반적인 비즈니스 역량 강화에 힘쓸 것이다"라며 고객, 채널, 기술의 변화에 적극 대응하겠다는 의지를 가지고 디지털 트랜스포메이션 전략을 추진하였다.

디지털 트랜스포메이션 전략 추진을 위하여 2018년에 에스페르 브로딘은 바바라 마틴 코폴라Barbara Martin Coppola를 CDOChief Digital Officer로 임명하면서 회사의 기반을 디지털로 탈바꿈하기 위해 "거의 모든 것을 변경할 수 있는 권한"을 부여했다. 이케아의 웹사이트, 데이터 관리, 디지털 마케팅뿐만 아니라 매장 디지털화, 공급망 최적화 등을 혁신할 수 있는 권한을 제공하였다. IT 분야에서 20년이 넘는 경력을 가진 마틴 코폴라는 텍사스 인스트루먼트Texas Instruments, 삼성Samsung, 그럽허브GrubHub 등에서 근무했고, 구글과 유튜브에서 7년 동안 마케팅 업무를 담당했다.

"저는 그쪽IT 세계에서 넘어와서 정말 그쪽 세계를 잘 안다. 저는 좋은 AI, 엔지니어링의 힘 그리고 그것을 올바르게 활용하기 위해서는 끊임없이 빠르게 테스트해야 한다는 사실을 알고 있다. 따라서 경쟁을 원하는 모든 회사는 가능한 한 최상의 방법으로 고객에게 서비스를 제공하기 위해 IT 회사와 동일한 수준의 속도와 테스트를 수행해야 한다"라며 디지털 트랜스포메이션 전략 추진을 위해서는 IT 회사와 같이 일하는 방식의 중요성을 언급했다.

CDO로 부임하자마자 고객과 만나기Meeting the customer, 협업의 강화Empowering co-workers, 디지털 기반Digital Foundation, 디지털 DNADigital DNA의 4가지 영역을 중심으로 디지털 트랜스포메이션 전략을 단계별로 추진했다. 조직 내 디지털 DNA를 기반으로 고객을 중심으로 더 스마트하고 민첩하게 일하는 방식을 변화시켜 고객의 라이프스타일에 최적화된 제품과 서비스를 제공하겠다는 것이다.

특히 옴니채널 및 D2C 전략 강화에 중점을 두고 단계별 전략을 추진하였다. 먼저 이케아의 디지털 서비스를 간소화하고 고객에게 개인화된 e-커머스 경험을 제공하는 데 초점을 맞춰 기존 카탈로그, AR/VR 룸 디자인, 지역 상점용으로 각각 흩어져 있던 모바일앱을 하나로 통합하였다. 이를 통해 고객은 하나의 모바일앱으로 고객 구매여정에 필요한 제품 탐색비교, 체험, 구매가 가능하며, 개인화된 서비스도 받을 수 있게 되었다.

고객들의 구매경험을 강화하기 위하여 다양한 홈인테리어를 보고 바로 상품을 구매할 수 있게 핀터레스트Pinterest와 같은 형태로 제품 카탈로그를 구성했다. 무엇보다 개인정보에 민감한 고객이 직접 자유롭게 자신의 데이터를 제어할 수 있는 권한을 부여하였다. 이케아 앱의 인터넷 사용기록, 장바구니 저장기록 등의 설정을 눈에 잘 띄게 배치하여 바로 설정을 조정할 수 있게 한 것이다. 2019년 10% 수준이었던 e-커

IKEA Plan and Order points

Our Plan and Order points are smaller stores dedicated to kitchen, bedroom, and living room planning where you can find home furnishing advice and expertise to help design your ideal space.

You can book an appointment or use our online planner tools to design your own solution.

Store locations | Opening hours | How it works | FAQs

● 이케아 플랜 앤 오더 포인트 (출처: 이케아)

머스 매출은 2020년 기준 16%를 차지하고 있다.

더불어 고객들이 일상생활에서 손쉽게 매장을 방문하여 제품을 탐색하고 체험한 후 집에서 제품을 구매할 수 있는 '미니 이케아Mini IKEA' 매장을 도심 내에 확대하였다. 또한, 매장 크기를 대폭 줄이는 대신 '온라인 주문 픽업'과 '맞춤형 인테리어 상담' 기능에 집중한 소형포맷 매장인 '플랜 앤 오더 포인트Plan and order point'도 확장해 나가고 있다.

옴니채널 서비스를 강화하기 위하여 고객이 온라인으로 주문하고 이케아 매장이나 주차장에서 받아 볼 수 있는 클릭 앤 콜렉트Click & Collect 서비스를 제공하고 있다. 클릭 앤 콜렉트 서비스 제공을 위하여 기존

POS 시스템, e-커머스 서비스, 재고관리를 통합했다.

이케아 매출의 5%를 차지하는 푸드코트 공급망 관리도 디지털로 혁신하였다. 기존에 엑셀로 관리하던 식료품의 공급망 및 재고를 데이터로 분석하고, 디지털 대시보드를 활용하여 전체 재고관리 현황을 파악할 수 있게 하였다. 옵토로^{Optoro}의 반품 솔루션을 도입하여 반품 폐기물을 줄이고, 가구 매장에서 사용하는 POS 시스템을 활용해 매장에서 까페로 이동하는 고객 구매여정을 단계별로 파악할 수 있게 되었다. 이케아 로열티 프로그램 회원들이 온라인으로 중고 제품을 검색하고 예약한 후 매장에서 수령하고 구매할 수 있는 서비스 'As-is online'도 출시했다.

또한, 이케아는 2017년 AR 앱인 '이케아 플레이스^{IKEA Place}'를 통해서 거실 소파나 암체어, 테이블 등 2천 개 이상의 가구를 3D를 활용하여 실제 주택이나 사무실, 스튜디오와 같은 공간에 배치해볼 수 있는 서비

● 이케아 플레이스 (출처: 이케아)

스를 출시하였다. 애플의 증강현실 플랫폼 'ARKit'을 활용한 이케아 플레이스 앱 덕분에 고객은 매장에 직접 가지 않아도 집에서 소파나 테이블 등 필요한 가구들을 실제 해당 공간에 배치하면서 컬러나 질감, 사이즈는 물론 기존 인테리어와의 매칭 정도를 확인할 수 있다.

기본적으로 이케아 제품들을 3D로 구현해 크기와 디자인, 기능까지 실제 제품에 맞게 적용했으며, 가구를 배치하려는 실내 공간 크기에 따라 소비자가 원하는 대로 자동으로 제품 비율을 조절할 수도 있다.

이케아 플레이스 앱은 이케아의 이노베이션 랩이자 씽크탱크 역할을 수행하는 '스페이스10 Space 10'에서 시작되었다. 2014년 덴마크 코펜하겐에 설립된 스페이스10은 식품, 인터페이스, 공유 공간, 디지털 제조 등 소비자들의 라이프스타일과 직결된 4가지 영역에 관한 연구를 진행하였다.[43]

● 이케아 스페이스10 (출처: 이케아)

43. 스페이스10은 2023년 9월 1일을 마지막으로 해체되었다.

● 이케아 스튜디오 AR (출처: 이케아)

　여기서는 단순히 돈이 되는 상업적 연구가 아니라 소비자들의 라이프스타일 변화를 예측하고, 지속 가능성을 반영할 수 있는 기술을 개발하기 위한 실험적인 시도를 수행하며 IT, 디자인, 음악, 건축 등 다양한 분야의 외부 전문가들과 협업하였다.

　이케아는 여기서 한발 더 나아가 2021년 4월, 사내 혁신 연구소인 스페이스10과 함께 작업한 '이케아 스튜디오 IKEA Studio AR' 앱을 선보였다. 이케아 스튜디오는 아이폰12 Pro 이상 모델에 장착된 LiDAR 센서를 사용하여 사용자 거주 공간을 크기와 배치를 포함한 3D 도면 형태로 캡처한 다음 이케아 가구들로 가상의 방을 마음대로 꾸밀 수 있고, 컬러와 구성 및 배치를 재설계하면서 생활공간을 완전히 새로운 인테리어 스타일로 재설계할 수 있도록 도와준다. 기존의 이케아 플레이스가 현실의 거실이나 방 등 단면에 적용할 수 있다면, 이케아 스튜디오는 방 전체를 3D 스캐닝 기술을 통해 3차원 공간 형태로 재설계할 수 있다는 것이 다른 점이다.

2020년 4월에는 3D 및 비전 컴퓨팅 기술 기반의 회사인 '지오메지컬 랩스Geomagical Labs'를 인수하였다. 지오메지컬 랩스는 스마트폰으로 방을 빠르게 스캔하고 몇 분 안에 파노라마 같은 3D 사진으로 렌더링해 그 안에 있는 가구를 모두 제거한 뒤 공간에 맞는 가구를 배치할 수 있는 기술을 보유하고 있다. 현재 이케아 플레이스에 통합하여 3D랜더링을 통해 고객이 자신의 집에 적합한 가구를 선택할 수 있는 다양한 경험을 제공하고 있다.

이케아는 디지털 트랜스포메이션을 통해 고객여정의 전 단계에서 고객 구매경험을 강화하고, 기존 오프라인 매장 중심의 판매에서 D2C 및 옴니채널 기반의 매출을 증대하고, 다양한 고객 접점에서 몰입감을 높여줄 수 있는 체험서비스를 확대해 나가고 있다.

디지털 혁신의 전 과정에 AI 기술을 활용하다

이케아의 AI 트랜스포메이션 전략은 변화하는 소비자 행동에 맞춰 운영 방식을 조정해야 할 필요성을 인식하고 디지털 혁신의 전 과정에서 AI 기술을 활용하여 고객 구매경험을 향상시키며, 수요예측 및 공급망 관리를 개선하여 고객이 원하는 생활공간을 계획하고 더 나은 집을 만들 수 있도록 하는 데 중점을 두고 있다.

AI 트랜스포메이션 전략 추진을 위하여 2023년에 디지털, 사업, 지원 부문의 전문가들로 AI 태스크포스[TFT]팀을 구성하였다. 태스크포스 팀은 조직 내 AI 기술 도입, 서비스 개발, 내부 운영 및 프로세스 등 이케아의 AI 트랜스포메이션 전략 추진에 필요한 6가지 원칙의 가이드를 만들어 책임감 있는 AI 서비스를 제공할 수 있도록 하고 있다.[44]

첫째, AI가 사람들과 상호작용하는 방식을 명확하고 개방적으로 공개하여 사람들이 정보에 기반한 의사결정을 내릴 수 있도록 지원하고, 제품과 브랜드에 대한 신뢰를 구축한다.

둘째, AI와 신기술이 직무와 역량에 미치는 영향을 항상 평가하고 모든 사람을 위한 평생 학습과 개발을 지원한다. 필요한 경우 동료들의 숙련도를 높이고 재교육을 실시하며, 이케아 안팎에서 장기적인 고용 가능성을 강화한다.

셋째, 전사적인 AI 및 데이터 교육 프로그램을 통해 동료들이 책임감 있는 AI 개발 및 사용의 중심에 함께 하도록 한다.

넷째, AI는 조직의 2030년 기후변화 목표를 달성하고, 자원을 최적화하며, 에너지 효율성을 높여 지속 가능한 솔루션을 구현하는 데 핵심 역할을 한다.

다섯째, 에너지 효율적인 AI 모델 학습 및 책임감 있는 데이터 운영과 같은 지속 가능한 AI 사례를 살펴보고, AI 사용이 지구에 부정적인 영향을 미치지 않도록 보장한다.

여섯째, AI 수명 주기 전반에 걸쳐 리스크 기반의 투명하고 책임감

---

44. How IKEA is approaching AI for the benefit of all, Ingka Group(2023.10.05)

있는 의사결정을 위한 거버넌스 구조 및 프로세스를 구축한다.

이케아의 모회사인 잉카그룹Ingka Group의 공동 최고 디지털 책임자 CDO인 파라그 파레크Parag Parech는 "우리는 혁신만을 목표로 하지 않는다. 진정한 인간 중심 접근 방식으로 진정성, 공감, 책임감을 가지고 혁신하는 것이 목표다"라고 말하며, 단순한 기술적 진보나 혁신을 넘어서 사람들의 삶에 긍정적인 영향을 미치고 고객과 공감할 수 있는 혁신을 강조하고 있다.

업무 자동화 및 데이터 기반 의사결정

이케아는 직원들의 업무에 AI를 적극적으로 활용해 업무를 자동화하고 데이터에 기반한 의사결정을 할 수 있도록 역량을 강화하고 있다. AI 기반 도구를 활용하여 직원들이 방대한 양의 데이터를 분석하고, 고객 인사이트를 추출하여 비즈니스 의사결정을 내리고 있다. 더불어 직원 업무 프로세스를 자동화하여 직원 생산성뿐만 아니라 고객만족도까지 높이고 있다. 이케아 푸드코트에서는 고객이 트레이Tray를 스캔하고 결제하는 프로세스를 자동화하여 고객경험 강화뿐만 아니라 계산대 직원이 더 나은 고객서비스를 제공할 수 있도록 하였다.

직원들이 조직 전반에 걸쳐 AI를 효과적으로 활용할 수 있도록 AI 활용 프로그램도 새롭게 구성하였다. 기본적인 데이터 교육뿐만 아니라, 생성형 AI 같은 새로운 AI 기술을 배울 수 있는 프로그램을 운영해 직원들이 변화하는 기술 환경에 적응할 수 있도록 하였다. AI 기술의 이해도를 높이고, 모든 직원이 AI를 활용하여 업무효율성을 극대화할 수 있도록 2024년에 3,000명 이상의 직원을 교육할 예정이다.

이케아는 사람과 AI가 함께 일할 수 있도록 직무 역할 변화 및 재교육도 강화하고 있다. AI 고객상담 챗봇 '빌리Billie'의 활용이 늘어나면서 기존 콜센터 직원을 인테리어 디자인 전문가로 양성하고 있다. 단순 전화 상담은 대화형 AI 챗봇이 맡고, 대신 사람이 인테리어나 가구 디자인 등 보다 전문적인 자문이 필요한 업무를 진행한다. 2021년부터 8,500명의 콜센터 직원을 '인테리어 컨설턴트'로 재교육하여 AI 시대에 사람과 AI가 공존할 수 있도록 직원들의 역량을 강화하고 있다.

주거공간 및 가구 디자인 리서치

이케아의 이노베이션 및 R&D를 담당하는 스페이스10 주도로 그동안 이케아가 보유한 다양한 고객 데이터 및 리서치 자료를 AI를 활용하여 분석하고, 미래 주거공간의 변화를 반영한 가구 디자인 아이디어의 영감을 얻고 있다.

이케아는 생성형 AI와 지난 10년간의 연구를 결합하여 혁신적인 주거공간의 비전을 선보였다. 이 프로젝트는 매년 발행되는 리포트의 10주년을 기념하는 것으로, 전 세계에서 행복한 주거생활의 비밀을 탐구하기 위해 시작되었다.[45]

이케아는 세 가지 다른 미래 주거공간을 세 가지 페르소나Persona를 통해 공개하였다. 이 미래 시나리오들은 지난 10년 동안 전 세계 25만

---

45. 이케아, 2030년 거주 공간을 예측하다, 매드타임즈(2024.01.18)

● 이케아의 생성형 AI를 활용한 2030 주거공간 예측 (출처: 이케아)

명을 대상으로 한 광범위한 글로벌 연구를 바탕으로 하며, 더 나은 홈라이프를 위한 여덟 가지 필수 요소(통제, 안락, 안전, 육성, 소속감, 즐거움, 성취, 포부)에 초점을 맞추고 있다. 그 결과 '활동하는 집Home on the Go'은 일상생활에서의 새로운 경험을 제공하고, '자라는 집Nurtured Home'은 자연과의 공존에 대한 고민을 담고 있으며, '탄력적 커뮤니티Resilient Communities'는 탈중앙화된 세계에서의 일상생활을 묘사하였다.

이케아의 글로벌 커뮤니케이션 매니저인 밸런 프라우Belen Frau는 "우리는 계속해서 집에서의 일상생활을 개선하는 데 집중해왔다. 그래서 지난 10년간의 연구를 통해 사람들이 꿈꾸는 이상적인 집에 대한 이해를 심화하는 것이 중요했다. 이제 우리는 더 나은 가정생활을 위한 방법을 찾았다. 우리의 목표는 가능한 한 많은 사람이 스트레스를 줄이고, 집을 건강과 웰빙의 핵심으로 만드는 것이다"라고 말했다.

● 생성형 AI를 활용한 미래 가구 디자인 워크숍 (출처: 이케아)

이케아는 미래의 가구 디자인을 구상하는 데 있어 AI를 적극적으로 활용하고 있다. 스페이스10은 AI가 창의력에 어떠한 영향을 미칠 수 있는지 지속적으로 탐구해 왔다. 비디오 저널리스트인 조스 퐁Joss Fong, 아트디렉터인 애런 필키Aron Filkey와 함께 AI 아트 제너레이터AI art generators가 가구 디자인에 영감을 줄 수 있는 방식을 조사했다.[46]

이들은 이미지 생성형 AI 스테이블 디퓨전Stable Diffusion을 사용하여 1970년대와 1980년대 이케아 카탈로그의 사진들을 분석했다. 이를 통해 AI는 당시 이케아 가구 디자이너들이 어떤 의도를 가지고 디자인했는지에 대한 통찰을 얻었고, 그 결과 1970년대와 1980년대의 이케아 가구 이미지를 바탕으로 더욱 세련되고 깔끔한 구조의 가구 디자인을 제안했다. AI는 이케아 가구의 핵심 특성 중 하나인 '작은 공간에서도 편안함을 제공하는' 디자인 요소를 정확히 포착했다.

46. 매장에 '드론' 띄운 이케아, 이번엔 'AI'로 가구 디자인 실험, 뉴데일리경제 (2023.03.27)

개인 스타일 및 주거공간을 고려한 맞춤형 인테리어 디자인

이케아는 AI 기술을 활용하여 개인 스타일 및 주거공간을 고려한 맞춤형 가구 및 인테리어 디자인을 할 수 있도록 지원하고 있다. 오픈AI GPT 스토어에서 고객이 ChatGPT를 활용하여 방 크기, 개인 스타일, 지속가능성 선호도, 예산, 기능적 요구사항 등을 제시하면 사용자에게 개인화된 맞춤형 가구를 제안해 준다.

예를 들어 "지속 가능한 재료를 사용한 작은 아파트의 아늑한 거실

● 이케아 ChatGPT AI 어시스턴트 (출처: 이케아)

레이아웃을 보여줘"라고 요청하면 요청사항과 일치하는 제품목록을 제공하고 가격, 리뷰어 평점, 이미지 및 해당 제품이 적합한 이유를 제공한다. 또한 ChatGPT에 탑재된 달리3^{DALL-E3}를 활용해 AI 이미지를 생성하여 공간에서 어떤 모습으로 배치가 되는지를 보여준다. 미니멀리스트^{Minimalist} 디자인부터 예술 컬렉션까지 수천 가지 제품이 포함된 이케아의 카탈로그를 살펴보고 구매 가능한 지역을 확인할 수 있다.

고객이 AI를 활용하여 가상으로 가구 제품을 배치하고 자신의 실제 생활공간을 3D로 구현하여 마치 실물처럼 보이는 공간을 디자인할 수 있게 하고 있다.

이케아는 수십 년간 축적한 주거공간에 관한 다양한 리서치 데이터와 공간 컴퓨팅, 머신러닝, 3D 혼합현실 기술을 결합하여 AI를 활용해 집에 어울리는 홈퍼니싱^{Home Furnishing}을 시각화하는 디지털 플래닝 툴인 '이케아 크레아티브^{IKEA Kreativ}'를 출시했다. 이케아 크레아티브는 2020년에 인수한 '지오메지컬 랩스' 기술에 기반하고 있다.[47]

자율주행차에 사용되는 것과 유사한 최첨단 AI 및 컴퓨터 비전 기술을 사용하여 고객의 집 공간을 이해한다. 여기에는 실내 공간의 객체와 기하학적 구조를 인식하도록 특별히 훈련된 AI 신경망, 3D로 볼 수 있는 스테레오 비전^{Stereo Vision} 알고리즘, 광범위한 사진을 제공하는 컴퓨터 사진 알고리즘, 현실감을 위한 혼합현실 3D 그래픽이 포함된다. 또한 AI 알고리즘을 사용하면 이케아 크레아티브가 현장에서 기존 가구의 일부 또는 전부를 지워 고객이 공간을 재구성할 수 있다.

47. AI 기반 홈퍼니싱 플래닝 툴 '이케아 크레아티브' 출시, 이케아 코리아(2024.02.22)

● 이케아 크레아티브 (출처: 이케아)

이케아 앱에 내장된 '이케아 크레아티브 신 스캐너IKEA Kreativ Scene Scanner '를 통해 고객은 자신의 공간을 실제와 같은 3D 복제본으로 쉽게 만들 수 있으며, 이케아 제품으로 편집하고 디자인할 수 있다. 고객은 자신의 방 사진을 찍을 수 있으며, 이 사진은 자동으로 처리되어 정확한 치수와 원근감을 지닌 3D 공간으로 구성된다. 실제 공간을 디지털 툴에서 사용할 수 있는 3D로 간편하게 구현하여 홈퍼니싱 제품을 자유롭게 배치하면서 공간 인테리어 디자인을 손쉽게 할 수 있다.

50개 이상의 3D 쇼룸 갤러리를 통해 이케아 제품, 조합, 디자인 아이디어를 탐색할 수 있으며, 실제와 같은 공간 환경에서 제품을 시험해 볼 수 있다. 이케아 제품을 빠르게 교체하고, 이동하고, 회전하고, 쌓고, 매달아 완벽한 제품 옵션을 선택할 수 있다.

고객이 만족스러운 방 디자인을 완성하면, 제품을 장바구니에 추가하고 이케아 계정에 디자인을 저장할 수 있다. 이를 통해 고객은 가족 및 친구들과 디자인 아이디어와 영감을 공유할 수도 있다.

이케아의 공동 최고 디지털 책임자인 파라그 파레크는 "이케아는 사람들이 집에서 더 나은 삶을 만들 수 있도록 돕는데 열정을 갖고 있으며, 온라인과 오프라인 모두에서 고객경험에 가치를 더하기 위해 지속적으로 노력하고 있다. 혁신적이고 직관적인 AI 기술과 간단한 디지털을 통해 이케아 크레아티브는 홈퍼니싱 쇼핑의 장벽을 허물어 사람들의 아이디어를 현실로 구현하면서 완벽한 집을 디자인할 수 있도록 지원할 것이다"라고 말했다.

개인화된 상품 추천 활용

이케아는 고객의 구매경험을 개선해 주문금액을 높이기 위하여 AI 기술을 활용한 개인화된 고객 추천 서비스를 제공하고 있다.[48] 코로나19 이후 고객 행동과 요구사항이 변화되면서, 이에 대한 대응을 위하여 기존 추천팀에서 상품추천에 집중하는 별도의 태스크포스팀을 만들어 AI 기반 상품추천 서비스를 구성하였다.

상품추천팀은 기존 상품을 추천하는 복잡한 과정을 효율적으로 관리하기 위해 데이터를 중심으로 접근 방식을 진행했다. 데이터 수집 체계를 구축한 후 데이터를 분석한 결과 고객에 대한 이해가 매우 부족했

48. How AI has lifted IKEA's AOV by 2% worldwide, Internet Retailing(2021.07.28)

● 이케아 고객 상품추천 (출처: 이케아)

다는 점을 알게 되었다. 이에 따라 상품추천팀은 개인화에 대해 새롭게 정의하고 창의적인 시각으로 데이터를 분석한 결과, 데이터가 보여줄 수 있는 뜻밖의 정보에 주목하는 방법을 배웠다.

이케아의 엣지Edge 엔지니어링 책임자인 앨버트 버틀리슨Albert Bertlisson은 "우리는 어떤 맥락에서 추천을 제공하는 것이 적절한지 파악하기 위해 초기 단계의 실험으로 출발했다. 이 실험을 통해 얻은 데이터는 고객 행동이 진화함에 따라 어떤 추가 추천이 가장 적합한지에 대해 더 깊이 분석할 수 있는 기반이 되었다"라고 고객 데이터 분석의 중요성을 강조했다.

상품추천은 AI 추천모델을 활용하여 '당신을 위한 추천', '자주 함께 구매하는 상품', '당신이 좋아할 만한 추가상품' 등을 구성해 개인화된 쇼핑경험을 제공했다. 이와 더불어 장바구니 상품추천, 편집된 콘텐츠 제안, 제품 페이지에서 영감을 주는 아이템 추천 등 고객여정 전반에도 다양하게 추천 서비스를 구성하였다.

개인화된 추천 시스템을 통해 페이지에서 제공하는 관련 추천 수를 400% 이상 증가시켰으며, 맞춤형 추천 덕분에 전환율과 평균 주문 금액이 2% 상승했다.

이케아의 AI 기반 상품추천 시스템을 통해 고객들은 자신이 선호하는 제품을 신속하게 찾아내고, 다양한 옵션 중에서 선택을 더욱 빠르게 할 수 있게 되었다. 이로 인해 사용자는 훨씬 적은 클릭으로 구매 결정에 대한 확신을 얻을 수 있었다. AI 기반 추천 전에도 여러 형태의 잘 조정된 추천 시스템이 존재했지만, AI의 도입으로 클릭률이 30% 이상 향상되었다.

더불어 AI 기반 상품추천이 고객에게 매력적이며, 상호 보완적인 제품을 발견하는 데 어떻게 도움이 되었는지 확인할 수 있어 AI 기반 상품추천 서비스를 전체 홈퍼니싱으로 확대하였다.

효율적인 수요예측 및 재고관리 활용

이케아 AI팀이 가장 많이 신경을 쓰고 있는 영역이 수요예측의 정확성을 높이는 것이다. 예측이 부정확하면 이케아 매장의 제품 수가 충분하지 않아 고객이 기다리는 시간이 길어지거나 재고가 초과할 수 있기 때문이다. 이케아는 54개국 450여 개 매장과 온라인몰에서 제품을 판매

● 이케아 수요예측 및 재고관리 (출처: 이케아)

하는 만큼, 좀 더 효율적인 재고관리와 공급망 관리를 위해 '수요감지 AI^{Demand Sensing AI}'를 운영하고 있다.

수요감지 AI는 고객들의 급여일, 매장 방문 횟수, 시즌 구매 패턴, 날씨, 가족 구성원 등의 200개 소스에서 실시간으로 데이터를 수집하여 예측한다.

기존의 수요예측 도구는 주로 글로벌 수준에서 시작하여 지역 국가와 매장으로 세분화하는 접근 방식을 취했다. 그러나 최근에 지역 고객의 수요가 우선시되며, 한 지역에서의 수요 변화가 글로벌 수준에 영향을 미칠 수 있다는 점에 주목하게 되었다. 이러한 미세한 변화가 큰 변화를 일으키는 나비효과를 이해하는 것은 AI의 발전 덕분이다. AI는 이제 '초기 조건의 민감성'을 포착하여 세부적인 변수를 활용할 수 있는 능력을 갖추게 되었다.

이케아는 과거에는 이 예측 정확성이 92%였지만, 수요감지 AI를 적용하고 난 뒤에는 예측 정확도가 98%로 향상되었다. 최대 4개월까지의 일일 수요예측이 가능하며, 변화하는 고객 행동을 정확하게 반영할 수 있게 되었다. 이를 통해 직원들은 물류 공급망에 쓰는 시간을 줄이고 관리 오류를 줄일 수 있게 되었으며, 비용 절감을 통해 물류를 최적화할 수 있다.

이케아의 AI 트랜스포메이션 전략은 내부 직원의 역량 강화, 고객 구매경험 혁신 개선, 효율적인 공급망 운영에 중점을 두고 있다. 그리고 더 나아가 고객이 자신의 생활공간을 설계하고 보다 더 나은 삶을 살아갈 수 있도록 도와주고 있다. 이케아는 AI 기술을 활용하여 고객에게 실질적인 가치를 제공함으로써 브랜드 충성도를 높이고 지속 가능한 성장을 이루고자 하고 있다.

로레알,
AI로 개인화되고 맞춤화된 뷰티 경험을 제공하다

디지털 뷰티 기업을 넘어서 디지털 퍼스트 기업이 되다

로레알L'Oreal은 뷰티 산업에 부는 변화의 트렌드를 인지하고 디지털 혁신에 대대적인 투자를 결심하게 된다. 장 폴 아공Jean-Paul Agon 회장은 2010년 로레알을 '디지털 뷰티 기업Digital Beauty Company'으로 재정의하고 공급망 관리, 제품 생산, 마케팅, 고객서비스에 이르는 모든 영역을 디지털 환경에 맞게 혁신하였다.

　로레알의 디지털 트랜스포메이션 성공의 핵심은 '민첩성Agility 확보', '데이터Data 활용', '고객경험Customer Experience 강화'에 있다.

　변화하는 디지털 시대에 맞춰 내부 직원들의 디지털 역량을 강화하기 위하여 업스킬 프로그램을 진행해 직원들의 참여와 공감을 확보하였으며, 제품의 기획, 생산, 물류, 유통 등 전 단계에 AI와 3D프린팅, 증강현실, RFID 등의 다양한 디지털 기술을 적용해 고객니즈를 반영한 신상품을 빠르게 출시하고 생산주기를 단축시켰다. 이러한 민첩성은 코로나19의 위기 극복에서도 발휘되었다. 애자일 조직문화를 기반으로 기존에 3년 정도 걸릴 프로젝트를 8개월 만에 빠르게 진행해 신규채널을 확보하고 고객 커뮤니케이션을 강화해 e-커머스 매출을 확보하는 데 중요한 역할을 하였다.

디지털 인재 확보를 위하여 디지털 관련 전문인력을 2,500명 이상 채용하였다. 외부 인재채용과 더불어 내부 직원들의 디지털 역량 향상을 위한 업스킬 프로그램도 진행했다. 기존 리서치, 생산, 판매, 마케팅 등의 여러 기능 부서 직원들을 대상으로 디지털 기술 활용, 데이터 분석, 디지털 마케팅 관련 교육을 실시했다. 전 세계 직원들이 언제 어디서나 온라인으로 편하게 들을 수 있도록 교육플랫폼인 '마이러닝MyLearning'을 제공하였으며, 디자인씽킹Design Thinking 워크숍, 스타트업과의 협업, 리버스 멘토링Reverse Mentoring 등의 다양한 방법을 활용하여 직원들을 참여시켰다. 이러한 결과 2014년 시작 당시 300명에 불과했던 디지털 전문인력이 2020년에 33,000명으로 확대되었다.

직원들의 일하는 방식의 변화를 위하여 애자일Agile 교육도 진행하고 있다. 고객니즈를 기반으로 프로젝트팀이 협업을 통해서 빠르게 제품과 솔루션을 개발할 수 있도록 애자일 교육 및 플랫폼을 제공하고 있다. 애자일 프로세스 도입으로 현장에서 필요한 다양한 서비스와 솔루션들을 빠르게 구현하고 있다. 그 대표적인 사례가 로레알 제품의 고유 식별 코드를 생성하는 프로세스를 단순화한 COSMO 프로젝트이다.

그동안 전 세계 직원들이 사용하면서 느꼈던 문제점들을 개선하기 위하여 다양한 관련 부서들로 프로젝트팀을 구성하여 5일 만에 초기 프로토타입 테스트까지 완료하고 단기간에 솔루션을 개발할 수 있었다.

직원들이 기술혁신을 주도할 수 있도록 사내 인큐베이션 프로그램인 'Make Your Technology'도 시작하였다. 직원들이 자신의 아이디어를 사업화할 수 있도록 기술교육, 스타트업 연계, 전문가 지원, 프로토타입 설계 및 제작 공간도 함께 제공하고 있다.

상품을 개발하는 단계부터 생산하는 제조 현장까지 전 과정에 걸쳐 AI, 3D프린팅, 가상 및 증강현실VR&AR 등의 디지털 기술들을 적용해 고객니즈에 빠르게 대응하고 있다. 기존에 분산되어 있던 연구정보 및 화학성분 데이터를 하나로 통합하여 연구진들이 연구개발에 활용할 수 있는 플랫폼인 포뮬레이션 센터Formulation Center를 제공하고 있다. 연구진들은 신상품 개발에 필요한 화학분자, 성분, 원료에 관한 정보분석, 배합방법, 결과예측 등을 11개의 AI 비서들을 통해 지원받고 있다.

상품개발 단계에서는 제품 모형이나 패키징 디자인 제작 시 3D프린팅을 활용하고 있다. 내부 생산부서나 외부 협력업체에게 빠르게 프로토타입을 제공하기 위하여 사내 3D실험실In-House 3D Laboratory을 만들어 운영하고 있다. 3D프린팅은 제조 공정에 필요한 특정 부품과 도구를 빠르게 제작하는 데에도 활용하고 있다. 노스 리틀락North Little Rock 공장은 자체 생산라인 변경에 필요한 부품의 75%를 3D프린팅으로 제작했다.

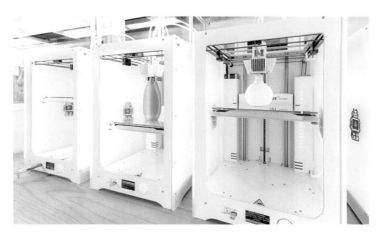

● 로레알 3D 실험실 (출처: 로레알)

　제품을 개발하는 생산공장에는 협업 로봇인 '코봇Cobot'을 도입하였다. 생산현장에 로봇을 활용하여 생산 프로세스와 속도를 높이고 인력감축과 비용절감의 효과를 얻을 수 있게 되었다. 또한 생산 과정에서 데이터를 손쉽게 확보할 수 있어 생성된 데이터를 활용하여 운영효율성을 강화하고 있다.

　로레알은 제품생산, 물류, 유통 단계의 최적화를 위하여 RFID를 활용하고 있다. 제품생산 단계에서부터 RFID를 부착하여 물류센터에서 재고관리를 자동화하고, 매장에서 빠르게 재고 및 판매현황을 분석하고 있다. RFID를 통해 수집된 데이터는 AI 기반의 '디멘드센싱Demand Sensing' 프로그램을 활용하여 공급망 관리와 수요예측에 활용하고 있다.

　로레알은 2012년 데이터 과학자, 산업 엔지니어, 사용자경험UX 디자이너 등 다양한 인재로 구성된 뷰티테크Beauty Tech 전문조직인 테크놀로지 인큐베이터Technology Incubator를 신설, 뷰티테크 개발에 회사 역량을 집중시켰다.

로레알의 뷰티테크 전략은 개인화, 포용성, 지속 가능성에 중점을 두고 있다. '개인화'는 뷰티테크의 핵심으로 로레알의 전문가들은 기술, 데이터, AI를 이용하여 사용자에게 맞춤화된 서비스를 제공하기 위해 노력하고 있다.

디지털 기술을 활용하여 화장품 구매 시 국가별, 인종별, 피부상태별로 각기 다른 글로벌 고객들의 피부를 진단하고 맞춤형 상품을 제공해 주는 체험형 뷰티 서비스를 강화하였다. 로레알의 고객경험 강화는 단순한 맞춤형 상품추천을 넘어서 이제 고객 개개인의 피부상태, 환경, 선호도까지 고려한 맞춤형 상품을 직접 제작할 수 있게 하고 있다.

로레알 '3D 슈:브로우3D shu:brow'는 사용자에게 맞춤화된 눈썹 디자인을 제공하는 혁신적인 디지털 눈썹 프린팅 디바이스다. 증강현실AR 기술을 이용하여 사용자에게 가장 어울리는 눈썹 모양과 마이크로블레이딩Microblading 등의 문신 기법을 추천해 준다. 사용자가 선호하는 눈썹 모양을 선택한 뒤, 기기를 사용하여 눈썹 위로 가볍게 쓸어넘기기만 하면 몇 초 안에 원하는 눈썹 문신을 완성할 수 있다. 또한, 디바이스에는 컬러 카트리지가 탑재되어 있어 사용자의 피부톤이나 머리카락 색상에 맞춘 맞춤형 눈썹 색상을 제공한다. 이를 통해 사용자는 자신이 선호하는 스타일과 완벽하게 부합하는 맞춤형 눈썹 스타일을 완성할 수 있다.

'포용성'은 전 세계 누구나 어디에서나 로레알의 제품과 디바이스

● 로레알 3D 슈:브로우 (출처: 로레알)

를 경험할 수 있게 하는 것을 목표로 하고 있다.

'합타Hapta'는 손과 팔의 움직임에 제약이 있는 사람들을 위해 설계된 휴대용 전동 메이크업 어플리케이터로, 사용자가 화장품을 안정적으로 사용할 수 있도록 도와준다.

베릴리Verily의 기술을 적용하여 사용자의 움직임 범위를 확장하는 스마트 모션 컨트롤과 맞춤형 부착 장치를 갖추고 있다. 360도 회전 및 180도 굴절 기능을 포함해 원하는 자세로 전환과 유지가 가능하며, 특정 동작을 미리 저장하는 기능도 제공한다. 이를 통해 마스카라나 립스틱과 같은 제품을 열거나 바르는 섬세한 동작이 가능하다. AI 시스템은 사용자의 움직임과 패턴을 학습하여 사용 횟수가 늘어남에 따라 동작 컨트롤을 지속적으로 최적화한다.

합타는 신체적 한계로 메이크업에 어려움을 겪는 사람들이 자신의

● 로레알 함타 (출처: 로레알)

개성을 자신 있게 표현할 수 있게 하여, 로레알이 추구하는 '모두를 위한 뷰티'라는 비전을 실현하고 있다.

　마지막으로, 로레알은 글로벌 뷰티 리더로서 '지속 가능성' 문제를 적극적으로 해결하기 위해 현재 직면한 가장 중대한 환경 및 사회적 문제해결에 동참하고 있다.

　'에어라이트 프로Airlight Pro'는 혁신적인 헤어드라이어로, 적외선 기술과 효율적인 바람 사용을 결합해 모발을 부드럽고 촉촉하게 유지한다. 이 제품은 직모와 곱슬모를 포함한 다양한 모발 유형에 맞춰 최적화된 열 흐름을 제공하여 모발을 빠르게 건조시키며, 동시에 에너지 소비를 최대 31%까지 줄일 수 있다. 전통적인 헤어드라이어는 여전히 열선을 사용해 열풍을 생성하며, 이로 인해 모발 손상과 전력 낭비 문제가 발생하고 있다. 이러한 문제를 해결하기 위해 에어라이트 프로는 자연의 원리인 햇빛과 바람이 물을 말리는 방식에서 영감을 받아 적외선을 활용하여 환경적 영향을 줄이는 데에도 기여하고 있다.

'워터세이버Water Saver'는 친환경 기술 혁신기업 기요자Gjosa와 로레알이 공동 개발한 친환경 헤어케어 시스템이다. 고급 헤어케어 경험과 함께 물 사용의 효율성을 극대화하는 것을 목표로 하고 있다. 특허 받은 기술을 사용해 물방울이 사전에 설정된 경로를 따라 충돌하면서 더 작은 크기로 균일하게 분배되고 속도가 증가한다. 이러한 과정을 통해 샤워기에서 나오는 물방울이 모발을 효율적으로 세정하고 헹구는 데 사용되며, 워터세이버에 최적화된 헤어케어 제품을 직접 물줄기를 통해

● 로레알 에어라이트 프로 (출처: 로레알)

분사함으로써 독특한 헤어케어 경험을 제공한다.

이 시스템은 물과 에너지 및 비용 절감의 효과를 실시간으로 추적하는 대시보드를 통해 사용량을 모니터링할 수 있는 기능을 제공한다. 워터세이버 샤워헤드는 머리 세정 및 케어 과정에서 최대 65%의 물을 절약할 수 있으며, 전체 워터세이버 시스템을 사용할 경우 물 사용량을 약 80%까지 절약할 수 있다. 사용자에게 지속 가능한 방식으로 프리미엄 헤어케어 경험을 제공하며 환경도 보호하고 있다.

로레알은 기존 제조업을 벗어나 고객들에게 다양한 고객경험과 디지털 서비스를 제공하기 위하여 2018년에 모디페이스ModiFace를 인수했다. 모디페이스는 가상 메이크업, 헤어컬러와 피부진단 서비스를 제공하는 기업이다. 로레알이 화장품 브랜드가 아닌 테크 기반의 회사를 인수한 것은 모디페이스가 처음이다.

모디페이스의 얼굴인식 안면매핑 기술을 활용해 여성들이 가상으로 로레알 화장품을 체험해 보고 구매까지 연결할 수 있는 '메이크업 지니어스Makeup Genius' 서비스를 출시했다. 메이크업 지니어스는 고객의 얼굴을 스캔하고 60가지 이상의 특성을 분석한 다음, 다양한 제품과 음영 혼합을 사용해 실시간으로 다양한 메이크업 방법을 제시하고 있다.

사용자는 앱에서 선호하는 모습을 선택하고 버튼을 눌러서 곧바로 제품 주문도 가능하다. 로레알은 메이크업 지니어스를 통해 2,000만 명이 넘는 고객에게 맞춤서비스를 제공하고 있다. 또한 가상현실VR 기술을 활용해 미국 내 30개 오프라인 교육장을 방문하지 않아도 헤어디자이너 교육을 받을 수 있는 서비스를 진행하고 있다.

최근에는 메이크업뿐만 아니라 다양한 헤어스타일을 얼굴에 구현해 보는 '스타일 마이 헤어Style My Hair', 네일 시술 전 가상으로 손 위에 컬러를 얹어보는 '버추얼 네일 살롱Virtual Nail Salon' 등 뷰티 분야에 증강현실 기술을 활용한 다양한 서비스를 제공하고 있다. 또한 구글, 페이스북, 인스타그램, 유튜브, 스냅챗, 위챗 등의 다양한 소셜미디어 플랫폼과 연계하여 사용자들이 모디페이스를 활용하여 가상으로 메이크업과 헤어컬러를 체험하는 서비스도 제공해 영역을 확대하고 있다.

로레알의 뷰티테크는 다양한 브랜드와 국가에서 가상 트라이온Try-on 서비스, 피부진단 서비스 등을 포함한 1,400개의 디지털 서비스를 선보이고 있으며, 2022년 기준 로레알 디지털 서비스 사용 횟수는 4,000만 회를 달성했다.

로레알의 전체 매출 중 e-커머스가 차지하는 비중은 2017년에 8%에 불과했지만, 2022년엔 전체 매출의 28%를 차지했다. 로레알은 현재 D2C채널, 구독서비스, 소셜커머스, 라이브커머스 등 7가지 형태로 e-커머스를 운영하고 있다. 또한 e-커머스 매출 증대를 위하여 지난 5년 동안 3,000명의 인력을 추가 고용했으며, 전체 마케팅 비용 중 62%를 디지털 마케팅에 투자하고 있다. 구매습관에 따른 맞춤샘플 제공, 생일을 위한 선물포장, 다양한 결제수단 및 당일배송 등의 여러 가지 옵션을 통해 개인화 서비스도 강화하고 있다.

2010년부터 디지털 뷰티 기업의 비전을 달성하기 위해 꾸준히 노력한 로레알은 디지털 트랜스포메이션 가속화로 더 이상 화장품 제조 회사가 아닌 아마존닷컴이나 구글과 같은 디지털 상품과 서비스를 제공하는 '디지털 퍼스트 기업Digital First Company'으로 회사를 재정의하고 있다. 로레알의 전 CDO인 루보미라 로쉐Lubomira Rochet는 한 언론과의 인터뷰에서 "로레알은 지속적으로 디지털 전환을 가속화하여 디지털을 비즈니스 모델의 핵심으로 통합해 뷰티 시장에서의 경쟁력을 강화하고 있다"고 밝혔다.

AI로 뷰티 경험을 새롭게 재정의하다

115년에 걸친 뷰티 산업의 경험을 보유한 로레알은 모든 뷰티 카테고리와 지역에 걸쳐 광범위한 지식을 축적해 왔지만, 루보미라 로쉐가 로레알의 CDO로 부임한 후 디지털 트랜스포메이션을 추진함에 있어서 가장 힘들었던 부분이 "내부에 데이터가 없던 점"이라고 할 만큼 내부 데이터가 분산되어 있었다.

로레알은 분산되어 있던 내부의 연구자료, 개발정보 들을 통합하여 피부 생물학, 헤어 및 스킨케어, 활성 성분, 제품 공식뿐만 아니라 소비자의 뷰티 루틴과 욕구에 관한 정보를 포괄하여 통합 데이터베이스를 구축하였다. 또한 피부노화 데이터, 자외선 등의 외부환경에 따른 피부 상태 데이터 같은 오랜 기간의 연구결과를 AI 알고리즘을 개발하는 데 활용하였다. 다양한 가상 뷰티 체험 서비스를 통해 확보된 글로벌 고객들의 피부정보와 상품 선호도를 분석해 상품기획과 서비스 개선에 활용하고 있다. 로레알은 AI를 활용하여 다양한 고급 서비스, 지능형 디바이스, 그리고 디지털 플랫폼을 통해 뷰티 경험을 새롭게 정의하고 있다.

로레알은 2018년부터 AI 개발에 주력해 왔으며, 개인 맞춤형 피부진단 및 분석 서비스 제공, 가상 제품 체험 지원, 제품 포뮬러 재구성을 통한 환경 영향 최소화 등 다양한 분야에서 AI를 적용하여 뷰티 산업의 혁신을 주도하고 있다.

5,900명의 기술 및 데이터 전문가를 보유한 로레알은 AI 기반 솔루션을 확대하기 위해 베릴리Verily, 클루Clue, 브리조미터BreezoMeter, 구글, 마이크로소프트 외에도 다양한 파트너 및 스타트업들과 협업하여 소비자 인사이트와 데이터를 분석하고, 머신러닝을 활용해 제품 혁신 및 수요를 예측하고 있다. 더불어 책임감 있는 AI 사용에 중점을 두며, 알고리즘에 윤리적 원칙을 적용하고 데이터 프라이버시를 최우선으로 AI 서비스를 확대해 나가고 있다.

로레알에서 글로벌 테크놀로지 인큐베이터 & 오픈 이노베이션 부문 사장을 맡고 있는 귀브 발루치Guive Balooch는 "개인적으로 AI를 기반으로 한 뷰티 제품과 AI 뷰티 솔루션의 진화가 얼마나 더 빨리 전개될지 큰 기대를 품고 있다. AI를 활용하면 전례 없는 수준으로 개인 맞춤형 제품 영역과 서비스 접근성을 확장시킬 수 있다. 예를 들면, 주름이나 주근깨 같은 소비자들의 다양한 미용 고민을 파악하는 스마트 디바이스 제작도 가능해진다. 소비자들은 계속해서 더 새롭고, 더 발전되고,

더 맞춤화된 것을 갈망하고 있다. AI와 머신러닝을 통해 우리는 뷰티에 있어 가장 어려운 점들을 어떻게 극복할 수 있는지에 대해 방향성을 제시할 수 있다"라고 말했다.

개인 피부 상태를 진단하여 제품 추천

로레알은 고객이 화장품을 구매하는 과정에서 고객의 피부 상태를 진단하고 가장 적합한 제품을 선택할 수 있도록 개인화된 뷰티 컨설팅 서비스인 '뷰티 지니어스Beauty Genius'를 제공하고 있다. 실제 사람과 대화하지 않고도 연중무휴 24시간 여드름, 비듬, 탈모와 같은 민감한 주제에 대해 문의하고 조언을 받을 수 있다.

2024년 CES에서 니콜라스 이에로니무스Nicolas Hieronimus 로레알 CEO는 "안녕, 뷰티 지니어스! 나는 11시간의 비행을 마치고 방금 라스

● 로레알 뷰티 지니어스 (출처: 로레알)

베이거스에 도착했어. 시차 피로Jet lag가 있고 얼굴에 티가 날거야. 조언 좀 해줘!"라고 요청하자 뷰티 지니어스는 히알루론산 성분이 들어간 화장품과 수분크림을 추천했다.

뷰티 지니어스는 AI, 증강현실AR, 컴퓨터 비전, 색채과학을 조합하고, 10개 이상의 다양한 대규모 언어모델LLM과 매우 정교한 아키텍처를 통합하여 각 개인에게 최적화된 뷰티 루틴을 제공한다. 또한, 피부와 피부톤에 대한 맞춤형 진단을 통해 개인에게 가장 적합한 제품과 해결책을 제시한다. 제품 구매 전에 가상으로 제품을 체험해 볼 수 있는 기능도 제공하여, 사용자가 실제로 제품을 사용하기 전에 어떻게 보일지 예측할 수 있다.

뷰티 지니어스는 지난 10년 동안 정확성을 높이기 위해서 노력했다. 6,000개 이상의 이미지를 포함하는 방대한 데이터 세트를 기반으로 학습하였으며, 50개국에서 10,000개 이상의 제품을 메이크업 아티스트가 직접 테스트했다. 피부진단과 관련해서는 180,000명 이상의 피부과 전문의 데이터를 바탕으로 알고리즘을 학습하여 정확도와 신뢰도를 높였다.

랑콤의 '스킨 스크린Skin Screen'은 피부노화 데이터베이스와 결합된 AI 기반 알고리즘을 활용하여 고객의 얼굴 전체를 분석하는 혁신적인 피부진단 기기이다. 이 서비스는 일반광, 편광, UV광을 포함한 3가지 광선을 사용하여 매장에서 15분 만에 피부의 상태를 정밀하게 분석한다. 측정 가능한 피부 상태는 주름, 색소 침착, UV로 인한 손상, 피부 결, 홍

● 로레알 스킨 스크린 (출처: 로레알)

조, 모공, 수분도, 탄력도 등 총 8가지에 달하며, 이를 통해 고객에게 진단 결과를 제공한다.

스킨 스크린은 로레알 그룹 연구혁신 부문R&I, Research & Innovation에서 20년간 연구를 통해 구축한 과학적 데이터베이스와 개인 데이터 처리 표준을 준수해 수집된 15,000장의 피부 임상 사진 데이터를 기반으로 개발되었다. 30개국에서 랑콤의 뷰티 어드바이저들이 고객의 피부 상태를 정확히 진단하고 개인에 맞춤화된 스킨케어 루틴을 제안하는 데 활용하고 있다.

라로슈포제La Roche-Posay는 피부과 전문의와 협력하여 여드름 환자들에게 피부진단과 맞춤형 스킨케어 조언을 제공하는 무료 디지털 도구인 스팟스캔SpotScan을 개발했다. 환자들이 전문적인 피부 관련 조언과 개인화된 스킨케어 솔루션을 제공받을 수 있다.

스팟스캔 개발 과정에서, 로레알은 모든 피부 유형을 포괄하는 데이터 세트를 생성하기 위해 전 세계 다양한 피부색을 분류하는 피츠패트릭 피부 분류Fitzpatrick skin phototype scale를 활용했다. 피부과 의사들은 수집한 피부색의 이미지와 데이터를 검토하여 GEAGlobal Acne Severity 등급에 따라 평가했다. 이를 기반으로 로레알은 다양한 피부 문제를 감지하고 분석할 수 있는 예측 AI 알고리즘을 개발했다.

케라스타즈Kérastase의 K-scan은 AI 기반의 스마트 카메라를 사용하여 두피 및 모발 건강 상태를 스캔하고 진단 추적한다. 백색광, 교차편광, 자외선 등 3가지 빛을 사용해 모든 유형의 두피와 모발을 정밀하게 분석한다. 모발의 밀도, 섬유의 굵기, 두피의 건강 상태, 비듬 등에 관한 자세한 정보를 제공하며, 스타일리스트는 고객에게 미용실 내에서의 특별한 트리트먼트는 물론, 집에서도 관리 할 수 있는 맞춤화된 솔루션과 제품정보를 추천해 준다. 또한, 고객이 방문할 때마다 두피와 모발의 건강 상태를 점검하고, 시간이 지나면서 변화하는 상태를 추적하는 것도 가능하다. 온·오프라인, 집, 미용실, 뷰티 카운터 등 언제 어디서나 개인의 니즈와 스타일에 맞는 맞춤형 솔루션과 제품을 제공받을 수 있다.

개인의 특성에 맞는 맞춤형 화장품 제조

로레알은 맞춤형 제품 추천을 넘어서 고객 개개인의 특성에 맞는 맞춤형 화장품까지 만들어주고 있다. 스킨수티컬즈Skinceuticals 컴스텀 Custom D.O.S.E는 매장에서 스킨케어 전문가가 태블릿을 활용하여 고객의 피부 상태를 진단하고, 고객에게 맞는 개인화된 스킨케어 제품을 현장에서 제작해 준다.

피부진단을 통해 250개 이상의 고유한 피부 유형을 고려하여 2,000개 이상의 알고리즘을 통해 48개의 성분을 1분에 약 1,200회를 회전하는 컴파운더Compounder가 조합하여 주름, 변색, 노화 등을 방지할 수 있는 스킨케어 제품을 10분 만에 받아 볼 수 있다.

로레알은 더 나아가 집에서 고객이 직접 자신만의 화장품을 만들수 있는 화장품 제조 디바이스까지 출시했다. AI를 기반으로 집에서 맞춤형 화장품을 제조할 수 있는 디바이스인 '페르소Perso'는 로레알의 디지털 기술의 결정체라고 볼 수 있다. 모디페이스의 얼굴인식 기술을 활용하여 피부 상태를 인식하고 기후, 자외선, 온도, 노화 등을 진단하는 AI 알고리즘으로 피부 상태를 분석하여 컴파운더로 맞춤형 화장품을

● 로레알 맞춤형 화장품 제조 디바이스인 페르소 (출처: 로레알)

제조할 수 있게 구성되어 있다.

맞춤형 화장품은 4단계를 거쳐 제조된다. 1단계는 스마트폰 카메라로 얼굴을 촬영해 모공, 주름 등 사용자의 피부 상태를 분석하고, 2단계는 사용자의 위치를 분석해 기후, 온도, 자외선 등 사용자의 생활환경을 측정한다. 3단계는 잔주름, 색소, 모공 크기 등 자신의 피부관리 사항을 입력하여 제품선호도를 평가한다. 4단계는 수집된 사용자 정보를 기반으로 포뮬러에서 즉석으로 맞춤형 화장품이 제작된다. 페르소는 스킨케어 제품이나 화장품뿐만 아니라 맞춤 립스틱 및 파운데이션도 제조할 수 있다.

입생로랑 뷰티의 '루즈 쉬르 메쥬르Rouge Sur Mesure'는 페르소를 처음으로 적용한 개인 맞춤형 립컬러 스마트 디바이스이다. 이 디바이스는 특허받은 AI 컬러 인식 기술과 알고리즘을 활용해 개인화된 맞춤형 립컬러를 제안한다.

레드, 누드, 오렌지, 핑크 등 4가지 기본 컬러 카트리지를 사용한 컬러 블렌딩을 통해 수천 개의 색상 조합을 제작할 수 있으며, 모바일 애플리케이션과 연동하여 사용자의 요구에 맞는 색상을 즉석에서 제조할 수 있다. 사용자는 애플리케이션을 통해 원하는 색상을 직접 촬영하거나 피부색, 그날의 의상 색상에 맞는 립컬러를 추천받을 수 있으며, 가상 화면을 통해 입술에 발색된 모습을 미리 확인할 수 있다.

또한, 틴트 추출량 조절이 가능하고, 입생로랑 뷰티의 베스트셀러인 벨벳 틴트와 동일한 제형을 제공하여 발림성과 지속력이 뛰어나다.

사용 후에는 콤팩트 부분을 분리하여 휴대도 가능하며, 사용자에게 매일 새로운 제품을 접하는 것과 같은 창의적이고 맞춤화된 경험을 제공한다.

최신 트렌드 분석 제품 개발 활용

로레알은 AI를 활용하여 인터넷상에 게시된 수백만 건의 댓글, 이미지, 동영상 등을 분석하는 트렌드스포터TrendSpotter를 개발하였다. 제품을 개발하여 매장에 진열하기까지는 약 1년의 기간이 소요되기 때문에, 신제품 개발에서 경쟁 우위를 확보하기 위해서는 경쟁사보다 먼저 트렌드를 파악하는 것이 무엇보다 중요하다. 로레알은 트렌드스포터를 활용해 경쟁사보다 앞서 최신 트렌드에 맞는 제품을 개발하고, 현재 소비자의 관심사에 부합하는 디지털 마케팅 캠페인을 기획하는 데 활용하고 있다.

트렌드스포터는 페이스북, 인스타그램, 유튜브 등의 소셜네트워크와 화장품 관련 간행물, 블로그 등 약 3,500개의 다양한 온라인 소스를 검색하여 주로 텍스트, 해시태그, 이미지 및 동영상에 포함된 단어를 분석해 최신 트렌드 정보를 수집한다. AI 기반 분석을 활용해 뷰티 인플루언서, 유명 인사, 메이크업 전문가 등 트렌드를 선도하는 트렌드세터의 대화에서 제품 성분, 질감, 포장, 새로운 라이프스타일 등과 관련된 핵심 키워드를 분석한다. 특히 현재 화장품 트렌드의 변화를 빠르게 분석할 수 있는 6개 국가(미국, 영국, 프랑스, 한국, 일본, 브라질)에 중점을 두고 분석을 진행해 이미 700~800개의 트렌드를 발견해 상품기획에 활용하는 성과를 얻었다.

또한, 디지털 마케팅팀은 트렌드스포터를 활용해 고객이 사용하는 용어를 파악하고 웹사이트 제품 페이지, 소셜미디어 게시물, 디지털 광고 등에 활용하고 있다. 현재 전 세계 로레알 직원 88,000명 중 1,800명이 트렌드스포터를 활용하고 있다.

로레알은 2018년부터 37개국에 걸쳐 쌓아온 10페타바이트Petabyte 규모의 데이터베이스를 기반으로 AI 트랜스포메이션 전략을 가속화하고 있다. 고객이 화장품을 구매하는 전 과정과 모든 제품 라인에 AI 기술을 적용하여 고객 구매경험을 개선하고 제품 혁신을 주도하고 있다.

로레알 CEO인 니콜라 이에로니무스는 로레알의 AI 트랜스포메이션 전략을 "모두를 위한 아름다움에서 한 사람을 위한 아름다움으로의 전환을 위해, 우리는 머신러닝과 생성형 AI에 이르기까지 최신 AI 기술을 활용해 각 개인의 고유한 요구, 그리고 아름다움에 대한 욕구를 충족시키고 있다. 사이언스Science와 테크Tech라는 두 가지 강력한 엔진을 활용하여 점점 더 개인화된 맞춤형 방식으로 포용적이고 지속 가능하며 진보된 뷰티 경험을 혁신할 수 있다"라고 말했다.

나이키,
AI로 엔드 투 엔드 디지털 혁신을 가속화하다

—
—
—
—
—

디지털 트랜스포메이션으로 고객 중심의 혁신을 강화하다

나이키는 2016년에 성장률이 5%로 떨어졌으며, 주가도 13%나 하락했다. 기능성 스포츠 의류의 경쟁 심화, 온라인 구매 비중 증가, 생산비 및 물류비 상승 등의 변화에 대응하지 못해 매출이 떨어졌기 때문이다.

2017년에 나이키는 빠르게 변화하는 디지털 시대에 고객 중심의 혁신전략을 강화하기 위하여 컨슈머 다이렉트 오펜스Consumer Direct Offense 전략을 발표한다. 전략 추진을 위하여 트리플더블 전략Triple Double Strategy 과 멤버십 프로그램Membership Program 을 새롭게 개편하였다.

트리플더블 전략은 디지털 기반의 다이렉트 컨슈머Direct to Consumer: D2C 에 대응하여 보다 개인화되고 빠르게 고객에 대응할 수 있는 체계를 구축하기 위하여 비즈니스 핵심역량을 혁신Innovation, 속도Speed, 다이렉트Direct 3개 분야에 2배 이상 투자를 집중하겠다는 것이다.

● 나이키 컨슈머 다이렉트 오펜스 전략 (출처: 나이키)

첫 번째는 혁신 투자를 2배로 확대하여 차별화된 플랫폼 제공과 혁신 가속화를 추진하고, 고객 개인화 및 새로운 상품개발을 추진하는 것이다. 두 번째는 엔드 투 엔드End to End 디지털 기술 투자를 통해 평균 제품생산 일정을 50% 이상 단축시켜 출시 속도를 2배 이상 높이는 것이다. 세 번째는 소비자와의 다이렉트 연결을 2배로 늘리고 다양한 나이키 고객 접점 채널을 확대해 미래 리테일 시장을 주도하는 것이다. 고객 중심의 판매 채널 및 고객경험 강화를 위하여 나이키플러스 멤버십 프로그램 회원 대상으로 신제품 출시의 구매 우선권을 부여하고, 개인화된 맞춤 서비스를 제공하는 형태로 개편하였다.

기존 제품의 생산주기를 절반으로 단축해 고객들이 원하는 제품을 빠르게 출시하는 한편, 기존 오프라인 매장 중심의 판매전략에서 벗어나 나이키 멤버십 및 나이키닷컴의 온라인 채널과 오프라인 채널을 유기적으로 연결하여 고객에게 보다 나은 경험을 제공하기 위한 D2C 전략 추진을 목표로 하고 있다. D2C 전략 강화를 위하여 온·오프라인 판매조직을 CDOChief Digital Officer가 이끄는 나이키 다이렉트Nike Direct 조직을 신설하였다.

자라Zara와 같은 패스트패션Fast Fashion 기업처럼 최신 유행을 반영해 빠르게 제품을 제작하고 유통하기 위해 새로운 생산 시스템인 익스프레스 레인Express Lane도 도입했다. 기존의 상품기획-제조생산-물류센터-도매업체-온·오프라인 매장-소비자로 이어지는 느리고 복잡한 공급자 중심의 제조생산 및 판매체계를 고객 중심으로 혁신했다. 실시간 판매데이터를 기반으로 고객이 원하는 상품을 기획하고, 고객 피드백을 반영해 트렌드에 맞는 상품, 소재, 색상을 빠르게 제공하여 상품이 매장에 진열되는 시간을 단축했다.

D2C에 집중하기 위하여 3만 개에 달하는 판매 채널을 40개로 과감하게 축소하였다. 2019년 11월에는 아마존닷컴에서 모든 상품을 철수하고, 2020년에는 미국 내 주요 9개 유통채널에서도 상품을 판매하지 않기로 했다. 아마존닷컴처럼 매출 가능성은 높지만 다양한 브랜드를 판매하기 때문에 브랜드 관리가 어렵고 나이키 자체의 브랜드 경험을 제공하는 데 한계가 있는 유통채널은 과감하게 정리했고, 나이키 제품을 중심으로 차별화된 경험 제공 및 고객 관계가 가능하다고 판단되는 유통채널은 관계를 더 강화하였다.

나이키는 온·오프라인를 연계한 고객경험 및 D2C 강화를 위하여 나이키플러스 멤버십 프로그램을 개선하였다. 멤버만 구매 가능한 제품, 최신 신상품 구매 우선권, 멤버들만 참여할 수 있는 이벤트를 제공하였다. 매장을 방문해 나이키 전문가Nike Experts에게 개인의 선호 운동에 따라 제품과 스타일을 추천받고 운동법에 관한 다양한 조언도 들을 수 있다. 나이키는 2017년에 회원제 앱으로 개선한 후 현재까지 1억 8,500만 명 이상의 회원을 확보하였다.

제품판매를 위한 고객지원 서비스 이외에 멤버십 가입자들을 위한 팬Fan 중심의 커뮤니티를 구축하기 위하여 다양한 브랜드 커뮤니티 서비스들도 함께 제공하고 있다. 브랜드 커뮤니티 서비스를 통해 고객들이 언제 어디서나 다양한 스포츠 운동을 즐기고, 소셜미디어처럼 고객들이 필요로 하는 운동 정보를 공유할 수 있게 하였다.

나이키 런 클럽Nike Run Club 서비스를 제공해 고객들이 일상생활에서 러닝을 즐길 수 있게 돕고 있다. 고객의 러닝을 기록하여 개별화된 러닝 데이터를 제공하며, 키와 체중 등의 개인정보를 입력하면 개인화된 러닝 데이터도 받아볼 수 있다. 또한 365일 자신의 특성에 맞춰 전문 코칭을 받을 수 있게 거리나 속도, 레벨에 따른 맞춤형 러닝 프로그램, 전문가 코칭, 동호회 연결 등의 서비스도 함께 제공하고 있다. 매월 100만 건 이상의 다운로드를 4개월 연속으로 기록했으며, 2020년 1분기에 처음으로 여성이 남성보다 더 많은 앱을 사용한 것으로 나타났다.

일상생활에서 운동기구 없이도 운동을 할 수 있는 나이키 트레이닝 클럽Nike Training Club도 제공하고 있다. 근력 운동과 요가 클래스, 특정 근육 타겟 트레이닝 프로그램을 15~45분 분량의 영상으로 190개 이상 제공해 집에서 각자에게 최적화된 방법으로 트레이닝할 수 있다. 코로나 19로 인해 운동하지 못하는 사람들을 위해 추가로 돈을 지불해야만 이

● 나이키 트레이닝 클럽 (출처: 나이키)

용할 수 있었던 프리미엄 영상들을 일시적으로 무료 제공했다.

　　나이키의 런 클럽과 트레이닝 클럽은 오프라인 활동인 운동을 영상, 음악 등의 다양한 디지털 콘텐츠와 개인 데이터를 분석해 일상생활에서 즐기는 색다른 경험을 제공하고 있다. 경쟁을 통해 목표를 달성할 수 있게 하는 등 다양한 동기부여 방법을 제공하여 고객들이 중단하지 않고 지속적으로 운동할 수 있게 하고 있다. 또한 보다 많은 사람들이 함께 운동할 수 있는 크루Crew 프로그램을 통해 고객들의 지속적인 참여를 이끌어 내고 있다.

　　스니커즈 운동화에 관심 있는 매니아와 수집가들을 위한 팬 커뮤니티로 나이키 스니커즈Nike SNKRS 서비스도 운영하고 있다. 한정판 운동화의 제작 과정이나 숨겨진 뒷이야기 등의 정보를 얻을 수 있으며 좋아하는 모델, 색상 등을 지정하면 관련 신제품이 출시될 때 알람을 보내 한정

● 나이키 스니커즈 (출처: 나이키)

판 스니커즈를 우선구매할 수 있는 응모기회를 제공한다. 또한 스니커즈를 좋아하고 관심 있는 사람들끼리 관련 정보를 공유할 수 있도록 커뮤니티도 활성화하고 있다. 현재 나이키 스니커즈는 나이키 온라인 매출의 20%를 차지할 만큼 매출에 많은 기여를 하고 있다.

　　스포츠 선수와 팬들의 커뮤니케이션을 강화하기 위하여 나이키 커넥트Nike Connect도 출시하였다. 좋아하는 스포츠 스타의 유니폼을 구매한 후 스마트폰으로 유니폼 하단에 위치한 태그Tag에 대면 근거리 무선통신NFC 기술을 활용하여 해당 유니폼의 선수와 소속팀 정보, 영상 정보, 하이라이트 등이 제공된다. 제품 독점 혜택과 사전 구매 알림 등 다양한 부가서비스도 받을 수 있다. 디지털 기술을 활용해 스포츠 스타와 팬을 연결시켜 더 친밀한 유대감을 형성하고 관계를 구축할 수 있게 하고 있다.

나이키는 스니커즈와 커넥트를 통하여 단순하게 제품을 판매하는 것을 넘어서 디지털 기술을 활용해 스니커즈 마니아나 팬들과의 연결을 강화하고 있다. 콘텐츠 스토리텔링을 통하여 팬들이 공감할 수 있는 내용을 제공해 주고, 제한적이면서 독점적인 혜택을 제공해 충성도 있는 팬 커뮤니티를 구축해 나가고 있다.

나이키가 멤버십과 브랜드 커뮤니티에 집중하는 이유는 고객데이터 확보 때문이다. 나이키 멤버십의 고객 구매 데이터와 브랜드 커뮤니티에서의 활동을 기반으로 좋아하는 운동, 운동습관, 좋아하는 제품 및 스포츠 스타 등 고객이 자발적으로 제공하는 데이터를 분석해 상품기획, 매장운영, 고객 마케팅, 고객경험 강화에 활용하고 있다. 2020년에 히트한 여성 요가복 라인의 경우도 치밀하게 고객데이터를 분석해서 얻어진 결과다.

오프라인 매장에도 디지털 기술을 접목하고 고객데이터를 활용하여 멤버십 강화와 차별화된 경험을 제공하기 위한 다양한 형태의 혁신적인 매장 포맷을 시도하고 있다. 현재 나이키는 라이브 스토어Nike Live Store, 하우스 오브 이노베이션 000Nike House of Innovation 000, 라이즈Nike Rise, 유나이티드Nike Unite의 매장 포맷을 실험하고 있다.

나이키 라이브 스토어는 나이키 멤버십 사용자들의 데이터를 분석하여 지역 내 소비자들에게 적합한 제품과 서비스를 제공하는 새로운 컨셉 매장이다. 로스앤젤레스에 체험형 매장인 나이키 바이 멜로즈Nike by Melrose를 오픈한 후 단계별로 캘리포니아 롱비치Nike by Long Beach, 도쿄

시부야Nike by Shibuya Scramble로 확장하고 있다.

새로운 매장은 지역 내 나이키플러스 멤버들의 고객정보를 기반으로 이들이 선호하는 제품 중심으로 매장 상품구성과 마케팅을 진행하고 있다. 나이키에서 가장 인기 있는 '라이프스타일'과 '러닝' 카테고리의 상품을 분석하고, 각 성별의 선호 스타일에 따라 다양한 제품으로 매장을 구성하고 있다.

매장 디스플레이 및 재고관리는 고객 구매 데이터를 기반으로 구성하고 있다. 멜로즈 매장은 고객 구매 데이터를 분석한 결과 50명 중 1명은 나이키 코르테즈Nike Cortez 모델을 구매하고 있다는 사실을 발견하고 이를 바탕으로 상품을 구성하였다. 롱비치 매장은 여성에 초점을 맞춰 여성회원들이 선호할 만한 제품 큐레이션과 체험 프로그램, 개인화된 코칭 서비스를 제공하고 있다.

매장 내 모든 제품은 나이키 모바일앱으로 바코드를 스캔하면 제품의 사이즈, 컬러 등을 포함한 전반적인 정보를 얻을 수 있다. 스니커바Sneaker Bar에서 매장 내에 있는 상품을 빠르게 신어보고 구매할 수 있으며, 나이키 전문가Nike Expert를 통해 제품 구매에 관한 조언을 받을 수 있다. 나이키 스피드샵Nike Speed Shop에는 디지털 락커가 갖춰져 있어 나이키플러스 멤버들이 모바일앱을 이용해 마음에 드는 제품을 예약하고 디지털 락커에서 찾을 수 있다. 만약 제품을 구입하기 전에 착용해보고 싶다면 '픽업 박스' 사물함을 이용하면 된다. 앱을 통해 원하는 상품과 방문 시간 등을 선택하면 직원이 사물함에 제품을 넣어 놓는다. 직원에게 원하는 제품을 말하고 찾아올 때까지 기다릴 필요 없이, 스마트폰으로 전송된 코드만으로 사물함을 열어 간편하게 착용해 볼 수 있다. 매장에 들어오지 않고 매장에 문자를 보내Swoosh Text 온라인에서 구매한 제품을 픽업하거나 교환, 반품도 할 수 있는 커브 서비스Curb Service도 제공하고 있다. 나이키플러스 회원들이 매장을 방문하면 2주에 한 번씩 자판기 모양의 언락 박스Unlock box에서 회원 번호를 입력하고 양말 등 증정품도 받을 수 있다.

다이내믹 핏 존Dynamic Fit Zone에는 휴식을 취할 수 있는 라운지가 있으며, 나이키 전문가가 스타일링 팁을 제공할 수 있는 객실과 신발을 신어보고 뛰어 볼 수 있는 트라이얼 존Trial Zone이 있다. 나이키 앱을 통해 전문가를 예약할 수 있는 나이키 익스프레스Nike Express를 이용해 일대일 서비스도 받을 수 있다.

● 나이키 하우스 오브 이노베이션 매장 (출처: 나이키)

도심 거점에는 체험형 매장인 하우스 오브 이노베이션 000 플래그십 매장을 오픈했다. 디지털 기술을 활용하여 매장의 각 층마다 나이키 브랜드를 체험할 수 있는 다양한 옴니채널 서비스들과 개인화된 구매 경험을 얻을 수 있게 구성되어 있다.

하우스 오브 이노베이션도 커머스 및 모바일 사이트, 나이키 멤버십 등에서 확보한 고객정보를 분석해 뉴욕지역의 인기상품 중심으로 매장을 구성하였다. 나이키 매장과 동일하게 매장 1층에 나이키 스피드샵을 배치해 뉴욕에서 남성과 여성에게 가장 인기 있는 제품들을 각각 진열하였다.

매장 내 마네킹이 착용한 제품의 QR 코드를 스캔하면 모든 제품의 정보를 확인할 수 있다. 제품을 선택하면 피팅룸에서 착용할 수 있으며, 바로 픽업해서 구매할 수도 있다. 결제 또한 계산대에서 기다릴 필요 없이 나이키 인스턴트 체크아웃Nike Instant Checkout을 통해 모바일에서 바로 결제할 수 있다.

나이키 엑스퍼트 스튜디오Nike Expert Studio에서는 예약을 하면 전문가의 제품 추천과 일대일 스타일링 상담을 받을 수 있다. 나이키 아레나Nike Arena에서는 직원의 도움을 받아 신발 끈의 색상부터 신발에 사용되는 재질, 패턴 등 자신이 원하는 나만의 신발을 현장에서 바로 제작할 수 있다.

나이키 라이브와 하우스 오브 이노베이션 실험을 통해 기존 오프라인 매장 포맷보다 진화된 디지털 혁신 매장인 나이키 라이즈Nike Rise를 중국 광저우에 오픈하였다. 나이키 라이즈는 나이키플러스 멤버십을 기반으로 실시간 스포츠 이벤트와 커뮤니티를 연결하여 개인화된 구매 여정을 제공하는 데 중점을 두고 있다.

전체적인 매장 구성은 나이키 라이브와 하우스 오브 이노베이션의 컨셉과 서비스를 포함하고 있지만, 다른 매장과 달리 나이키 멤버에 우선권Member-First을 부여하고 고객여정 데이터를 분석해 실시간으로 지역 내 다양한 스포츠 활동에 참여할 수 있게 구성하였다.

나이키 익스피리언스Nike Experience는 나이키 멤버십 회원들이 공유하는 데이터를 활용하여 도시에서 일어나는 실시간 스포츠 이벤트에 참여할 수 있으며, 이외에 스포츠 선수, 전문가, 스포츠 인플루언서 네트워크가 주최하는 매장 내 워크숍 및 이벤트에도 참여가 가능하다. 또한 광저우의 러닝, 농구, 축구 등의 다양한 스포츠 경기와 이벤트에 참여할 수 있는 기회와 스포츠클럽의 독특한 문화와 디자인 요소가 반영된 다양한 상품도 제공하고 있다.

매장 내에서 신발 사이즈를 측정할 수 있는 나이키핏Nike Fit도 체험할 수 있다. 매장 방문 고객이 모바일앱을 활용해 발을 스캔하면 자신의 발 사이즈 및 스타일에 맞는 신발을 추천받고 매장에서 신어볼 수 있다.

나이키는 지역 주민들이 스포츠와 더욱 밀접하게 연결될 수 있는 지역 스포츠 커뮤니티센터 같은 역할을 하는 나이키 유나이티드Nike United를 오픈했다. 나이키 유나이티드는 아시아 최초로 대한민국의 남양주에도 매장을 개설하였다.

나이키 유나이티드는 지역 주민의 선호도 데이터를 분석해 상품을 구성하고, 매장의 내부 디자인에는 지역의 랜드마크나 지역 선수 등 각 지역의 특성이 반영된다. 매장 직원은 지역 내 거주자를 우선으로 선발하고 있다. 메이드 투 플레이Made to Play와 나이키 커뮤니티 앰버서더Nike Community Ambassador 프로그램을 활용해 아이들이 놀이와 스포츠를 즐길 수 있게 지역 학교와 비영리 단체를 지원하고 있다.

나이키 다이렉트Nike Direct의 대표를 맡고 있는 하이디 오닐Heidi O'Neil은 "우리는 오프라인 매장에서도 모바일처럼 개인화되고 빠른 실시간 쇼핑경험을 제공하기 위한 방법이 무엇인지 끊임없이 스스로 질문한다"라며 모바일 기반의 온·오프라인 고객경험을 제공하기 위해 끊임없이 노력하고 있음을 말하고 있다.

나이키는 제품을 판매하는 공간을 넘어서 고객과의 의미 있는 연결과 체험을 제공하는 공간으로 매장을 활용하고 있다. 이를 위해 고객 데이터를 분석해 지역 및 고객의 특성에 맞는 상품구성과 콘텐츠를 제공하고, 나이키플러스 멤버십 연결을 통해 온·오프라인에서 끊김 없이 개인화된 서비스와 스포츠 활동을 체험하고 즐길 수 있게 하고 있다.

D2C 채널과 고객경험에 기반한 디지털 트랜스포메이션 추진으로 나이키의 실적도 개선되었다. 2015년에 23%였던 D2C 매출 비중이 2022년에는 42%로 성장하였으며, e-커머스 매출 또한 전체 매출 비중의 30% 이상을 차지해 2024년에는 142억 5,000달러에 이를 것으로 전망하고 있다.

존 도나호 John Donahoe 나이키 CEO는 "요즘 소비자는 원하는 것을 원하는 시간에 원하는 방식으로 얻고 싶어 한다. 그리고 소비자들은 단일 브랜드와 멀티 브랜드에 대해 디지털과 오프라인 모두에서 일관되고 매끄러운 프리미엄 경험을 원하고 있다. 나이키는 소비자가 원하는 것처럼 오프라인과 디지털 경험을 연결해야 한다"라고 말하고 있다.

나이키는 미국 특허청에 메타버스용 운동화와 의류 등을 NFT로 만드는 특허를 등록한 데에 이어 2021년 12월, NFT 패션 스타트업인 아티팩트RTFKT를 인수하고 스포츠와 게임, 문화를 아우르는 종합 크리에이티브 기업으로의 변신을 선언했다.

아티팩트는 유명 아티스트 무라카미 다카시와 협업하여 2021년 11월에 출시한 클론엑스 PFP 프로젝트가 가장 잘 알려져 있는데, NFT 운동화 판매로만 총 1억 8,500만 달러를 벌어들였고 7억 6,200만 달러 상당의 2차 시장 거래량을 창출한 것으로 알려졌다.

특히 나이키가 2022년 말 오픈한 닷스우시.Swoosh 플랫폼은 NFT 기술과 폴리곤Polygon 체인을 통해 게임, 메타버스 등 가상공간에서 아바타가 입는 가상 의류를 거래하는 마켓플레이스 역할을 수행하고 있다. 나이키와 아티팩트는 모두 이더리움Ethereum 메인넷을 통해 출시되었지만, 닷스우시 플랫폼은 폴리곤 체인 기반으로 운영된다.

닷스우시 회원은 닷스우시 플랫폼에서 공동 제작자가 되어 디지털 제품 로열티를 공유할 수 있다. 나이키는 닷스우시 플랫폼을 허브로 삼아 웹3.0Web3 게임 내에서 사용할 수 있는 아바타용 티셔츠와 운동화 같

● 나이키 닷스우시 플랫폼 (출처: 나이키)

은 가상 의류를 출시하고 있다. 또한 웹3.0 기술을 활용하여 사용자가 독점적인 실제 의류나 프로 운동선수와의 채팅과 같은 실제 혜택을 누릴 수 있다. 2023년 4월에 나이키는 닷스우시를 통해 나이키의 인기상품인 에어포스1의 디자인을 모티브로 제작한 첫 번째 디지털 스니커즈인 아워포스원OF1을 출시했다.

2023년 1월 플립사이드에 따르면, 나이키는 2021년 3월 NFT 사업을 시작한 이후로 판매액 12억 4,000만 달러, 수익 1억 7,000만 달러를 기록하며 웹3.0에서 가장 큰 수혜를 입은 기업으로 밝혀졌다. 나이키는 현실을 넘어 가상 세계의 패션까지도 판매하는 웹3.0 기업으로 거듭나게 되었다.

2019년 11월에 새롭게 CEO로 선임된 존 도나호는 2020년 6월에 기존 컨슈머 다이렉트 오펜스Consumer Direct Offense 전략을 수정하였다. 현재의 성공에 안주하지 않고 코로나19 이후 빠르게 변화하고 있는 디지털 속도에 대응하여 미래 시장을 선점하기 위한 디지털 트랜스포메이션 가속화 추진를 위하여 컨슈머 다이렉트 액셀러레이션Consumer Direct Acceleration 전략을 발표하였다.[49]

컨슈머 다이렉트 액셀러레이터 전략은 나이키의 모든 채널과 생태계 전반에 걸쳐 일관되고 끊김 없는 고객경험을 제공하여 새로운 마켓 플레이스를 구축하고, 보다 단순한 고객체계를 구성하며, 디지털 혁신을 가속화하기 위하여 엔드 투 엔드End-to-End 기술 기반 확보에 대한 투자를 확대하겠다는 것이다. 전략 추진을 위하여 조직체계 또한 고객 중심으로 더 민첩하고 유연하게 대응할 수 있도록 단순화시키는 작업도 함께 진행하고 있다.

나이키 CEO 존 도나호는 디지털 트랜스포메이션의 핵심은 마라톤처럼 생각하는 것이라고 말하고 있다. "우리는 내부적으로 결승선이 없다고 이야기한다. 우리의 디지털 채널은 훌륭하지만 언제나 더 나아질 기회가 있다고 생각한다. 승리하는 기업은 디지털 트랜스포메이션 여정에 정말 열의를 다해 적극적으로 참여하며, 혁신은 하루아침에 일어나지 않는다는 점을 인정한다"라고 말하며 끊임없는 디지털 투자와 혁신만이 변화하는 디지털 시대에 기업이 생존할 수 있는 방안이라고 조언하고 있다.[50]

49. Nike Announces Senior Leadership Changes to Unlock Future Growth Through the Consumer Direct Acceleration, Nike(2020.07.22)
50. 나이키 CEO "경험 혁신을 위한 디지털 트랜스포메이션에 적극적으로 나서야", ITWorld(2020.10.06)

AI로 고객경험 혁신과 데이터 분석 능력을 강화하다

나이키는 디지털 트랜스포메이션 추진에 필요한 디지털 기술 및 데이터 분석 능력을 강화하기 위하여 AI 및 관련 테크 회사들을 꾸준히 인수해 왔다. 2018년 3월에는 고객취향과 행태분석 등의 광범위한 데이터를 분석해 고객에게 맞춤형 서비스 및 개인화된 마케팅을 제공하기 위하여 데이터 분석 회사인 조디악Zodiac을 인수했다. 같은 해 4월에는 컴퓨터비전 및 3D머신러닝을 활용하여 맞춤형 신발을 제작할 수 있는 인버텍스Invertex를 인수했고, 2019년 8월에는 AI 기반의 수요예측 및 재고관리 회사인 셀렉트Celect를, 2021년에는 머신러닝을 기반으로 한 데이터 통합플랫폼 스타트업인 데이터로그Datalogue까지 인수했다.

조디악은 와튼스쿨과 펜실베이니아 대학의 데이터 사이언스팀이 개별고객의 행동을 기반으로 고객의 평생가치를 분석하는 예측분석 툴이다. 나이키는 조디악 인수로 D2C 추진 속도를 가속화하고, 고객 커뮤니케이션 강화를 위한 고객 데이터 및 분석 능력을 확보할 수 있게 되었다. 이를 기반으로 나이키는 온·오프라인의 고객 데이터를 통합하여 기존 패턴 분석을 넘어서 고객 취향과 행태 분석 등의 광범위한 분석을 진행하고 있다.

이스라엘 기업인 인버텍스는 AI와 3D 이미지 기술을 사용하여 매장에서 사용자의 발 사이즈를 분석하고, 고객에게 가장 적합한 사이즈와 스타일을 제안하는 기술을 제공하고 있다. 나이키는 인버텍스를 인수한 후 모바일앱 카메라로 발을 촬영하면 발 사이즈를 인식하여 신발

사이즈를 찾아주는 나이키핏Nike Fit 서비스를 출시하였다. 컴퓨터비전, 머신러닝, AI, 추천 알고리즘 등의 디지털 기술을 활용하여 발 사이즈를 손쉽게 측정할 수 있는 스캔 서비스를 구현한 것이다.

모바일앱에서 나이키핏 서비스를 활성화한 후 카메라로 발을 촬영하면 발 모양을 스캔하여 발의 길이와 폭뿐만 아니라 발목의 길이 등 13개의 포인트 데이터를 수집하여 측정한다. 측정된 데이터는 멤버십 서비스인 나이키플러스 회원 프로필에 저장되어 나이키 매장과 온라인쇼핑에서 신발을 구매할 때 활용할 수 있다.

나이키는 나이키핏 서비스를 통해 손쉽게 고객 데이터를 확보하고 고객들에게 딱 맞는 신발 사이즈를 구매할 수 있는 차별화된 고객 경험을 제공하는 한편, 매년 늘어나는 반품 등의 손실도 줄일 수 있게 된 것이다.

● 나이키핏 서비스 (출처: 나이키)

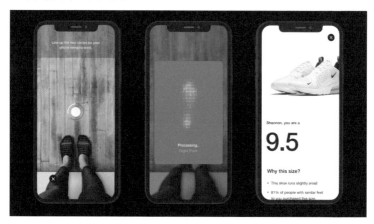

셀렉트는 MIT의 컴퓨터 사이언스 및 AI 연구소MIT's Computer Science and Artificial Intelligence Laboratory에서 개발한 예측 알고리즘Celect Engine을 기반으로 구매 패턴을 인식하여 수요를 예측하고 고객 행동을 분석하는 회사다. 리테일 기업의 다양한 온·오프라인 채널을 통하여 데이터를 수집하고 실시간으로 수요를 예측해 매장에서 재고관리와 판매 활동을 지원할 수 있도록 클라우드 기반의 서비스SaaS를 제공하고 있다.

리테일 기업은 셀렉트를 활용하여 매장의 수요 및 판매를 예측하여 효율적으로 매장운영 및 고객 마케팅에 활용할 수 있으며, 재고를 예측하여 효과적으로 매대 관리 및 물류시스템을 최적화할 수 있다.

셀렉트 인수 또한 나이키의 D2C 강화 전략의 일환으로, 온·오프라인 매장의 맞춤형 마케팅 서비스와 수요예측을 통한 효율적인 매장 내 재고관리 강화를 목표로 하고 있다. 더불어 제품 생산 주기와 수요를 예측하여 빠르게 고객이 원하는 신제품을 출시하는 데에도 활용하고 있다.

데이터로그는 2016년에 설립된 기업으로, 머신러닝 기술을 기반으로 데이터 수집 및 통합을 자동화하는 데이터 프로세스 자동화Data Process Automation 기업이다. 머신러닝 기술을 활용해 데이터 웨어하우스Data Warehouse, 데이터 레이크Data Lake에 저장된 모든 데이터(정형 및 비정형)를 수집하고 데이터를 자동으로 변환 및 분류할 수 있다.

기업들은 데이터로그의 DPA 시스템을 활용해 기존 ERP, HR, 재무, 마케팅 등의 레거시 시스템의 데이터를 자동으로 추출, 적재, 분류,

통합하여 효과적으로 데이터 기반의 의사결정Data-driven decision making을 할 수 있다. 기존 데이터 활용도가 높은 통신, 금융, 제조 회사들이 주로 활용하고 있다.

데이터로그의 DPA 시스템은 크게 데이터 이동Data Movement, 데이터 품질Data Quality, 데이터 모델링Data Modeling, 데이터 통합Data Unification, 데이터 마스킹Data masking을 자동으로 처리할 수 있도록 구성되어 있다. 데이터 이동은 레거시 데이터를 머신러닝 기반의 ETLExtract Transform Load을 활용하여 자동으로 추출하여 이동할 수 있으며, 데이터 품질은 자동으로 데이터의 중복제거를 통해 데이터의 품질을 향상시켜 준다. 데이터 모델링은 데이터를 생성, 사용, 공유할 수 있는 기반을 자동으로 모델링한 후 자동으로 데이터를 통합해 준다. 마지막으로 민감한 데이터를 자동으로 식별하여 데이터 마스킹 작업을 진행한다.

나이키는 데이터로그 인수를 통해 기존 나이키의 온·오프라인의 레거시 시스템 데이터를 효과적으로 수집 분석하여 데이터 플랫폼을 강화할 수 있게 되었다. 이를 기반으로 나이키는 회사의 앱 생태계, 공급망 및 기업 데이터를 포함한 모든 소스의 데이터를 빠르고 원활하게 액세스할 수 있으며 표준화된 플랫폼에 통합하였다.

나이키 CEO인 존 도나호는 "우리의 CDAConsumer Direct Acceleration 전략은 소비자와의 연결을 가속화하여 개인에게 더 나은 서비스를 제공하는 데 초점을 맞추고 있다. 데이터로그 인수는 기존 데이터를 변환할 수 있는 능력을 강화해 데이터를 기업 전체에서 실시간으로 활용할 수 있도록 한다"고 말했다. 인수 후 데이터로그는 나이키의 글로벌 기술 조직에 통합되어 나이키의 데이터 통합플랫폼 구축을 담당하고 있다.

나이키는 데이터 및 AI 기반 회사들과의 M&A을 통해 고객경험 혁신과 데이터 분석 능력을 강화하고 있다. 인수한 회사의 서비스와 기술을 나이키 모바일앱에 적용하여 온·오프라인에서 개인화된 맞춤형 서비스를 제공하고 있다. 또한 멤버십, 브랜드 커뮤니티, 매장, 모바일앱 등 다양한 나이키 채널에서의 고객행동 데이터를 분석해 상품기획, 수요예측, 재고관리, 매장 상품구성 등의 디지털 트랜스포메이션 전략을 가속화하는 데 함께 활용하고 있다.

나이키는 기술연구소인 스포츠 리서치 랩^{Sports Research Lab}을 활용하여 AI와 운동선수 데이터를 혁신적으로 결합해 적극적으로 제품을 혁신하고 있다.

AI와 선수들의 데이터를 활용하여 제품 개발에 필요한 정보를 제공하고 있으며, 컴퓨팅 테크^{Computational tech}를 통해 디자인을 최적화하고 있다. 이런 접근 방식을 통해 개발된 제품이 나이키 에어 줌^{Nike Air Zoom} 기술이 탑재된 새로운 페가수스 프리미엄^{Pegasus Premium} 런닝화다.

스포츠 리서치 랩은 나이키 에어 제조혁신^{Nike Air Manufacturing Innovation}과 협력해 디지털 기능을 사용하여 제품이 물리적 힘에 어떻게 반응할지 예측했다. 나이키 디자이너와의 협업을 통해 AIR^{Athlete Imagined Revolution}라는 이름으로 러너의 발 모양에 맞춘 밑창을 개발하여 ZoomX 및 ReactX 폼 쿠셔닝으로 탄력성과 에너지를 높였다. 나이키의 최고 혁신

● 나이키 AIR (출처: 나이키)

책임자Chief Innovation Officer인 존 호크John Hoke는 "AI 및 빠른 프로토타이핑과 같은 기술에 중점을 두고 AIR를 개발했다. 우리는 슈퍼슈즈 테크놀로지Supershoes technology에서 배운 것을 바탕으로 모든 스포츠에 걸쳐 새로운 나이키 에어줌Nike Air Zoom 스타일을 선보이려고 한다"라고 말했다.

실제로 나이키는 운동선수의 개별적인 특성과 요구 사항을 반영한 맞춤형 제품을 개발했다. 미국 육상선수 샤캐리 리처드슨Sha'Carri Richardson과 레알 마드리드 소속의 킬리안 음바페Kylian Mbappe 등 13명의 정상급 운동선수를 위한 프로토타입 신발을 디자인하는 프로젝트를 진행했다. 이 과정에서 생성형 AI 모델을 사용해 선수들의 선호도에 따라 수백 개의 디자인 이미지를 생성했고, 이를 3D 스케치 및 프린팅과 같은 디지털 제작 기술을 통해 구체화했다.

나이키의 최고 혁신 책임자인 존 호크는 이러한 과정을 "나이키에서 제품을 만드는 새로운 연금술"이라고 표현했다. 이는 운동선수의 꿈과 성격을 탐구하고, 나이키의 상상력과 의도를 AI 및 컴퓨터 설계와 같은 첨단 기술과 결합하는 혁신적인 접근 방식이다.

스포츠 리서치 랩은 축구 선수들의 표준 장비와 국가 대표팀 키트도 개발하고 있다. 이 키트를 개인화하기 위해 회사는 고급 신체 매핑 기술Body-mapping tech과 픽셀 수준의 정밀한 4D 모션 캡처 데이터4D motion-capture data를 사용했다. 이러한 기술을 통해 나이키는 선수들의 움직임을 더 정확히 이해하고, 그에 맞는 장비를 제작하여 성능을 최적화하고 있다.

나이키는 AI를 기업의 핵심역량으로 내재화하고 있다. 이는 단순한 AI 기술 도입을 넘어서 기업 전반의 디지털 트랜스포메이션을 가속화하는 원동력이 되고 있다. 나이키는 이를 통해 제품 개발, 고객 서비스, 마케팅, 공급망 관리 등 비즈니스의 모든 영역에서 AI 기반의 혁신을 추진하고 있다.

나이키의 AI 트랜스포메이션 전략은 기업의 디지털 역량을 극대화하고, 고객 중심의 혁신을 가속화하며, 스포츠용품 산업에서의 선도적 위치를 더욱 공고히 하는 데 핵심적인 역할을 하고 있다.

존디어,
AI 트랜스포메이션으로 정밀 농업을 주도하다

존디어John Deere는 2014년 농업 경기 침체와 매출 15% 이상 감소라는 어려움 속에서 대규모 구조 조정과 인력 감축을 포함한 전사적인 위기 대응에 나섰다. 이 과정에서 농기구 판매 부진이 주된 원인임을 파악하였고, 이에 따라 600여 명의 대규모 구조 조정을 진행하게 되었다. 당면한 위기를 극복하기 위해 존디어의 경영진은 과감한 변화를 결정했으며, 디지털 트랜스포메이션을 적극 추진함으로써 제품 중심의 회사에서 서비스 중심의 회사로의 전환을 추진했다.

존디어는 단순한 농기계 제조업체를 넘어서 데이터 기반의 농업 컨설팅 서비스로 진화하고 있다. 트랙터를 단순히 농작업을 돕는 기계가 아니라 데이터를 수집하는 일종의 스캐너Scanner로 활용해 작업 중에 수집한 각종 데이터를 플랫폼으로 모으고 이를 분석, 가공해서 최적의 영농정보를 농민에게 피드백 해주는 '서비스Service'를 제공하고 있다.

● 존디어 농업 컨설팅 서비스 (출처: 존디어)

　토양, 날씨뿐만 아니라 트랙터 및 기타 장비에서 수집한 데이터를 클라우드 시스템에서 통합 관리하여 실시간으로 집계 분석하고, 이를 바탕으로 농민들에게 맞춤형 작물 재배 정보와 종합적인 농업 컨설팅 서비스를 제공하고 있다. 빅데이터와 AI 기술을 활용해 농부들에게 최적의 작물 선택, 파종 시기, 현장 날씨 및 습도 분석 등에 대한 고급 정보를 제공해 농업 활동의 효율성과 생산성을 크게 향상시키고 있다.

　경험에 의존하던 농업 방식에서 데이터를 활용한 농업, 자동 모니터링 기술을 도입한 효율적인 농업을 지원하고 있다. 실제로 존디어는 위치 정보 전송, 작물 스캐닝, 원격 농기계 운영관리, 토지 샘플링 분석, 날씨 및 습도 분석 등 고객에게 편의를 제공해 농장관리 비용을 15%까지 감소시켰으며 생산량은 15% 증가시켰다.

　존디어는 농기계의 단순한 자동화를 넘어 클라우드 서비스를 통해 고객들에게 향상된 농업 솔루션을 제공함으로써 농업 분야의 혁신을 이끌고 있다. 농기계로부터 수집되는 데이터는 클라우드 기반 시스템을 통해 실시간으로 분석되고 통합 관리된다.

이를 위해 존디어는 DN2와 '마이애그센트럴MyAgCentral'이라는 클라우드 기반 소프트웨어 프로그램을 개발했다. 작물 재배와 관련된 다양한 데이터를 실시간으로 가시적인 정보로 변환하여 제공해 농업 종사자들이 PC, 스마트폰, 태블릿 등 다양한 스마트 기기를 통해 언제 어디서나 접근하고 정보를 공유할 수 있는 서비스를 제공하고 있다.

클라우드 서비스의 활용은 농민들이 자신의 농장 데이터를 언제 어디서나 접근할 수 있게 하며, 이를 통해 더욱 정보에 기반한 의사결정을 할 수 있게 돕고 있다. 또한, 데이터 분석을 통해 작물의 건강 상태, 토양의 조건, 날씨 패턴 등 중요한 정보를 파악하고, 이를 바탕으로 작물 관리, 수확 시기 결정, 자원 배분 등에 있어 최적의 전략을 세울 수 있다.

존디어는 오랜 기간 축적한 농업 기술, 농장 운영 노하우, 토질 자료 등을 디지털화하여 '마이존디어My John Deere'라는 통합 농업 플랫폼을 구축했다. 자사 제품라인, 판매대리점, 그리고 사용자를 아우르는 통합화된 환경에서 고객들이 농기계 사용 가이드, 농업 생산성 관리, 농장 운영 방법, 다운타임 예방법, 이상 감지 서비스 등 다양한 기능을 체계적으로 이용할 수 있도록 지원하고 있다.

마이존디어 플랫폼의 핵심 가치 중 하나는 농기계에 부착된 센서를 통해 수집되는 데이터의 활용이다. 고객들은 이 데이터가 모일수록 자신의 농업 활동에 더욱 유익한 정보와 인사이트가 제공된다는 것을 인지하고 있으며, 이에 따라 적극적으로 데이터를 기록하고 플랫폼을 통

● 존디어 커넥티드 서포트 (출처: 존디어)

한 도움을 받고 있다. 이러한 상호작용은 농업 생산성 향상, 운영효율성 증대, 그리고 예기치 않은 문제의 사전 예방에 크게 기여하며 고객 만족도를 높이는 중요한 요소로 작용하고 있다.

존디어는 혁신적인 '커넥티드 서포트Connected Support'를 통해 농기계 유지보수를 원격으로 진단하고 관리하는 첨단 솔루션을 제공하고 있다. 이 서비스는 서비스 어드바이저 리모트Service ADVISOR Remote와 농기계 텔레매틱스Telematics 시스템을 연동하여 운영된다. 다양한 데이터를 수집하여 존디어 오퍼레이션이션 센터Operation Center에서 분석함으로써, 딜러는 실시간으로 소유주의 농기계 문제 코드를 정확히 파악할 수 있다. 이 정보를 바탕으로 현장 출동의 필요성, 수리 과정 등을 미리 예측하여 비용과 시간을 최소화하고 있다.

존디어와 애그리콘Agricon은 각 농지 영역별 개별 토양 조건을 고려한 비옥화 계획 개발 프로세스를 구현했다. 1헥타르 단위로 채취한 토양 샘플을 분석하여 영양 분포를 파악하고, 이를 바탕으로 인, 칼륨, 마그네슘 등 기본 영양소의 디지털 분포 지도를 생성했다. 이 지도는 질소 함유량 측정 결과와 함께, 각 영역에 필요한 비료의 정확한 양을 결정하는 데 중요한 역할을 한다.[51]

농부들은 비료 사용에 대한 엄격한 규제를 준수해야 하기 때문에 비료의 적절한 사용량에 대한 정보가 필수적이다. 이를 지원하기 위해 존디어는 하베스트 랩 3000Harvest Lab 3000 장비를 통해 근적외선 센서로 비료의 주요 성분을 실시간으로 분석하고, 이 데이터를 개방형 데이터 플랫폼으로 직접 전송하여 문서화하고 있다.

정밀한 농약 살포를 위해 존디어는 GPS 기술을 활용하는 노즐을 제공한다. 이 노즐은 운행 중 자동으로 닫힐 수 있으며, 살포량과 농약 방울의 크기를 다양하게 조절할 수 있어 효율적이고 환경친화적인 농약 살포가 가능하다. 또한, 살포 작업의 효율성을 높이기 위해 위성 사진이나 드론 이미지를 활용하여 살포 지도를 작성하였다. 이는 작물의 생장 상태, 밀집도, 병충해 발생 차이를 명확히 식별하여 필요한 영역에만 농약을 정확히 살포하게 함으로써 환경 보호에도 기여하고 있다.

존디어는 근적외선 기술을 활용하여 곡물의 단백질 함량과 기타 구성요소를 판별하고 있다. 수확기에 곡물을 처리할 때 사용되며 실시간 데이터를 제공해 농부들이 곡물의 품질에 따라 판매 가격을 결정할 수 있도록 지원한다. 추가로, 콤바인에 장착된 카메라를 통해 탈곡 과정에서 곡물과 왕겨가 충분히 분리되었는지를 실시간으로 확인할 수 있다.

---

51. "정밀성으로 지속 가능성 높인다" 드론과 센서가 만드는 스마트 팜의 미래, ITWorld(2021.06.15)

농업 분야에서의 기술 활용은 주로 야외에서 이루어지며, 이는 중앙 집중식 서버나 통신 네트워크를 구현하기 어려운 환경을 의미한다. 이러한 문제를 해결하기 위해 작업 수행 기계 내에 데이터 처리 기능을 직접 탑재하는 엣지 컴퓨팅Edge Computing이 점점 더 중요해지고 있다. 엣지 컴퓨팅은 데이터를 생성한 위치에 가까운 곳에서 데이터를 처리해 농업과 같이 넓은 지역에 걸쳐 이루어지는 작업에서 효율적인 데이터 관리와 실시간 응답을 가능하게 한다. 엣지 컴퓨팅의 약 95%에는 실시간 데이터 처리와 추론이 필요하다. 이를 위해 엣지 네트워크 아키텍처는 특정 작업 환경과 요구 사항에 맞게 맞춤 설계되었다.

농업 자동화 시스템의 연결성 확보를 위해 위성 인터넷 기업 스페이스 XSpace X와 파트너십도 체결했다. 스페이스 X의 스타링크 위성 인터넷 서비스를 통해 농장에 고속 인터넷 연결을 제공해 센서, 로봇, AI 시스템이 원활히 작동할 수 있도록 지원할 예정이다.

제조현장에서는 직원들의 작업효율성과 생산성을 강화하기 위한 다양한 디지털 서비스를 제공하고 있다. 직원들의 작업 지침 제공과 작업 환경에 신속하게 적응할 수 있도록 존디어 조립 지원 도구John Deere Assembly Assist Tool ; JDAAT 시스템을 개발했다.

JDAAT는 제조 직원에게 작업 지침을 제공할 뿐만 아니라 도구 및 시스템에서 제품 주요 특성에 대한 데이터를 얻는 조립 보조 도구다. 모든 프로세스 흐름, 워크스테이션 정의, 도구 상호작용 및 빌드 규칙을 관리할 수 있으며, 실수 방지 및 품질 보증을 추가하고 지속적으로 데이

● 존디어 JDAAT 활용 (출처: 존디어)

터를 수집하여 문제와 개선 기회를 식별한다. 또한 직원들이 새로운 작업 영역에 배치될 때 추가 교육의 필요성을 파악하여 직원들이 변화하는 작업 환경과 요구 사항에 신속하게 적응할 수 있도록 지원한다. 존디어 공장에서 JDAAT를 사용하는 것은 너트나 볼트를 보는 것만큼 자주 발견할 수 있다.

작업의 최종 검사 과정에서는 카메라나 디지털 검사관이 사용되어 작업이 계속되기 전에 모든 부분이 정확히 조립되었는지 최종 확인을 수행한다. 특히, 평균 18,000개 부품을 포함하는 콤바인의 경우, 카메라를 통한 검사는 와셔Washer 하나가 누락된 것까지도 정밀하게 확인할 수 있으며, 이 과정은 단 6초밖에 걸리지 않는다. 사람이 검사할 때는 약 20개 지점밖에 검사할 수 없었지만, 디지털 검사관은 훨씬 더 많은 약 150개의 검사 지점을 체크하며, 더 높은 수준의 검사 정확도와 효율성을 보여주고 있다.

더 나아가 창고 관리에 있어서도 이전에는 재고 파악에 1년까지 소요되었으나, 지금은 로봇이 지능적으로 창고 내 모든 품목을 추적하여 직원들에게 품목의 정확한 위치를 신속하게 알려주는 기능을 통해 작업효율성과 생산성이 향상되었다.

존디어의 전 CEO인 새뮤얼 앨런^{Samuel Allen}은 농부들에게 매년 농기계보다 더 필요한 것이 농사에 관한 데이터라는 사실에 주목해 이를 바탕으로 정보와 조언을 판매하는 비즈니스 모델이 지속 가능한 사업이 될 수 있음을 인식했다. 이러한 전략적 방향 설정을 통해 전통적인 제조업 회사였던 존디어는 디지털 트랜스포메이션을 적극 추진하며, 데이터를 활용한 농업 전문 솔루션 제공 업체로 기업 정체성을 성공적으로 전환하였다.

존디어는 고객경험 혁신과 내부 운영효율화를 중심으로 한 광범위한 개선 작업을 진행하며, 비즈니스 모델 자체를 단순한 농기구 제조에서 농업 컨설팅 및 종합 솔루션 제공으로 전환하였다. 새로운 비즈니스 모델은 데이터를 중심으로 한 수익 창출 기회를 발견하고 지속적인 데이터 분석을 통해 비즈니스를 혁신하고 있다. 이 과정을 통해 존디어는 제품 중심에서 시작해 스마트 농기구 개발, 통합 솔루션 제공, 그리고 최종적으로 디지털 플랫폼으로의 진화를 이루어내며 농업 분야의 디지털 혁신을 주도하고 있다.

농업에 AI 기술을 접목해 농작업을 혁신하다

지구 온난화를 시작으로 매년 달라지는 기후변화와 가뭄, 홍수 등 자연 재해로 농작물을 제대로 키우기 힘들어지고 있다. 이를 혁신하기 위한 방안으로 AI 같은 기술이 주목받고 있다. 맥킨지 보고서에 따르면 AI 농업 방식이 보편화될 경우 2030년까지 영농비가 약 1,000억 달러 절감되고 농민 소득은 700억 달러가 증가될 것으로 전망했다.

존디어는 AI 기술을 농업에 접목하여 혁신을 주도하고 있다. 농업의 효율성을 극대화하고, 환경 보호에 기여하며, 농업 기술의 미래를 재정의하는 데 중요한 역할을 하고 있다.

존디어의 AI 기술 개발은 1990년대 중반부터 시작되었다. 기술혁신을 목표로 GPS 기술 연구에 본격적으로 착수하기 위해 혁신 엔지니어 그룹을 분리했다. 존디어는 트랙터용 위성 유도 안내 시스템을 구축하기 위해 GPS 관련 스타트업인 '나브콤 테크놀로지NavCom Technology'를 인수하면서 본격적으로 정밀 농업Precision agriculture 분야에 진출하게 된다.[52]

1999년 존디어는 GPS 기반 조향 장치를 개발해 농업 기계의 정밀도를 높이는 데 큰 역할을 하였으며, 트랙터의 작업 정확도를 혁신적으로 향상시켰다. GPS 기반 조향 시스템은 이후 존디어 기술혁신의 출발점이 되었다.

2000년대 초반, 존디어는 지리 공간 데이터를 수집할 수 있는 기술을 탑재하여 농업 작업의 효율성을 강화하였으며, 나사NASA와 협력하

---

52. 존디어, 인공지능으로 농업혁신, NIPA(2022.06)

여 GPS 위치데이터 수집 등의 연구를 진행하여 정밀 농업 기술을 더욱 발전시켰다.

2010년에는 모든 농업용 차량에 셀룰러Cellular를 지원하는 통신장비를 제공하고, 클라우드 서비스를 추가함으로써 AI 기술에 대한 기회를 확장했다. 클라우드 서비스는 존디어가 농업 데이터를 실시간으로 수집하고 분석하여 농민들에게 보다 효율적으로 농작물을 관리하고 생산성을 높일 수 있도록 지원하는 역할을 하고 있다.

2017년에는 AI 및 딥러닝 연구를 확장하기 위해 머신러닝 전문 기업인 '블루리버 테크놀로지Blueriver Technology'를 인수했다. 현재 존디어는 블루리버 테크놀로지와 함께 수백 명의 데이터 사이언티스트 전문팀을 구성해 클라우드, 프론트엔드 모바일 애플리케이션, 포인트웹 솔루션 분야의 연구를 진행하고 있다. 또한 기계에서 수집한 데이터를 분석해 농가에 가치 있는 정보를 제공하는 방안을 모색하고 있다. 최근에는 자율주행을 구현하기 위하여 AI 알고리즘 및 컴퓨터 비전 기술 개발에 주력하고 있다.

존디어는 미국 AI 안전연구소 컨소시엄AISIC에 참여해 안전하고 신뢰할 수 있는 AI 시스템의 개발과 적용을 위해 노력하고 있다. 이 컨소시엄은 국립 표준 기술 연구소NIST에 의해 주도되며 실용적인 측정 및 표준 중심의 솔루션을 개발하는 것을 목표로 한다.

존디어는 고객이 농장과 작업 현장에서 기술을 안전하고 효과적으로 활용할 수 있도록 하기 위해 AI 시스템의 표준화, 테스트 방법 등을 모색하고 있다. 이러한 목표를 달성하기 위해 컨소시엄의 다른 회원들과 협력하여 안전한 AI 개발과 배포를 위한 업계 표준을 만들기 위한 지침, 도구, 방법, 프로토콜 및 사례를 개발하고 있다.

이와 더불어, 존디어랩JD Labs를 통해 스타트업과의 협력을 강화하고 있다. 혁신적인 기술을 개발하고 시험할 수 있는 스타트업과의 협력은 존디어에게 새로운 아이디어와 기술을 탐색하고 빠르게 변화하는 시장과 기술 환경에 효과적으로 대응할 수 있는 기회를 제공한다.

자율주행 기술과 토양 질 실시간 측정 연구

존디어는 농기계 기술의 한계를 넘어서려는 연구를 지속하고 있으며, 이 중 자율주행 기술과 토양 질 실시간 측정 기술에 중점을 두고 있다. 자율주행 기술은 농기계가 사람의 직접적인 조작 없이도 농작업을 수행할 수 있게 해준다. 농장관리에 더 많은 시간과 자원을 할애할 수 있으며 작업의 정확도를 높이고 작업시간을 줄여준다. 인력 부족 문제를 해결하고 노동 비용을 절감할 수 있다.

토양 질 실시간 측정 기술은 농사의 성공 여부를 결정하는 중요한 요소인 토양의 상태를 실시간으로 모니터링하는 기술이다. 현재 토양 내 질소, 칼륨, 나트륨 등의 중요한 영양소를 측정하기 위해서는 상당한 시간이 소요되는데, 실시간 모니터링 기술은 농민들이 토양 상태에 기반한 즉각적인 결정을 내릴 수 있도록 해 비료 사용의 최적화, 수확량의 증가, 그리고 지속 가능한 농업 실천에 기여하고 있다.

존디어가 이러한 개발과 혁신을 성공적으로 실현한다면 단순히 기술혁신을 넘어서 농업 생산성의 근본적인 변화를 가져올 것으로 전망하고 있다. 특히, 토양 질 실시간 측정 기술은 농업의 지속 가능성을 높이는 데 중요한 역할을 하기 때문이다. 이를 통해 농업이 직면한 여러 도전, 예를 들어 기후변화, 자원 고갈, 식량 안보 등에 보다 효과적으로 대응할 수 있을 것으로 기대하고 있다.

존디어의 자동화 및 자율화 담당 부사장 조지 헤로드Jorge Heraud에 따르면, 존디어는 AI에 두 가지 방향으로 접근한다. 하나는 기계가 인간이 할 수 있는 이상의 작업을 수행하는 자동화이고, 다른 하나는 자율주행 차량과 같은 자율성이다. 헤로드는 자동으로 잡초를 찾아 제거하는 AI 시스템을 예로 들었다. 농부는 더 이상 농장 전체에 농약을 뿌리거나 일일이 손으로 잡초를 뽑지 않아도 된다. 만약 트랙터가 밭을 갈면서 이 작업도 수행할 수 있다면 농부는 시간과 비용을 크게 절감할 수 있으며 수확량도 증가할 것이다.

"25년 전에 이 일을 시작할 때만 해도 기계가 크고 파워풀할수록 더 효율적이었지만, 이젠 완전히 달라졌다. 지금은 기계의 크기보다도 기술과 지능, 지속 가능성이 더 중요해진 시대"라고 말했다.

AI 스타트업 인수로 자율주행 기술 강화

존디어는 첨단 기술을 통한 농업 혁신을 지속적으로 추구하며, AI와 머신러닝이 농업의 미래에 중요한 역할을 할 것으로 보고 있다. 존디어는 다양한 AI 관련 스타트업 인수를 통해 기술력을 강화해 나가고 있다.

블루리버 테크놀로지 인수는 존디어가 AI와 머신러닝 분야의 기술 역량을 확보하는 기반이 되었다. 블루리버 테크놀로지의 식물별 관리 기술은 농업 생산성을 향상시키고 환경 영향을 최소화하는 혁신적인 솔루션을 제공한다. 토양 상태를 분석하고 제초제, 비료, 물의 시기와 양을 조절하는 데 사용된다. 트랙터 하단에 설치된 카메라와 AI 분석을 통해 잡초와 작물을 구분하고 잡초에는 제초제를, 작물에는 비료를 정확하게 살포해 농작물의 수확량을 늘려준다.

자율주행 기술을 기존 농기계에 통합하는 데 중점을 두고 2021년 8월에는 자율주행 기술 개발 스타트업인 '베어 플래그 로보틱스Bear Flag Robotics'를 2억 5천만 달러에 인수했다. 베어 플래그 로보틱스는 트랙터에 자율주행이 가능하도록 카메라, 라이다, 레이더 기술을 탑재해 360도

● 베어 플래그 로보틱스 기술 (출처: 베어 플래그 로보틱스)

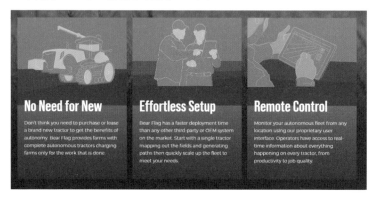

주변 상황 인식이 가능하다. 이와 함께, 자율주행 차량의 깊이 감지Depth Sensor 및 카메라 기반 인식 기술에 특화된 '라이트Light'도 추가로 인수해 자율주행 기술 역량을 강화했다.

라이트의 클래리티Clarity 플랫폼은 전통적인 카메라 이미지를 활용해 현장에 맞는 비전 컴퓨팅Vision Computing 방식으로 처리한다. 입체 카메라를 사용하여 1km 내의 3D 구조물을 인식하고, 처리 용량은 최대 초당 9,500만 픽셀이며, 농기계 주변의 3D 구조물은 초당 30회 업데이트한다. 전통적인 카메라 이미지를 사용하기 때문에 AI 알고리즘으로 농기계 주변의 환경을 더 정확하게 인식할 수 있게 해준다.

존디어는 자율주행의 실시간 문제해결을 위하여 스파크 AISpark AI를 인수했다. 스파크 AI는 자율주행 트랙터 기술 개발에 있어 '엣지 케이스Edge Case'라 불리는 실시간으로 극단적 매개변수에서만 발생하는 문제 및 상황을 다룰 수 있는 능력을 갖추고 있으며, 데이터의 품질을 높이기 위해 '휴먼 인 더 루프HITL' 기술을 보유하고 있다. HITL 기술은 AI 시스템에 사람이 직접 참여하여 데이터를 검증하고 수정할 수 있게 함으로써, 자율주행 트랙터가 실제 환경에서 마주칠 수 있는 다양한 상황에 더욱 효과적으로 대응할 수 있도록 도움을 준다.

자율주행 트랙터로 농작업 효율성 향상

농업 분야에서 인구 감소와 고령화는 전 세계적인 도전 과제이다. 이러한 인력 부족 현상은 기술혁신의 필요성을 더욱 촉진시키며, 특히

● 존디어 8R 자율주행 트랙터 (출처: 존디어)

자율주행 트랙터와 같은 혁신적인 기술이 농업의 생산성 유지와 인력 부담 경감에 중요한 역할을 하고 있다.

존디어의 자율주행 트랙터는 농부들에게 농작업의 효율성과 정확성을 대폭 향상시키는 동시에, 노동 시간을 줄이고 삶의 질을 높이는 데 도움을 주고 있다. 8R 자율주행 트랙터는 첨단 AI 프로세서, 그래픽 처리 장치GPU, 그리고 위성항법시스템GPS을 통합하여 개발되었다.

이 트랙터는 6쌍의 스테레오 카메라를 활용해 360도 주변을 인식하고, 장애물을 감지하여 회피하는 능력을 갖추고 있다. RGB-D 스펙트럼을 이용한 카메라 시스템은 주변 환경의 상세한 정보를 파악하고, 이를 AI가 분석하여 작업 여부를 판단한다. 트랙터는 학습된 1,800만 개의 이미지를 기반으로 장애물을 식별하고, 학습되지 않은 변수가 발생할 경우 자동으로 작업을 중지하여 안전성을 보장해준다. 초정밀 GPS

시스템을 통해 밭 갈기, 씨앗 심기, 비료와 제초제 살포 등의 작업을 1인치의 오차 범위 내에서 수행할 수 있다.

농부들은 어디서든 존디어 운영센터 모바일앱Operations Center Mobile App을 통해 트랙터의 상태와 작업 진행 상황을 실시간으로 모니터링할 수 있다. 이는 농부들이 필요할 때만 개입하도록 하여 작업의 효율성을 높이고 자유롭게 다른 중요한 일에 집중할 수 있게 해준다. 자율주행 트랙터는 적시에 작업을 완료할 수 있는 능력을 갖추고 있으며, 사람이 직접 운전해야 하는 기존 방식에 비해 훨씬 더 효율적이다.

존디어는 2030년까지 파종, 살포, 수확 등 농작업 전반에 걸쳐 완전한 자율 생산 시스템을 구축하는 것을 목표로 하고 있다. 자율 콤바인, 분무기, 트랙터 파종기 등 다양한 농업 장비가 서로 연동하여 농작업을 자동으로 수행하는 시스템을 의미한다. 현재 존디어는 농부들이 토지를 준비하고 경작할 수 있도록 지원하는 완전 자율 경작 솔루션의 첫 단계를 제공하고 있으며, 이는 생산 주기의 4단계 중 1단계에 해당한다.

완전 자율 생산 시스템의 구현은 농업 기술의 미래에 혁명적인 변화를 가져올 것으로 기대하고 있다. 농업 작업의 정밀도를 높이고, 노동 비용을 줄이며, 작업의 안전성을 향상시킬 뿐만 아니라, 기후변화와 같은 글로벌 도전 과제에 대응하기 위한 지속 가능한 농업 실천을 가능하게 할 것으로 전망된다.

정밀한 제초제 및 비료 살포 최적화

AI를 활용한 정밀 농업 기술은 농장의 다양한 지역을 세밀하게 분석하여 각 지역의 특성에 맞는 작물 재배 전략을 수립한다. 이를 통해 물, 비료, 농약 등의 자원 사용을 최적화하고 작물 수확량을 극대화할 수 있다. AI 기반 이미지 인식 기술을 이용하여 작물의 질병이나 해충을 조기에 감지하고 적절한 조치를 취할 수 있으므로, 작물 손실을 최소화하고 화학 물질 사용을 줄일 수 있다.

존디어는 자회사 블루리버 테크놀로지가 개발한 정밀한 표적 제초제 스프레이 기술인 '시 앤 스프레이See & Spray'를 출시했다. 컴퓨터 비전과 머신러닝을 활용해 작물 중 잡초를 식별하고, 전용 스프레이를 통해 정밀하게 제초제를 분사한다.

블루리버 테크놀로지는 2016년에 시 앤 스프레이를 처음 공개했으며, 이 시스템에는 폭 120피트의 탄소 섬유 트러스 스타일 붐에 1미터

● 존디어 시 앤 스프레이 (출처: 존디어)

간격으로 배치된 36대의 카메라가 장착되어 있으며, 약 2,100평방피트 이상의 영역을 스캔할 수 있다. AI 기반의 Nvidia Jetson Xavier 프로세서를 이용해 잡초에만 제초제를 정밀하게 분사할 수 있도록 설계하였다.

시 앤 스프레이 기술은 AI를 활용해 수천 개의 식물 이미지를 학습시키고 잡초를 식별하도록 훈련시켜 전통적인 제초 방법에 비해 훨씬 적은 노동력으로 잡초 관리가 가능하다. 잡초를 최대 90%까지 줄이는 것을 목표로 하며, 제초제 사용량 감소와 함께 지하수 및 강의 보호, 작물 생산량을 증가시킬 수 있다. 미국 내에서 1백만 에이커 이상의 경작지에 적용되어 있으며, 제초제 사용량을 평균 77% 줄여 지속 가능한 농업 실천에 기여하고 있다.

'이그잭트샷Exactshot'은 농민들이 비료를 효율적으로 사용하게 해주는 로봇 비료 살포기다. 센서와 AI 기반의 컴퓨터 비전을 통해 씨앗이

● 존디어 이그잭트샷 (출처: 존디어)

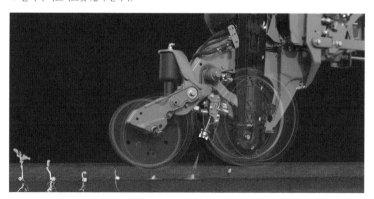

심어지는 정확한 위치를 감지하고, 필요한 만큼의 비료만을 정확하게 살포할 수 있다. 초당 30개의 씨앗을 지면에 발사할 수 있는 고속 파종 기술과 함께, 각 씨앗에 정확히 0.2ml의 비료를 입혀 심는 정밀도를 자랑한다.

또한, 작업 시 농장에서 모은 데이터를 바탕으로 가상 세계에 똑같이 옮겨놓을 수 있는 디지털 트윈 기술도 도입했다. 가상 세계에서 다양한 작물을 시뮬레이션해 보며 제초제와 비료의 사용량을 줄이고 작물의 생산성을 높일 수 있게 도와줘 온실가스 배출량도 줄일 수 있게 해준다.

미국에서만 비료 사용량을 60%까지 줄일 수 있어 경제적 비용과 환경 오염을 동시에 감소시킬 수 있었다. 단순히 비용 절감뿐만 아니라 온실가스 배출 감소에도 크게 기여하고 있다. 5,300만 톤의 탄소 감축이 가능하므로, 세계 인구 증가에 따른 식량 생산 증가 필요성에 대응하기 위한 지속 가능한 해결책을 제시하고 있다.

농업 데이터 분석을 통한 농작업 계획 수립

AI 기반 분석 도구는 대량의 농업 데이터를 분석하여 농민들이 보다 많은 정보에 기반한 의사결정을 할 수 있도록 지원한다. 재배 전략, 수확시기 결정, 시장동향 예측 등에 유용하게 활용할 수 있으며 물과 토양 관리, 탄소배출 감소 등 지속 가능한 농업 실천에 필요한 정보도 제공한다.

● 존디어 오퍼레이션 센터 (출처: 존디어)

　　존디어의 '운영센터 지속 가능성 도구Operations Center Sustainability Tools'
는 트랙터에 부착된 '엠모뎀The M Modem'을 통해 작업 위치, 환경, 농기
계 성능 등의 데이터를 수집하여 존디어 운영센터로 전송한다. 이 정보
는 농민들이 접근할 수 있는 데이터 플랫폼에서 가공되어, 그들이 작업
결과를 모니터링하고 최적의 농작업 계획을 수립할 수 있도록 지원한
다. 존디어는 이러한 솔루션을 통해 농업 생산성 극대화를 돕는 것을 목
표로 하며 단순한 농기계 판매를 넘어서는 전략을 추구한다. 하드웨어
에 소프트웨어를 결합해 부가가치를 높여 경쟁사와 차별화하고 있다.

　　전 세계적으로 농업 분야에 AI와 기후 데이터 분석의 활용이 점점
더 중요해지고 있다. 존디어는 AI 기반 농업 데이터 플랫폼을 제공해 각
대륙의 농장에서 기후변화에 대응하고 생산성을 유지하며 지속 가능한
농업을 실현할 수 있게 하고 있다.

　　남미의 커피 농장에서는 기후 데이터와 AI 분석을 통해 변화하는

기후 조건에 맞춰 재배 전략을 조정함으로써 커피의 수확량과 품질을 유지하고 있다. 유럽에서는 다양한 농장이 AI를 활용한 수확량 예측 모델을 구축하여 수확량 관리와 시장 전략을 수립하는 데 활용하고 있다. 농산물 시장의 공급 안정성을 증대시키고 수익 예측의 정확도를 높이며 자원 배분을 최적화하는 데 도움을 준다. 아프리카의 작물 농장에서는 토양 분석 데이터와 AI의 결합을 통해 물의 필요량을 정확히 계산하고, 관개 시스템을 최적화하여 물 자원을 효율적으로 사용한다. 건조 기간 동안 작물의 생존율을 증가시키고 생산성을 유지할 수 있게 했다.

존디어는 자율주행 시스템, 정밀 농약 분사, 작물 진단 및 모니터링을 포함한 다양한 AI 기술을 농업 기계에 통합함으로써 농업 생산성을 향상시키고, 환경을 보호하며 농업 경영의 최적화를 돕고 있다. 정밀 농업을 실현하고 자원 사용을 최적화하며, 환경 영향을 최소화하여 농업의 지속 가능성을 증대시키고 있다.

자율주행 트랙터와 AI 기반 작물 모니터링 시스템을 포함하는 실제 농장에서의 적용은 작업효율성을 증가시키고 하루 24시간 작업 가능성을 통해 생산성을 극대화하고 있다. 또한, 실시간 데이터 분석과 AI 기반 예측을 활용하여 작물의 성장 조건과 질병 발생을 더 정밀하게 모니터링하고 관리함으로써 수확량을 최적화하고 있다. 이 과정에서 물, 비료, 에너지를 절약해 지속 가능한 농업 실천을 지원하고 농업 활동의 환경적 영향을 최소화하는 중요한 역할을 하고 있다.

존디어의 CEO 존 메이John C. May는 인류의 문제를 해결하기 위한 도구로 '기술'을 강조하면서 "농부들은 지금 많은 도전 거리에 직면하고 있다. 날씨 패턴은 바뀌었고, 시장은 변덕스러우며, 노동력은 부족해지면서 농업이 예상할 수 없는 산업이 됐다. 우리가 기술을 도입한 건 농부들이 직면한 특정한 문제와 도전, 수요를 해결하기 위해서다. 존디어는 여러 제조업체 중 하나일 뿐이지만, 로봇과 AI 분야에서는 선도적인 회사다"라고 말했다.

보쉬,
산업용 AI 비즈니스 모델을 혁신하다

보쉬Bosch는 모빌리티 솔루션, 산업 기술, 소비재, 에너지 및 건축 기술의 4개 주요 사업 부문을 통해 다양한 솔루션을 제공하며, IoT 분야에서의 선도 기업으로서 스마트 홈, 인더스트리 4.0, 연결된 모빌리티와 같은 영역에서 혁신적인 제품과 서비스를 개발하고 있다. 센서 기술, 소프트웨어, 서비스 및 IoT 클라우드를 포함한 자사의 전문성을 활용해 고객들에게 연결되고 통합적인 솔루션을 제공하고 있다. 지속 가능하고 안전하며 즐거운 모빌리티 비전을 포함하여 연결된 생활을 가능하게 하고 삶의 질을 향상시키기 위한 제품 및 솔루션 개발에 중점을 두고 있다.

2012년에 전 보쉬 CEO인 볼크마르 데너Volkmar Denner가 취임하면서 디지털 트랜스포메이션이 보쉬의 미래 성공에 필수적임을 인식했다. 독일에 IoT 연구소를 설립하면서 Bosch의 디지털 트랜스포메이션을 본격적으로 추진하였다.

마이크 만수에티Mike Mansuetti 보쉬 북미 사장은 "초기에는 디지털 트랜스포메이션이 많은 이들에게 두려움의 대상이었으며 IoT가 무엇을 의미하는지 사람들이 잘 몰랐기 때문에, 회사가 디지털 분야에서 어떻게 발전할 것인지를 명확히 하고 모두를 이 변화의 여정에 참여시키는 것이 매우 중요했다"라고 말했다.

보쉬는 4차 산업혁명의 선구자로서 인더스트리 4.0Industry 4.0의 실현을 위한 중추적인 역할을 수행했다. 인더스트리 4.0 실무 그룹은 2012년 10월 독일 연방정부에 제조기술 및 기계공학 분야에서 독일이 글로벌 경쟁력을 유지할 수 있는 방안을 제안했다. 보쉬는 데이터를 지식으로, 그리고 지식을 고객가치로 전환하는 전략을 추구하면서 기술적 잠재력을 활용하여 비즈니스 모델을 혁신하였다. 보쉬는 이미 제조 운영에 연결 소프트웨어를 사용해 산업 공정을 위한 자체 솔루션도 개발하였다.

● 보쉬 인더스트리 4.0 (출처: 보쉬)

2014년에는 세계 최초로 추가 보호 하우징Housing 없이 인간과 나란히 작업할 수 있는 협력형 로봇인 아파스APAS를 출시해 기계 공급, 팔레타이징Palletizing, 조립 등을 최단 시간 내에 자율적으로 처리할 수 있도록 했다. 2015년에는 전사적 '연결된 산업Connected Industry' 혁신 클러스터에 '연결된 제조Connected manufacturing' 전문지식을 통합하였다. 인더스트리 4.0 전문인력 강화를 위해 직원들의 디지털 교육도 확대했다. 2016년에는 IoT 지원산업 제어를 통해 기존 기술을 인더스트리 4.0에 맞게 업데이트하였다.

2017년 아파스 워크스테이션Workstation을 통해 사람과 기계가 나란히 작업하는 작업장을 구축했다. 2018년에는 연결된 산업을 위한 새로운 운영 단위를 설립하며 소프트웨어 및 서비스를 통합했다. 2019년에는 독일 전역에서 인더스트리 4.0 기술 세트에 맞춘 직업 훈련 프로그램을 시작했으며, CtrlX AUTOMATION 소프트웨어 솔루션을 통해 제조 및 기계의 스마트화를 진행했다.

2020년에는 5G 캠퍼스 네트워크를 통해 보쉬 공장에서의 실시간 혁신을 가속화했다. 전 세계 100개가 넘는 공장에 자체 인더스트리 4.0 포트폴리오의 일부인 에너지 플랫폼을 활용해, 지능형 알고리즘이 에너지 소비를 예측하고 최대 부하를 방지하며 에너지 소비 편차를 줄이도록 하고 있다. 2021년에는 보쉬 AI 센터BCAI가 제조 과정의 이상 징후와 오작동을 조기에 감지하고 해결할 수 있는 AI 기반 시스템을 개발하여 약 50개 공장, 800개 생산라인에서 생산을 지원하고 있다. 2021년에는 세계경제포럼World Economic Forum이 보쉬 공장을 인더스트리 4.0 등대 프로젝트로 선정해 보쉬가 디지털화된 제조 및 물류를 통해 효율성과 품질을 향상시킬 수 있는 모범사례가 되었다.

보쉬는 인더스트리 4.0 기술의 선구자로서 제조 및 물류를 주도하기 위하여 다양한 기술과 전략을 적극적으로 개발하고 있으며, 개인 맞춤형 제조와 유연한 생산 방식을 가능하게 하는 미래의 공장을 구현하기 위한 2가지 핵심전략을 기반으로 디지털 트랜스포메이션 전략을 추진하고 있다.[53]

첫 번째는 사람, 자재, 설비, 그리고 데이터의 통합적 연결을 통해 제조뿐만 아니라 물류, 엔지니어링, 제품 공급을 아우르는 전반적인 가치 흐름을 확장하는 것이다. 인더스트리 4.0 솔루션을 통해 제조업을 더 단순화하고, 효율적이며 유연하게 만드는 것을 목표로 한다. 즉, 디지털화와 네트워킹을 통해 제조 프로세스 전체를 최적화하고, 실시간 데이터 분석을 활용하여 의사결정을 개선하며, 이를 통해 전체 제조 및 공급망의 효율성과 반응성을 극대화하는 것이다.

두 번째는 로보틱스, AI, 5G와 같은 최신 기술을 활용해 다양한 제품과 목적에 능동적으로 대응할 수 있는 유연한 제조 시스템을 구축하는 것이다. '개인화된 최종 소비자의 요구 사항'에 효과적으로 대응하기 위함이다. 이미 현실화된 개인 맞춤형 제품의 요구는 제조업의 새로운 도전이자 기회를 의미한다. 전통적인 제조 방식으로는 이러한 요구 사항을 충족시키기 어려웠지만 인더스트리 4.0 기술을 통해 가능해졌다.

53. 보쉬의 미래 공장 비전, 전자신문(2019.10.31)

2021년 인더스트리 4.0을 도입한 이후 보쉬는 40억 유로가 넘는 매출을 올렸다. 2020년에는 제조 및 물류 분야에서 연결 솔루션을 통해 7억 유로 이상의 수익을 달성했다. 현재 보쉬 공장에는 통합카메라 시스템 및 로봇과 같이 연결 기능을 탑재한 120,000개 이상의 기계와 250,000개 이상의 장치를 보유하고 있으며, 이러한 연결 솔루션은 생산성을 최대 25%까지 향상시키고 있다.

보쉬는 기업문화 혁신, 제조 혁신, 제품 혁신을 중심에 두고 디지털 트랜스포메이션 전략을 추진하고 있다.[54]

기업문화 혁신의 일환으로 '전 직원이 리드하는 보쉬We LEAD Bosch' 라는 모토를 바탕으로, 수평적이고 개방적인 기업문화를 적극적으로 조성하고 있다. 모든 직원이 리더십을 발휘하고, 서로 평등한 위치에서 대화를 나누는 '평등한 대화Dialogue of Equals'를 핵심 원칙으로 삼고 있다.

● 전 직원이 리드하는 보쉬 (출처: 보쉬)

54. 선도적인 IoT 회사로 진화하기 위한 보쉬그룹의 디지털 트랜스포메이션, 한국생산관리학회 학술대회 논문집(2019)

보쉬는 직원들의 기술 향상이나 재교육을 위해 공식적인 교육 프로그램을 제공하는 한편, 직원들의 자발적인 추진력과 주도성을 발전시킬 수 있도록 멘토링 방식을 효과적으로 활용하고 있다. 변화를 지시하고 오랜 기간에 걸쳐 수천 명의 직원을 재교육하려고 하기보다는, 데이터로 가능한 것이 무엇인지 보여줌으로써 직원들이 스스로 가치를 발견하고 확인하도록 하고 있다. 개인의 작은 성공 사례들이 더 큰 성공으로 이어질 수 있으며, 이러한 초기 추진력이 조직 전체에 긍정적인 영향을 미치도록 하고 있다.

보쉬는 여러 기능부서의 팀원들이 하나의 목표를 달성하기 위해 재구성될 수 있는 네트워크 조직을 적용하고 있다. 각각의 프로젝트나 목표에 따라 유연하게 팀을 구성하여 더욱 효과적이고 신속한 의사결정과 실행을 가능하게 했다. 이는 조직 내의 장벽을 허물고 다양한 전문지식과 경험을 공유함으로써 혁신을 촉진한다.

직원들의 창의적 아이디어를 사업화할 수 있는 기회를 제공해 내부 창업을 장려하고 있다. 이를 통해 보쉬는 지속적인 혁신을 추구하며, 직원들이 자신의 아이디어를 실현할 수 있는 환경을 마련해준다. 직원들은 자신의 아이디어가 회사의 새로운 사업 방향이나 제품 개발에 직접적으로 기여할 수 있음을 알고 더욱 적극적으로 참여하고 있다.

보쉬는 평등한 소통과 협업을 촉진하기 위해 창의적이고 유연한 근무 공간을 조성하고 있다. 직원들이 서로 자유롭게 아이디어를 교환하고 협업을 통해 문제를 해결할 수 있는 환경을 제공한다. 개방된 공간 구성, 유연한 근무 조건, 다양한 협업 도구의 제공으로 직원들은 더욱 창의적이고 생산적으로 일할 수 있다.

보쉬의 기업문화 혁신은 직원들이 자신의 역량을 최대한 발휘하고 서로 협력하여 회사의 성장과 혁신에 기여할 수 있는 환경을 조성하는 데 중점을 두고 있다.

제조 혁신은 센서에서 클라우드에 이르기까지, 주문부터 엔지니어링 및 서비스에 이르는 전 과정을 디지털화하고 연결하는 것을 목표로 하는 '가치 흐름 전반의 연결Connected Value Stream' 전략을 추진하고 있다. 부품부터 제품까지, 그리고 작업자부터 최종 사용자에 이르기까지 모든 단계를 포괄한다. 또한, 개인화된 고객 요구에 대응할 수 있는 유연한 생산 시스템을 통해 '미래 공장Factory of the Future'의 비전을 구현하기 위해 노력하고 있다. 고도화된 기술을 활용하여 다양한 고객의 요구에 맞

● 가치 흐름 전반의 연결 (출처: 보쉬)

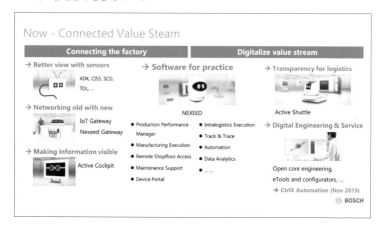

춤화된 제품을 제공할 수 있는 생산 시스템을 목표로 한다.

보쉬는 인더스트리 4.0의 잠재력을 초기부터 인식하여 제조 및 물류의 디지털화에 앞장서 왔다. 2012년부터 전사적으로 제조혁신 전략으로 인더스트리 4.0을 채택하고, 그룹 내 280개 공장과 700여 개 물류창고에서 이를 적용하는 양면전략을 추진해 왔다. 이 전략은 보쉬가 자체 제조 활동에서 얻은 전문성과 산업용 솔루션 제공업체로서의 핵심 역량을 결합해 인더스트리 4.0의 선도적 사용자이자 공급자로서의 역할을 수행하도록 했다.

보쉬는 개인 맞춤형 제품 제조와 관련하여 비용 절감, 품질 안정, 유연성 향상 및 새로운 비즈니스 모델을 통한 고객가치 향상을 주요 도전 과제로 설정했다. 이를 위해 2018년에는 제조혁신의 미래 비전을 '미래의 공장'으로 정의했다. 이 비전은 고정된 제조 라인을 벗어나 유연하고 다재다능한 제조 시스템을 통해 개인화된 고객 요구사항을 충족하는 생산 방식을 지향한다. 미래의 공장에서는 모든 것이 유연하게 움직이며 설비와 자재는 무선으로 연결되고 전력 공급을 받는다.

이러한 미래 공장의 구현을 위한 핵심 구성요소로는 로보틱스, AI, 통신 표준 등이 있다. 보쉬는 협업 로봇을 포함한 지능형 설비를 활용하여 작업 현장에서의 유연성과 효율성을 극대화하고 있다. 협업 로봇은 작업자와 안전하게 공동 작업할 수 있으며 단조로운 작업이나 인체 공학적으로 어려운 작업을 수행하면서 작업자를 지원한다.

5G 통신기술은 미래의 공장에서 핵심적인 역할을 하고 있다. 5G는

이전 세대 통신기술보다 훨씬 높은 데이터 전송 속도와 안정성, 그리고 최소한의 지연 시간을 제공한다. 이를 통해 공장 내의 다양한 장비와 시스템이 실시간으로 효과적으로 연결되어 고도의 유연성과 효율성을 갖춘 생산 시스템이 가능해진다. 보쉬는 5G 기술을 미래 공장의 중추 신경계로 보고 이에 대한 준비를 적극적으로 진행하고 있다.

보쉬는 제품 혁신을 통해 기존의 물리적 제품을 넘어서 디지털 제품과 서비스From Physical Product to Digital Service로의 전환을 추진하며 디지털 시장의 새로운 생태계에서 자신의 위치를 재정의하고 있다. 단순한 오프라인 제조업체에서 벗어나 실질적인 디지털 플레이어Digital Player로서의 역할을 수행할 수 있는 능력을 갖추는 것을 목표로 하고 있다.

제품은 물리적 제품에 디지털 기능과 연결성을 통합하여 사용자가 디지털 인터페이스를 통해 제품을 더 효율적으로 사용하고 관리할 수 있도록 하고 있다. 이를 통해 제품의 사용 가치를 높이고 새로운 사용자 경험을 제공한다. 제품과 함께 제공되는 디지털 서비스는 사용자의 요구를 충족시키는 맞춤형 솔루션을 제공해 제품의 기능을 확장하고, 지속적인 가치를 제공해 제품 수명 주기를 높여준다.

데이터 활용에 있어서는 제품과 서비스에서 생성되는 데이터를 사용자의 요구와 행동 패턴을 분석하고, 이를 바탕으로 제품 개선, 맞춤형 서비스 제공, 신규 서비스 개발 등에 활용하고 있다. 데이터 분석을 통한 인사이트는 보쉬가 디지털 시장에서 경쟁 우위를 확보하는 데 중요한 역할을 한다.

제품과 서비스를 연결하는 디지털 플랫폼도 구축해 사용자, 개발자, 파트너사 등 다양한 이해관계자가 참여하는 생태계를 조성하고 있다. 플랫폼은 새로운 비즈니스 모델의 기반을 마련하고 사용자에게 더욱 풍부한 가치를 제공한다.

보쉬는 전통적인 제조업의 한계를 넘어서 디지털 혁신을 통해 오프라인에서 온라인으로, 물리적 제품에서 디지털 서비스 기업으로 진화를 하고 있다.

드레멜은 조각, 공예, 제작, 목공, 튜닝 등 다양한 환경에서 손으로 무엇인가를 만들고 고치고 수리하는 이들이 애용하는 도구다. 보쉬의 '드레멜 8260'은 최초의 디지털 연결 제품으로 드레멜 앱을 통해 사용자가 도구를 쉽게 효과적으로 모니터링하고 원하는 작업을 수행할 수 있게 하였다.

사용자는 스마트폰 앱을 통해 도구의 상태를 모니터링하고 배터리 수명, 과열 경고 등의 다양한 정보를 실시간으로 확인할 수 있다. 또한 앱은 사용자에게 적합한 액세서리 선택과 속도 조정 등 작업 가이드를 제공하여 다양한 환경에서의 조각, 공예, 제작 작업을 보다 효과적으로 수행할 수 있다.

보쉬는 산업용 운송 장비의 안전성과 조작성을 획기적으로 개선할 수 있는 멀티카메라 운행 보조 및 충돌 경고 시스템을 출시했다. 지게차와 같은 산업용 차량에 최적화되어 있으며 4개의 소형 근거리 카메라와 중앙 제어장치로 구성되어 있다. 카메라는 지게차의 상단부에 설치되어 360도 전 방향을 모니터링할 수 있으며, 촬영한 영상을 디스플레이를 통해 운전자에게 제공한다. 이를 통해 운전자는 차량의 사각지대를 확인할 수 있어 안전하게 운전과 작업을 수행할 수 있다.

멀티 카메라 시스템은 작업 반경 내의 작업자나 장애물을 감지하고 필요시 충돌 경고 신호를 보내는 기능을 통해 작업 현장의 안전을 대폭 강화했다. 다양한 산업용 운반 차량에 적용 가능하며, 특히 좁은 공간에서 장시간 이동하고 작업해야 하는 차량에 효과적이다.

보쉬는 2026년까지 디지털 트랜스포메이션 가속화를 위해 100억 유로를 투자할 계획이다. 이 중 3분의 2는 지속 가능성, 모빌리티, 그리고 인더스트리 4.0에 중점을 두고 혁신적인 신기술을 개발할 예정이다. 보쉬 이사회 의장인 스테판 하텅Stefan Hartung은 "보쉬에게 디지털화는 비즈니스의 모든 영역에서 중요한 기회를 제공한다. 혁신적인 기술뿐만 아니라 직원들의 직무 교육과 전문성 강화에도 투자할 것이다. 왜냐하면 그것이 현재와 미래 모두 '생활을 위한 발명'의 핵심이기 때문이다"라고 말했다.

AI와 사물인터넷을 결합하여 AIoT를 주도하다

보쉬는 개발 초기 단계부터 제조 과정에 이르기까지 모든 제품과 서비스에 AI 기술을 적용하고 있다. 현재 보쉬가 집중하고 있는 분야는 AI와 사물인터넷IoT을 결합한 'AIoT'이다. 보쉬는 '유익한 AI, 함께 구축하는

● 보쉬 AI 비전 (출처: 보쉬)

신뢰Beneficial AI. Building Trust Together'라는 슬로건을 기반으로 AI와 IoT를 통해 삶을 최대한 편리하고 더욱 안전하게 만드는 것을 목표로 기술 및 서비스를 개발하고 있다.

이러한 보쉬의 AI와 커넥티비티Connectivity의 AIoT 비전을 잘 보여주는 게 사운드씨SoundSee 센서 시스템이다. 2019년 말부터 보쉬의 사운드씨 센서 시스템은 우주를 항해하면서 ISS에서의 이상 소음을 감지하고, AI 알고리즘을 사용해 이를 분석하여 정비 필요 여부를 알려주고 있다. 현재 보쉬는 미국 피츠버그에 위치한 비영리 헬스케어 회사 하이마크Highmark와 함께 이 기술의 실용적 적용을 추진하고 있으며, 오디오 AIaudio AI가 소아 의학에서 어떻게 진단 툴로 사용될 수 있는지 연구하고 있다.

최고 디지털 책임자CDO인 타냐 뤼케르트Tanja Rückert는 보쉬가 IoT

와 AI의 연결에 중점을 두고 있다는 것을 강조하며 "우리는 고객들의 혜택을 높이기 위해 체계적으로 핵심 비즈니스를 디지털화하고 있다. 앞으로 모든 디지털 제품의 판매도 서비스 기반 매출로 변환하는 것을 목표로 하고 있다"라고 말했다.

보쉬는 매년 소프트웨어 개발에 37억 유로를 투자해 2018년부터 1,000개 이상의 AI 발명품에 대한 특허 출원을 제출하여 유럽 최고의 AI 특허 신청자 중 하나가 되었다. 현재 3만 명의 소프트웨어 엔지니어를 보유하고 있으며 1,000명의 직원들이 AI에 종사하고 있다.

제조 공장 혁신과 제품 및 서비스 솔루션 개발을 위한 AI 연구개발R&D 강화를 목표로 2017년에 미국 캘리포니아주 써니베일, 펜실베이니아주 피츠버그 등 전 세계 7개 도시에서 'AI 센터Bosch Center for Artificial Intelligence: BCAI'를 운영하고 있다. 글로벌 인재 풀을 활용하여 AI 분야의 최고 인재를 채용하고 가우시안 프로세스Gaussian process 기반 모델링, 강화 학습을 통한 제어 최적화, 대규모 딥러닝 등을 통해 차별화된 AI 솔루션을 개발하고 있다.

현재 보쉬 AI 센터의 250여 명의 AI 전문가들은 빅데이터와 AI를 활용하여 제조, 모빌리티, 소비재, 에너지 및 건축 기술, 농업 등 다양한 분야에서 150개 이상의 프로젝트를 수행하고 있다. AI의 도움으로 연결되고 디지털화된 세상을 한 단계 더 발전시켜 사람들의 삶을 더 쉽고 안전하며 편안하게 만드는 것을 목표로 하고 있다.

AI 센터는 데이터 전문가, 소프트웨어 전문가 및 산업별 도메인 전

● 보쉬 AI 센터 (출처: 보쉬)

문가로 구성된 다기능팀이 협력하여 전 세계 230개 이상의 공장에서 수집된 방대한 양의 데이터를 활용하고 있다. 제품과 서비스에 빅데이터와 머신러닝을 적용하여 안전하고 강력하며 설명 가능한 AI 솔루션을 만들기 위해 노력하고 있다.

AI 센터는 보쉬의 전 비즈니스 부문에 스마트Smart, 연결Connected, 자율Autonomous을 강화해 공급망을 최적화하고, 보쉬 제품의 품질을 개선하여 비용을 절감할 수 있는 AI 솔루션을 개발하고 있다.

보쉬의 수백만 개의 제품이 생산되는 수천 개의 조립라인을 갖춘 수백 개의 제조 공장에서 시뮬레이션, 테스트, 현장 운영, 엔지니어링 설계 프로세스 등 다양한 단계에서 데이터를 생성하고 수집하고 있다. 공장에서 수집된 데이터는 딥러닝, 머신러닝 및 고급 데이터 분석 기술을 활용해 보쉬 제품에 적용하고 있다. 제조 공정의 자동화, 이상 탐지, 근본 원인 분석 및 생산 일정 관리 등 다양한 분야에서 활용되어 품질을 개선하고 비용을 절감하며 고객 만족도를 높이고 있다.

AI 센터는 인더스트리 4.0을 강화하기 위하여 제조 운영을 디지털화하고 연결하여 생산성을 증대시키고 있다. 제조현장에서는 AI를 활용해 비용을 최적화하고, 예측 유지보수를 통해 가동 중지 시간을 줄이는 솔루션을 제공한다.

AI와 머신러닝 기술을 활용해 차량 진단, 예측 유지 관리 및 대규모 시뮬레이션과 같은 다양한 응용 프로그램을 지원하며, 보쉬 분석 CoE^{Bosch Analytics Center of Excellence}는 이러한 최신 기술을 활용하여 고객이 활용 가능한 비즈니스 결과를 얻을 수 있도록 지원하고 있다.

공급망 관리에서 AI 센터는 재고관리, 수요예측, 포장 크기 최적화를 포함한 다양한 문제를 해결하여 운영을 간소화하고, 제품의 적시 배송을 보장할 수 있도록 하고 있다.

보쉬 AI 센터에서 개발한 AI 분석 플랫폼은 이미 8개 사업부와 1,500개 이상의 생산라인에서 활용되고 있다. 품질 문제를 정밀하게 식별하고 생산 과정을 지속적으로 개선하기 위해 대규모 데이터를 분석하는 데 중요한 역할을 하고 있다. COLLIE^{Collective Intelligence Excellence} 프로젝트는 다른 AI 애플리케이션과 함께 전문지식과 데이터를 효과적으로 결합하여 활용할 수 있도록 하였다. 이를 통해, 독일 블라이카흐에 위치한 보쉬 공장의 레이저 용접기를 빠르게 개발하고 테스트할 수 있었다. 또한, 스마트 아이템 피킹^{Smart Item Picking}과 같은 지능형 그리핑^{Gripping}

물류 로봇과 딥인스펙트DeepInspect와 같은 AI 기반 조립 지원 시스템을 개발하여 물류현장에서 생산성을 증대시킬 수 있도록 지원하고 있다.

조직 내 다양한 AI 교육 프로그램을 운영해 직원들의 AI 활용 강화와 전문인력을 육성하고 있다. 보쉬 이사회 멤버 미하엘 볼레Michael Bolle는 "보쉬는 향후 2년 동안 약 2만 명의 직원들을 AI에 능통하도록 교육할 예정이다. 보쉬는 AIArtificial Intelligence에 투자하는 것뿐만 아니라 인적 지능Human Intelligence에도 투자를 해야 한다"라고 인력육성을 강조했다.

보쉬의 교육 프로그램은 관리자, 엔지니어, AI 개발자를 위한 3단계의 교육체계 이외에도 책임감 있는 AI 사용을 위한 가이드라인도 함께 교육을 진행하고 있다. 최근에는 생성형 AI 내용도 추가했다. 2019년 30,000명의 직원에게 AI 주제에 대한 최신 정보를 제공하는 것을 목표로 하는 교육 프로그램을 시작해 현재까지 약 28,000명의 직원이 프로그램에 참여했다.

더불어 AI 핵심인재 확보를 위한 R&D 연구기관, 대학교, 스타트업, IT 관련 기업들과의 생태계 구축을 위한 전문역량센터 투자도 활발히 진행하고 있다.

보쉬는 독일 튀빙겐Tübingen에 새로운 AI 캠퍼스 건립을 위해 1억 유로를 투자하고 있다. 이 시설은 700여 명의 AI 전문가들에게 창의적이고 생산적인 교류를 위한 공간으로 제공된다. 이들은 보쉬, 외부 스타트업, 공공 연구기관들에 소속된 전문가들이다. 신규 캠퍼스는 사이버밸리Cyber Valley 전문가들의 교류를 강화하는 데 기여하고 있다. 보쉬는

2016년 설립된 사이버 밸리의 창립 멤버다. 이 합작 연구 벤처는 산업, 학계, 정부의 파트너들이 모여 AI 연구에 매진하고 연구 결과를 빠르게 산업 현장에 적용하고 있다.

보쉬는 자체적으로 AI 보안 및 윤리에 대한 AI 원칙을 수립했다. AI 원칙을 전문성과 결합하여 고객사와 파트너사들과 함께 신뢰를 구축해 나가고 있다. 마이크 맨수에티 Mike Mansuetti 보쉬 북미법인 사장은 "기업은 민감한 데이터를 다룰 때 책임감 있게 행동해야 한다. 기술 발전도 좋지만 이로 인해 발생 되는 경제적, 환경적 영향도 고려해야 한다. 보쉬는 높은 수준의 기술력과 신뢰를 갖춘 AI를 구축하고, 신뢰를 쌓기 위해 파트너사들과 협력해 나가고 있다"라며 R&D 과정에서의 책임감 있는 행동이 필요하다고 조언했다.

보쉬의 이러한 노력은 2025년부터 모든 보쉬 솔루션과 제품을 AI와 통합하거나 AI 기술을 사용해 개발 또는 생산하겠다는 목표를 당초 예상보다 2년 앞당겨 2023년에 달성하는 성과를 얻었다.

생성형 AI 활용 제조 공정 개선 및 고객경험 강화

보쉬는 생성형 AI를 활용해 직원 및 고객경험 강화뿐만 아니라 현장에서 제조 공정을 개선하기 위한 방안으로 활용하고 있다. 보쉬 최고 디지털 책임자인 타냐 뤼케르트는 "생성형 AI는 혁신을 촉진한다. 이는 컴퓨터의 발명과 거의 같은 방식으로 산업을 변화시킬 수 있다"라고 생성형 AI의 중요성을 강조했다.

보쉬는 생성형 AI 전략에 있어 하이브리드 방식으로 접근하고 있다. 오픈소스 활용뿐만 아니라 주요 AI 클라우드 회사들과 협력하여 기술을 개발하고 있으며, 업무에 필요한 지식 및 제조 공정 관리를 위한 전략적 영역에서는 자체 도메인 특화 모델을 구축하여 사용하고 있다.

생성형 AI 활용을 강화하기 위하여 보쉬는 마이크로소프트, AWS, 구글 같은 회사와 파트너십을 맺고 있다. 보쉬는 마이크로소프트와의 협력을 통해 자율주행 기능의 성능을 향상시키고 있다. 차량 및 자동차 관련 AI에 관한 보쉬의 전문지식과 차량 센서 데이터를 결합하여 생성형 AI를 활용해 차량 내 편의성과 안전성을 높이는데 핵심적인 역할을 할 것으로 기대하고 있다.

또한, 생성형 AI 스타트업 알레프 알파Aleph Alpha에도 투자하여 기술 개발을 진행하고 있다. 그 결과물로 보쉬와 알레프 알파는 자동차 제조사를 위한 AI 기반 음성인식 기술을 개발했다. 방어, 억양, 기분을 포함한 자연스러운 언어를 이해하여 고객의 요청을 신속하게 처리할 수 있는 챗봇을 구현하였다. 고객의 단순한 질문의 40%를 자동응답으로 즉시 처리해 고객의 대기시간을 줄였으며, 보다 복잡한 문의일 경우 챗봇이 모든 필요한 정보를 콜센터 담당자에게 바로 전달하여 문제를 해결할 수 있도록 했다.

일상적인 자료 검색부터 제조 현장까지 생성형 AI는 이미 보쉬의 여러 업무 분야에 활용되고 있다. 직원들의 업무 지원을 위해 'BoschGPT'라는 AI 기반 언어모델을 개발하여 수천 페이지에 달하는 매뉴얼을 일일이 찾아봐야 하는 사항을 질의하면 즉시 필요한 정보 및 답변을 얻을 수 있다.

2023년 말에 출시된 사내 AI 지원 검색엔진인 'AskBosch'를 활용해 업무에 필요한 다양한 자료를 손쉽게 검색할 수 있도록 하고 있다. 외부에서 사용 가능한 데이터 외에도 AskBosch에는 내부 인트라넷 데이터 소스도 함께 포함되어 직원들이 회사 업무 관련 정보와 자료를 빠르게 찾을 수 있다.

보쉬는 제조업에서 생성형 AI와 파운데이션 모델Foundation model을 활용해 제조 현장에서 복잡한 제조 시스템의 운영과 수리 과정을 더 빠르고 효과적으로 진행할 수 있는 실험을 하고 있다.[55]

독일 보쉬 공장 2곳에서 진행된 초기 프로젝트에서 생성형 AI는 광학 검사용 AI 솔루션을 개발 및 확장하고 기존 AI 모델을 최적화하기 위해 합성 이미지를 생성하였다. 보쉬는 이를 통해 AI 애플리케이션을 계획, 출시, 확장하는 데 필요한 시간이 현재 6~12개월에서 단 몇 주로 단축될 것으로 기대하고 있다. 성공적인 시범 운영에 이어 합성 데이터Synthetic data 생성을 위한 이 서비스는 보쉬의 전 사업장에 제공될 예정이다.

보쉬 그룹 회장 스테판 하퉁 박사Dr. Stefan Hartung는 "보쉬 전체 공장 중 거의 절반이 이미 제조 작업에 AI를 사용하고 있다. 생성형 AI의 도움으로 기존 AI 솔루션을 개선할 뿐만 아니라 글로벌 제조망에서 이 미래 기술을 최적으로 활용하기 위한 기반을 마련하고 있다"라고 말했다.

---

55. Bosch to use generative AI in manufacturing, Bosch(2024.01.04)

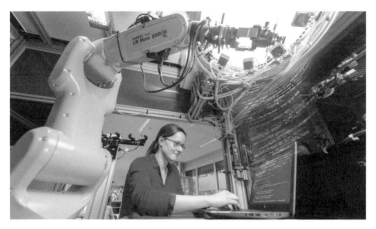

● 보쉬 제조 현장 생성형 AI 활용 (출처: 보쉬)

보쉬 파일럿 공장에서는 이미 생산 일정 관리, 모니터링, 제어에 생성형 AI를 사용하고 있다. 예를 들어 힐데스하임 공장에서는 AI 기반 데이터 분석을 통해 신규 라인의 생산량을 늘리는 동안 사이클 타임을 15% 단축했다. 슈투트가르트-포이어바흐 Stuttgart-Feuerbach 공장에서는 생성형 AI를 활용해 부품 테스트 프로세스를 3분 30초에서 3분으로 단축했다.

보쉬 최고 디지털 책임자인 타냐 뤼케르트는 "생성형 AI를 통해 우리는 AI의 진화와 현대 제조업을 새로운 수준으로 발전시키는 다음 단계를 밟고 있다"라고 말했다.

이 과정에서 보쉬는 자체 전문성을 바탕으로 생성형 AI용 소프트웨어 모델을 보쉬 연구소에서 개발하여 현재 보쉬 공장의 현장에 구현하고 있다. 한 공장에서는 전기 모터 생산 시 구리선 용접부를 안정적으로 검사하기 위해 합성 이미지를 생성하는 AI 방식을 사용하고 있으며, 또 다른 공장에서는 고압 펌프의 품질 보증에 중점을 두고 있다.

포이어바흐 공장은 이전에 연료 분사 부품을 수작업으로 검사했다. 제품의 특성과 복잡성, 생산라인 구조의 차이로 인해 룰Rule 기반 검사나 AI 지원 광학 검사가 불가능했다. 보쉬는 새로운 접근 방식으로 제품의 변형과 오류 패턴을 인식하고 생산 공정의 다양한 배열과 순서를 고려하는 확장 가능한 생성형 AI를 활용했다. 보쉬 연구팀의 제조 네트워크 대규모 데이터 세트를 기반으로 한 파운데이션 모델을 활용해 개발했다. 생성된 제품 데이터는 모델을 개선하고 현장 적용에 맞게 맞춤화하는 데 사용된다. 이를 통해 AI는 부품을 독립적으로 검사할 수 있으며, 확실하지 않은 경우에만 육안 검사관에게 사례를 제출하게 된다.

힐데스하임 공장에서는 이미 전기 모터 생산의 첫 번째 표준 시스템에서 합성으로 생성된 이미지가 학습 목적으로 사용되고 있다. 사람의 눈은 인공적으로 생성된 이미지와 실제 이미지를 구별할 수 없다. 이 공장에서는 새로운 접근 방식을 통해 기존 방식보다 프로젝트 기간이 6개월 단축되어 연간 생산성이 수억 유로대로 향상될 것으로 기대하고 있다.

더불어 보쉬 연구팀은 제조 공정의 이상 징후와 오작동을 식별하고 제품 품질을 개선하는 AI 기반 시스템을 개발했다. 이 소프트웨어는 현재 2,000개가 넘는 생산라인이 연결된 약 50개의 보쉬 공장에서 사용되고 있다. 많은 보쉬 공장에서는 부품의 광학 검사에도 AI를 사용한다.

20개가 넘는 공장에서 보쉬의 특수 목적 기계 부서에서 설계한 솔루션인 머신 비전Machine Vision AI를 사용하여 표면의 긁힘, 칩핑, 용접 이음새의 결함 등 식별하기 어려운 특징을 검출하고 있다.

다양한 산업 분야에 적용 가능한 산업용 AI 개발

보쉬는 AIoT를 구현하기 위하여 기존 제조 공장 이외에 빌딩 및 모빌리티 등 다양한 분야에 AI와 커넥티비티Connectivity를 적용한 산업용 AI 제품들을 개발하고 있다. 보쉬는 미래에 산업용 AI가 자사의 핵심 전문 분야 중 하나가 될 것으로 보고 있다. 미하엘 볼레Michael Bolle는 "보쉬는 AI의 힘을 인간 행태 모델 개발의 목적이 아닌 인류에게 유익한 기술을 개선하기 위해 활용하고자 한다. 이러한 이유에서 산업용 AI는 안전하고 우수하며 설명 가능하여야 한다"라고 말했다.

모빌리티 분야에서 AI는 운전자 조력 시스템Driver assistance systems ; DAS을 보다 효율적이고 지능적으로 만들어 줄 수 있다. 보쉬의 자율주행 차량용 AI 카메라가 부분적으로 안 보이는 보행자를 감지하면 자동 긴급 제동 장치Automatic emergency braking assistant는 더욱 안정적으로 작동할 수 있다.

보쉬는 '생활 속의 기술Invented for Life'을 구현하는 머신러닝 기술을 개발하고 있다. 보쉬의 새로운 차량용 실내 모니터링 시스템은 AI를 활용해 눈꺼풀의 움직임, 시선, 머리 위치 등을 통해 운전자가 나른하거나 스마트폰 보는 것을 감지하고 운전자에게 위험 상황을 경고한다. 또한 차량 내부를 모니터링하여 승객이 몇 명 탑승하고 있으며, 어느 좌석에

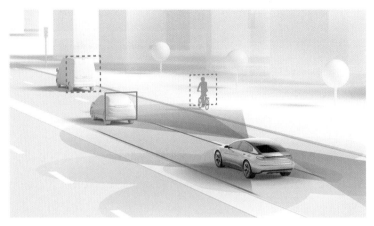

● 보쉬 운전자 조력 시스템 (출처: 보쉬)

어떠한 자세로 앉아 있는지 감지한다. 이는 긴급 상황 시 에어백 등과 같은 안전 시스템 작동의 최적화를 가능하게 해준다.

보쉬는 화학회사인 바스프BASF와 머신러닝을 활용해 분사할 화학 물질의 양과 위치를 제어하는 스마트 스프레이어를 공동 개발했다. 이는 기존 방법에 비해 최대 60~70% 적은 살충제를 적용할 수 있어 농부에게 도움이 되는 동시에 환경도 보호할 수 있다. 또한 보쉬는 AI를 활용해 산불을 조기 감지할 수 있는 기술도 개발했다. 산에 있는 나무들에 화재감지 센서를 장착해 화염을 조기 감지하고 기후를 계속 모니터링해 산불이 발생했을 때 센서 알림을 AI가 분석해 현재 화재가 어디에 발생했고 어느 방향으로 확산되고 있는지의 정보를 관리자에게 제공한다.

의료 분야에서도 보쉬의 AI 기반 기술이 활용되고 있다. 스마트 병리학 플랫폼으로 의료 진단을 지원하는 비바스코프Vivascope는 혈액과 혈

청을 확대해 미세한 물질의 검출을 디지털화하고 AI 적용 알고리즘을 토대로 분석해 세포 이상 징후를 보다 신속하고 빠르게 파악하고 있다.

보쉬는 AI를 국제우주정거장International Space Station, ISS을 위한 예방 정비 애플리케이션으로 범위를 확대해 나가고 있다. 나사NASA의 자율비행 아스트로비Astrobee 로봇에 장착된 사운드씨SoundSee는 국제우주정거장의 이상 소음을 감지하고 AI 기반 애널리틱을 통해 오디오를 분석, 정비의 필요 여부를 알려준다. 또한 나사의 티핑 포인트 프로그램Tipping Point Program의 하나로 보쉬는 AI 기반 인텔리전트 데이터 분석, 무선 커넥티비티 솔루션 분야의 전문성을 기반으로 아스트로보틱Astrobotic, 와이보틱WiBotic, 워싱턴주립대학교University of Washington와 함께 달에서 오퍼레이션되는 작은 로봇을 위한 인텔리전트 조정 및 무선 충전 기술을 연구, 개발하고 있다.

AI로 제조 공정을 개선

보쉬의 드레스덴 공장은 AIoT을 활용하는 첫 번째 보쉬 공장으로, AI를 통해 제조 공정을 지속적으로 개선하고 새로운 인더스트리 4.0 표준을 제시하고 있다.

AI 기술을 활용해 웨이퍼Wafer 제조 공정에서 발생하는 데이터를 분석하고 있다. AI 알고리즘은 제품의 미세한 결함까지 탐지할 수 있는 능력을 가지고 있으며, 이러한 결함은 웨이퍼 표면에 특정한 오류 패턴이 나타나는 문제를 신속히 파악하고 공정의 이탈을 즉각적으로 교정

● 보쉬 드레스덴 AIoT 공장 (출처: 보쉬)

하여 제품의 신뢰성을 보장한다. 이 과정을 통해 제조 공정의 효율성을 향상시키고 반도체 품질을 높이며 공정의 안정성을 강화하고 있다. 또한, AI 알고리즘은 제조 장비나 로봇의 유지보수 및 조정이 필요한 시기를 정확하게 예측할 수 있어 문제가 발생하기 전에 사전에 대응해 공장 운영의 효율성을 높여주고 있다. AI로 약 100대의 기계를 통해 수백 단계의 처리 과정을 거치는 웨이퍼의 생산 일정을 관리해 시간과 비용을 절약할 수 있다.

증강현실AR 기술을 활용하여 작업효율도 높이고 있다. 스마트 AR 안경과 태블릿을 사용해 직원들은 현실 세계 위에 겹쳐진 디지털 정보를 보면서 제조 공장을 관리할 수 있다. 예를 들어 보쉬가 개발한 AR 애플리케이션을 사용해 웨이퍼 공장의 에너지 사용 데이터를 가상으로 볼 수 있어 기계의 탄소 배출을 줄일 방법을 찾을 수 있다.

AIoT 기술을 활용해 제조 공장의 예측 유지 관리도 효율적으로 최적화하고 있다. AI 알고리즘은 수집된 운영 데이터를 분석하여 조기 수리가 필요한 기기를 문제가 발생하기 전에 식별하여 수리할 수 있도록 하고 있다. 또한, 데이터 안경과 증강현실 기술을 활용하여 기계를 원격 유지 관리하고 있다. 일본의 장비 제조 전문가가 실제로 현장을 방문하지 않고도 드레스덴에 위치한 기계의 유지 관리를 할 수 있다. 데이터 안경에 부착된 카메라를 통해 비디오 이미지를 일본으로 전송해 현지의 전문가가 드레스덴의 기술자에게 실시간으로 유지 관리 지침을 제공할 수 있다. 향후에는 AI를 활용해 생산을 시작하기 전에 완전한 가상 프로토타이핑을 개발해 제조 공정을 시뮬레이션할 계획이다.

보쉬는 AI를 활용하여 IoT 전문성을 보완하고, 자율주행 자동차부터 스마트홈에 이르기까지의 다양한 제품과 서비스에 AI를 통합하여 산업용 AI 비즈니스 모델을 혁신하고 있다.

보쉬 그룹의 최고 디지털 책임자 타냐 뤼케르트는 "우리는 AI와 IoT의 결합이 두 기술이 제공하는 사용자 혜택의 장점을 최대한 활용하기 위한 키라고 생각하고 있다. 이런 접근은 새로운 사업 모델 개발을 가능하게 해주는 것은 물론, 우리가 전체적으로 개인과 사회에게 진정한 부가가치를 전달하는 더 나은 제품과 솔루션을 제공할 수 있게 도와준다"라고 말했다.

BBVA,
AI로 금융 플랫폼을 혁신하다

-

-

-

-

-

-

금융업 면허를 가진 IT 솔루션 기업, BBVA

"디지털 시대에 은행의 경쟁사는 더 이상 다른 글로벌 금융기관이 아니다. 혁신적인 아이디어와 기술로 무장한 새롭게 떠오르는 핀테크 업체, 기술 기반 금융서비스 업체 모두 은행의 경쟁 대상이다." 2000년부터 2018년까지 BBVA의 디지털 혁신을 주도한 프란시스코 곤잘레스 Francisco Gonzalez 전 회장이 언론과의 인터뷰에서 한 말이다.

19년간 BBVA의 CEO 및 회장을 맡아온 프란시스코 곤잘레스 회장은 글로벌 금융위기와 스페인 경제의 불황 등 악조건 속에서도 BBVA의 대대적인 혁신을 직접 진두지휘하면서 아날로그 세상에서 디지털 세상으로의 이전을 감행하였다. 그는 2006년 IT 분야 거물들이 참석한 테크포럼에서 BBVA를 21세기 가장 뛰어난 디지털 뱅크로 변신시키겠다고 선언하고 자신의 모든 업무 중에서 디지털 트랜스포메이션을 가장 우선시하겠다고 발표했다.

먼저 2006년에 IT 투자를 확대하고 디지털 트랜스포메이션을 위한 기반을 구축하는 것부터 시작하였다.[56] IT 및 신기술에 대한 투자를 통해 차세대 IT 시스템 플랫폼을 구축하고 글로벌 시장 확대와 채널 시스템 변화에 능동적으로 대응하기 위해 국가별 플랫폼과 채널 시스템이 연계되는 구조로 IT 시스템을 재구축하였다. 디지털 트랜스포메이션을 위한 투자비용도 늘어나 2006년에 12억 유로에서 2013년에는 2배가 넘는 24억 유로를 투자하였다.

디지털 트랜스포메이션 추진을 위한 기반을 갖춘 BBVA는 2014년에 3,000명 이상의 디지털 전문인력으로 구성된 디지털 본부를 신설하여 디지털 트랜스포메이션 거버넌스 체계를 구축하고 핵심 전략을 추진했다. 비즈니스 부서에 IT 전문인력을 배치해 핵심사업 기능 및 프로세스 디지털화를 시작하여 50여 개의 디지털 프로젝트를 추진하였다.

기존 BBVA가 운영하는 대면 및 비대면의 모든 채널에서 고객에게 끊김 없는 금융서비스 이용 및 경험을 제공하고, 더불어 새로운 디지털 상품과 서비스를 출시하였으며, 디지털 플랫폼과 혁신기술을 강화하기 위하여 핀테크 스타트업인 심플Simple, 메디바Madiva 등을 인수하였다.

2017년에는 '기회를 제공하는 은행BBVA Creating Opportunities'이라는 비전하에 5가지 전략을 중심으로 디지털 트랜스포메이션 전략을 추진하고 있다.

첫째, 편리한 고객 맞춤형 솔루션, 계획적 의사결정과 모니터링 툴

---

56. 디지털 금융 혁신의 중심. BBVA, KB금융지주 경영연구소(2017.11.12)

을 제공하여 고객경험의 새로운 기준을 제시하는 것이다. 둘째, 모바일 기반 디지털 채널의 매출을 증대하여 비즈니스 드라이버의 역할을 담당하는 것이다. 셋째, 내부적으로 신규 모델을 개발하고 외부 스타트업과의 연계를 통해 가능성 있는 기업에 투자를 확대한다는 것이다. 넷째, 디지털 기술을 활용하여 프로세스 개선 및 인프라를 통합하여 채널 효율성을 증대시키는 것이다. 다섯째, 각 비즈니스 영역별로 최고의 글로벌 인재를 확보하고 내부 인력을 육성하는 것이다. 디지털 트랜스포메이션 추진으로 금융을 넘어서 고객의 생활과 밀접한 서비스를 제공하고 고객의 삶을 개선시킬 수 있는 기회를 제공하겠다는 것이다.

BBVA는 디지털 트랜스포메이션 전략을 추진하기 위한 거버넌스 조직의 구성 및 역할도 단계별로 발전시켜 나갔다. 초기 디지털 트랜스포메이션 추진 조직은 글로벌 IT 그룹 내 소규모 팀으로 시작됐다. 이 소규모 팀이 디지털 변화와 혁신을 위한 다양한 IT 관련 프로젝트를 수행했으며, 스타트업 및 대학 연구기관과의 프로젝트 협업을 통해 조금씩 조직 내부에 혁신적인 분화를 만들어 나가는 역할을 수행했다. 2011년에는 IT와 별도로 글로벌 은행 사업부 내 독립부서로 혁신 전담팀을 구성하여 결제/지급, 멀티채널, 디지털 전략 등 핵심 비즈니스의 혁신을 주도했으며, 마드리드 이노베이션 센터 설립, 애자일 업무방식 도입, 리빙랩Living Lab 구축 등을 추진하였다. 2014년에 카를로스 토레스 빌라Carlos Torres Vila를 최고 디지털 뱅킹 책임자Chief Digital Banking Officer로 임명하고, 3,000명의 디지털 전문인력으로 구성된 글로벌 디지털 뱅킹 조직을 신설하였다. 디지털 뱅킹 확대를 위한 핵심사업 기능 및 프로세스의 디지털화를 추진하고, 조직 내 데이터 분석 및 활용을 확대하기 위하여 BBVA '데이터&애널리틱스Data & Analytics'를 설립하였다.

디지털 전환을 가속화하기 위하여 2015년에는 디지털 뱅킹 조직을 '디지털 뱅킹 에어리어Digital Banking Area'라는 디지털 이니셔티브 전담조직으로 전환하고 신사업, 고객솔루션, 마케팅 등의 3개 영역으로 구분하여 전략을 추진했다. 글로벌 상품 및 서비스 개발, 인재채용 및 영업지원 등 금융그룹 차원의 핵심 경쟁력 강화를 위해 디지털 상품 및 서비스 개발, 비즈니스 모델 구축, 기업문화 개선, 디지털 마케팅, 소프트웨어, 빅데이터 등 디지털 역량을 확보하는 역할을 담당했다.

BBVA는 디지털 트랜스포메이션 추진 과정에서 내부 조직의 참여와 디지털 혁신문화를 만들기 위해 다양한 노력을 기울였다. 내부 직원들의 아이디어 제안과 참여를 유도하고자 2007년부터 임직원 블로그 'Blogsfera'를 운영하였으며, 내부적으로 원활한 의사소통을 위해 분산된 다양한 채널을 BBVA 글로벌 인트라넷과 구글 메일 플랫폼으로 통합하였다. 내부 직원들이 참여하는 스타트업 경진대회인 오픈 탤런트Open Talent와 해커톤Hackathon 등을 매년 진행하였으며, BBVA 베타테스터 프로그램을 통해 지속적인 시행착오와 개선을 통한 점진적인 혁신을 추구하는 'Test & Learn' 문화를 만들었다. 조직체계 혁신과 프로젝트 추진에 애자일Agile 및 스크럼Scrum 방법론을 도입하여 서비스 기획 및 솔루션 개발 등 전 영역으로 확대하였다.

투자 우선순위 선정을 위하여 BBVA는 주요 의사결정자가 동시에 참여하는 운영위원회Steering Committee를 구성하여 10~12개의 최우선 아이디어에 대한 우선순위를 신속히 결정하는 시스템을 마련했다. 별도의 혁신 예산을 설정하지 않고 기술부서 60~70%, 마케팅 부서 15~20%의 범위 내에서 지역, 기능별 예산 지출의 가이드라인만을 제시하여 고정된 규모가 아닌 프로젝트 우선순위에 따라 유연한 예산 집행이 이루어지도록 하였다.

마침내 프란시스코 곤잘레스 회장은 2015년 스페인 바르셀로나에서 개최된 MWC 콩그레스에서 "이제 BBVA는 더 이상 금융기관이 아니라 소프트웨어 기업이다"라고 전격 선언하였다. 기술 낙관론자인 곤잘레스 회장은 로봇, AI, 대용량 데이터가 금융기관의 일부 작업을 대체하겠지만, 더 나은 작업이 생성될 것이라 생각하고 금융업의 디지털 트랜스포메이션 과정에서 인적자본, 인재관리, 적극적인 고용정책 및 장기 비전에 대한 투자가 필요하다고 말하고 있다.

이러한 디지털 트랜스포메이션 추진으로 이제 BBVA는 전통적인 금융회사가 아니라 핀테크 기업이라고 불러도 손색이 없을 정도다. 2020년 9월 기준 BBVA는 4년 전보다 2배 성장한 3,560만 명의 디지털 고객과 3,280만 명의 모바일 고객을 보유하고 있다. 2022년 스페인에서만 100만 명 이상의 신규 고객을 확보했으며, 이 중 52만 명이 디지털 채널을 통해 가입하였다. 이는 2021년 대비 12.2% 증가한 수치다. 5천만 명 이상이 디지털 채널을 통해 은행과 소통하고 있으며, 매출 10건

중 7건은 디지털 방식으로 이루어진다.

또한, 2022년부터 23년까지 BBVA는 데이터 및 기술 분야 전문가 7,187명을 고용했으며, 2024년에는 2,700명의 테크놀로지 인력을 신규 채용할 계획이다. BBVA가 지난 10년 동안 보여준 디지털 혁신 과정을 살펴보면 금융기관이 아닌 소프트웨어 기업이 되겠다는 디지털 비전과 리더십을 겸비한 최고 경영자 주도의 탑다운(Top Down) 형태의 조직/문화 변혁과 빅데이터 기반의 디지털 기술을 실제 업무에 적용한 기술적 변혁, 그리고 오픈 금융플랫폼 기업으로의 비즈니스 모델 변혁을 통해 탈금융화에 성공한 점을 알 수 있다.

AI로 고객을 위한 혁신 금융 솔루션을 제공하다

은행은 AI를 사용해 고객 행동으로부터 얻은 통찰력을 개인화된 제품 제안 및 추천에 적용할 수 있다. AI 솔루션은 인간보다 훨씬 많은 양의 데이터를 효율적으로 처리하고 평가할 수 있어 은행은 이를 통해 고객 경험을 개선하고 금융상품을 스마트하게 구성할 수 있다.

BBVA는 본격적인 AI 시대를 준비하기 위해 2019년 6월, 그룹 내 AI 역량을 집결한 사내 조직 'BBVA AI 팩토리'를 출범시켰다. 데이터 과학자, AI 개발자 등 수백 명의 직원이 근무하는 AI 팩토리는 AI 솔루션을 다른 부서 및 해외에서 사용할 수 있도록 지원하고 확장하는 업무에 집중하고 있다. 또한 BBVA는 AWS의 분석 및 머신러닝을 활용하여 내부

● BBVA의 AI 역량을 집결한 AI Factory (출처 : BBVA)

프로세스를 혁신하고, 위험 관리를 개선하여 고객을 위한 혁신적인 금
융 솔루션을 제공하기 위해 노력하고 있다.

　이를 위해 아마존 세이지메이커SageMaker는 BBVA AI 팩토리와 기타
데이터 전문 부서의 1,000명 이상의 데이터 과학자들을 위한 머신러닝
모델을 구축하고, 데이터를 보다 효율적으로 분석할 수 있도록 지원하
고 있다. BBVA는 API를 통해 기본 모델을 사용할 수 있는 완전 관리형
서비스인 Amazon Bedrock을 비롯한 AWS의 생성형 AI 기능과 대규
모 언어모델LLM에 액세스하여 첨단 기술의 잠재력을 탐색하고 혁신적
인 금융 솔루션을 개발하고 있다.

데이터를 활용한 상품 및 서비스 개발 확대

BBVA '데이터&애널리틱스Data & Analytics'에서는 BBVA에 축적된 데이터를 외부의 다양한 데이터와 결합하고 데이터 분석의 범위를 다양한 수준으로 '확대/축소'해 데이터 집계를 적용함으로써 이전에는 보이지 못했던 새로운 가치를 창출하고 있다.

데이터&애널리틱스에서 개발한 'RedeX 프로그램'은 대출신청 고객을 대상으로 하는 위험성 평가Risk Assessment 프로세스를 개선하였다. BBVA는 매월 수천 건의 대출신청을 받고 있는데 사회초년생, 신생기업, 외국인 등 신용정보가 부족한 고객의 경우 위험성 평가에 많은 시간이 걸리는 단점이 존재해 왔다.

BBVA의 RedeX 프로그램은 고객의 은행 송금 내역, 인터넷 게시판 활동, 기타 다양한 유형의 데이터 등 고객의 컨텍스트를 종합적으로 탐색함으로써 위험 수준을 평가하고, 이를 통해 의사결정을 내릴 수 있게 도와준다. 이 프로젝트는 〈The Banker〉 매거진이 발표하는 '2017 The Risk Project' 부문 '올해의 기술 프로젝트 상'을 수상하였다.

BBVA는 2017년 9월 24일, BBVA 기존 고객 300만 명을 대상으로 오픈한 개인고객을 위한 무료 금융분석 서비스 'Bconomy'를 선보였다. Bconomy는 소득 및 지출, 저축, 신용카드 연체, 주거 비용, 부채 등 고객의 재무 상태를 파악하고 현재의 잘못된 금융소비 습관을 개선하기 위한 개인화된 서비스를 제공하고 있다.

또한 외부 데이터를 활용하여 해당 고객과 유사한 특성을 보이는

● BBVA의 Bconomy (출처 : BBVA)

사람들과의 사회 및 인구통계학적 비교를 통한 객관화된 평균 수치를 제공하고 있다.

금융 건전성 향상을 위한 금융 조언 서비스 제공

BBVA는 금융 건전성 향상을 위해 맞춤형 금융 조언 서비스를 제공하고 있다. 이 서비스는 고객의 재정 상태를 데이터 과학 기술로 분석하여 개인화된 제안을 제공한다. 고객이 사전 동의한 정보를 바탕으로 개인의 소득, 지출, 부채 등을 분석해 재정 관리, 부채 감소, 저축 증대 등에 관한 조언을 한다.

BBVA의 분석 엔진은 고객의 재정 건전성을 정의하는 데 필요한 일련의 변수를 처리한다. 이 엔진은 고객의 평균 소득, 저축 능력, 재정적 여유 등을 평가하여 개인별 맞춤 제안을 생성한다. 이 과정은 BBVA

AI Factory에서 관리하며, 고객이 최소 12개월 이상 은행과 거래해야 한다.

BBVA는 다양한 내부 팀과 협력하여 이러한 맞춤형 제안을 개발하고 있다. 이들 제안은 '부채', '저축 능력', '금융쿠션', 그리고 '당신의 미래를 위한 계획' 등 네 가지 주요 계획으로 구성된다. 각 계획은 고객의 특정 재정 상황에 따라 활성화되며, 고객은 이러한 제안을 자유롭게 수락하거나 거절할 수 있다.

BBVA는 또한 고객의 일상에서 발생할 수 있는 예상치 못한 재정 상황을 감지하여 적절한 조치를 제안해 지속적인 지원을 제공한다. 이는 고객이 재정적으로 건전한 결정을 내릴 수 있도록 돕는 BBVA의 전략적 우선순위 중 하나다. BBVA는 이 서비스를 스페인에서 시작하여 멕시코를 포함한 다른 국가로 확장하고 있다. 이러한 노력은 개인, 가족, 기업이 예상치 못한 비용을 관리하고 원하는 미래를 설계할 수 있도록 지원하는 것을 목표로 한다.

● BBVA 금융건전성 향상 금융 조언 서비스 (출처 : BBVA)

생성형 AI를 활용한 직원 생산성 향상

BBVA는 생성형 AI 활용에도 적극적이다. 2021년에 오픈AI의 GPT-3를 활용해 고객과 한 명 이상의 은행 직원 간의 유용한 대화 요약을 생성하는 기능을 테스트했다. 온라인 포럼에서 선택된 10개의 대화를 분석하여 직원이 각 대화를 직접 읽고 평가하는 데 소요되는 시간과 노력을 줄이는 것을 목표로 했다. 각 대화의 주요 문제와 질문, 연관된 제품이나 서비스, 제공된 권장 사항이나 답변, 그리고 대화의 완료 상태를 파악했다. BBVA는 소규모 테스트임에도 불구하고 결과가 정확도를 보여 생성형 AI의 잠재력을 확인했다.

2024년 1월에는 전 세계 440명의 직원이 참여하는 데이터랠리 DataRally 경진대회를 개최했다. 대회에 참석한 직원들은 12개의 대규모 언어모델LLM 과제를 수행하면서 정보를 처리하고, 재무 보고서에서 이상 징후를 찾거나, 가상의 고객의 의견을 바탕으로 만족 수준을 파악하고 점수를 매겨 분류하는 등의 과제를 수행했다. BBVA의 데이터 관리자이자 DataRally의 주최자인 조셉 아모로스Josep Amorós는 "참가자의 75%는 이 경험에 매우 만족했고, 95% 이상이 다시 참가할 의향이 있다"고 전했다. 또한 BBVA의 생성형 AI 글로벌 책임자 쿠로 마투라나 Curro Maturana는 "생성형 AI는 앞으로 계속 사용될 것이며, 기업이 내부 프로세스를 혁신하고 여러 국가에 제품과 서비스를 동시에 배포할 수 있는 글로벌 개발 프로젝트를 수용함에 따라 엄청난 잠재력을 가지고 있다"라고 말했다.

BBVA는 머신러닝 및 생성형 AI 기술을 활용하여 개인화된 상품과 서비스를 개발해 고객의 선호 및 상황에 맞는 맞춤형 금융 솔루션을 제공하고 있다. 또한, 내외부의 금융 데이터를 분석하여 내부 직원의 의사결정 및 고객을 지원하는 데 활용하고 있다. AI를 활용하여 전통적인 금융서비스 제공자를 넘어서 AI를 기반으로 한 금융 혁신을 주도하고 있다.

DBS,
세계 최고 수준의 AI 기반 은행으로 트랜스포메이션하다

세계 최고의 디지털 뱅크라는 칭호가 잘 어울리는 싱가포르의 DBS는 기존 오프라인 금융기관이 디지털 뱅크로 전환한 모범 사례로 손꼽힌다. 싱가포르에 본사를 둔 DBS 은행은 급변하는 디지털 환경 속에서 디지털 기술에 익숙한 신세대 고객을 만족시켜야 할 필요성을 인식했다. 2009년부터 DBS의 CEO로 재직 중인 피유시 굽타Piyush Gupta는 간단하지만 강력한 도전 과제를 설정했다. 그것은 바로 더 나은 은행이 아닌 최초의 기술 기반 금융 스타트업이 되는 것이다.

이를 달성하기 위해 최고 경영진은 다른 은행이 아닌 거대 기술 기업에서 영감을 받아, 고객이 복잡하고 어려운 금융에 신경 쓰지 않고도 원하는 서비스를 경험할 수 있도록 "은행은 신경 쓰지 말고 일상생활을 즐기자"로 은행의 슬로건을 정했다. DBS의 CIO인 닐 크로스Neal Cross는 "DBS가 추구하는 디지털 뱅킹은 보이는 것을 보이지 않게 만드는 것으로, 고객이 미처 느끼지 못하는 사이에 금융서비스가 일상생활 속에 스며드는 경지를 의미한다"고 밝힌 바 있다.

DBS 회사명은 'The Development Bank of Singapore'로 싱가포르 정부가 투자한 국책은행이다. 1968년 설립된 DBS는 싱가포르뿐만 아니라 인도, 인도네시아 등 전 세계 18개 국가에 280개 이상의 현지 법인을 보유 중이며, 직원 수가 2만 9,000명에 달하는 거대 금융기관이면서 동시에 세계에서 가장 뛰어난 디지털 뱅크이기도 하다. DBS는 BBVA, 웰스파고Wells Fargo 등 쟁쟁한 경쟁자를 물리치고 유로머니Euromoney가 뽑은 '월드 베스트 디지털뱅크World's Best Digital Bank'에 2016년과 2018년에 선정되었고, 2019년에는 〈더 뱅커The Banker〉가 선정한 '올해의 은행', 〈글로벌 파이낸스Global Finance Magazine〉가 선정한 '세계 최고 은행'에 선정되는 영예도 누렸다.[57]

그렇다면 DBS는 어떻게 세계 최고의 디지털 경쟁력을 확보할 수 있었을까? DBS는 불과 10여 년 전만 해도 사람들로부터 '느려터진 은행'이란 조롱을 받았다. DBS에 처음 부임한 임원이 택시를 타고 DBS 은행으로 가자고 하자 택시 기사는 도착할 때까지 승객에게 DBS에 대한 불평을 쏟아낼 정도였다. 게다가 글로벌 금융위기의 여파로 많은 직원들이 일자리를 잃게 되면서 사내 분위기도 최악에 달했다.

이러한 분위기는 2009년 전 씨티은행 임원인 피유시 굽타가 DBS의 CEO로 취임하면서 반전되었다. DBS의 혁신 스토리는 피유시 굽타에서부터 출발했다고 해도 과언이 아닐 만큼 그의 리더십은 탁월하다

---

57. Becoming more than a bank: Digital transformation at DBS, Mckinsey & Company (2020.1.09)

는 평가를 받고 있다. 굽타 회장은 은행이 디지털 분야를 소홀히 할 경우 알리바바와 같은 테크 기업에 잠식당할 것으로 판단하고 애자일 방식을 도입하여 DBS를 2만 8,000명이 근무하는 금융 스타트업과 같이 유연하고 빠른 조직으로 만들고자 하였다. 굽타 회장은 "금융기관이 AI나 빅데이터와 같은 디지털 기술을 도입하고 기존 데이터 센터를 클라우드 기반으로 바꾼다고 해서 곧바로 디지털 기업이 되는 것은 아니다"라고 단언하면서, "그동안 전통기업의 디지털 전환 작업은 디지털 립스틱Digital lipstick에 불과하다"고 비판했다.

립스틱을 바르고 메이크업만 한다고 아름다워지는 것이 아닌 것처럼 오프라인 은행이 진정한 디지털 뱅크로 전환하기 위해서는 업무방식, 고객경험, 제공 프로세스, 커뮤니케이션, 전략, 조직문화 등 비즈니스 전반에 걸친 모든 것을 바꿀 마음의 준비가 필요하다.

피유시 굽타는 최고혁신책임자Chief Innovation Officer라는 직책을 새롭게 신설하고 '회사의 근간까지 디지털로 탈바꿈하기Become digital to the core', '고객여정에 동참하기Embedding ourselves in the customer's Journey', '2만 2,000개의 스타트업 만들기Creating a 22,000 Start up'와 같은 비전을 제시하고 디지털 트랜스포메이션 전략을 추진하였다.

고객들이 언제 어디서나 자신들이 원하는 다양한 은행 업무를 손쉽게 해결할 수 있도록 인터넷 사이트, 모바일앱 등을 새롭게 정비하였으며, 모든 것이 원활하게 작동될 수 있게 백엔드의 하드웨어와 지원 솔루션 등도 모두 바꾸었다. 또한, 전략을 결정하고 업무를 수행하는 경

● 회사의 근간까지 디지털로 탈바꿈하기 (출처: DBS)

영진과 직원의 일하는 방식, 기업 문화까지 모든 것들을 디지털 대응에 맞게 재구성하였다.

　고객 입장에서 고객이 원하는 서비스를 끊김 없이 제공할 수 있도록 고객여정을 중심으로 서비스를 전면 개편하고 신규 서비스도 추가하였다. 고객여정에 동참하기 위하여 은행 서비스를 '단순하고Simple', '끊김 없이Seamless', '보이지 않게Invisible' 재구성하였다.

　더불어 은행이 일상생활에 스며들어 고객이 필요한 순간에 즉각적으로 고객의 문제를 해결하는 '눈에 보이지 않는 은행'으로의 다양한 생활편의형 서비스도 제공하였다.

　모든 직원이 고객 중심으로 사고하고 혁신을 추진하는 데 있어서 실패를 두려워하지 않고 다양한 아이디어를 시도할 수 있는 스타트업 문화를 만들기 위해 노력하였다. 직원들이 아이디어를 제시하고 소규모 애자일 조직에서 빠르게 프로젝트를 추진할 수 있는 권한을 부여하고, 사내 해커톤 및 스타트업과의 협업 등을 진행하여 기업 문화를 바꿔나갔다.

오프라인 금융이 아닌 디지털 뱅크를 통한 해외 진출을 핵심전략으로 삼고 인도의 디지털 금융시장에도 진출하였다. DBS는 인도 최초의 모바일 뱅크인 digibank를 오픈하고 모바일 지갑은 물론 가상 비서기능까지 갖춘 모바일앱을 인도에서 선보였다. DBS는 또한 2016년 인도와 2017년 인도네시아에서 스마트폰 기반 금융서비스를 시작하였고, 44억 싱가포르 달러(32억 6천만 달러)를 IT 분야에 투자했다.[58]

코로나19는 DBS의 디지털 전환을 더욱 가속화했다. DBS의 모바일 뱅킹 서비스에 가입한 고객은 2020년 6~8월 전년 동기 대비 216%p 증가하였고, 스마트폰을 통한 자산운용 상품 거래도 같은 기간 217%p 증가했다.

● DBS 해커톤 (출처 : DBS)

58. A 7-year digital transformation for this Singapore bank enabled its survival and success in the world's new normal, Business Insider(2020.09.10)

● DBS가 인도에 출시한 모바일 뱅킹 앱 digibank (출처 : DBS)

 DBS는 은행 내 다양한 비즈니스, 지원, 플랫폼 및 지리적 단위뿐만 아니라 최고 경영진과 팀 전체에 걸쳐 새로운 리더십 기술을 구축하기 위해 '트랜스포메이션 스프린트T-Sprints'를 확장했다. 또한 디지털 전환의 성과를 측정할 수 있는 시스템을 구축하고 맥킨지와 함께 디지털 고객 확보, 거래 및 참여의 이점을 정량화하는 디지털 가치 포착 프레임워크를 개발하였다. 이를 통해 기존 고객보다 디지털 고객에게 서비스를 제공했을 때 더 높은 수익, 더 낮은 서비스 비용, 더 높은 자기자본이익률Return on equity; ROE을 투자자들에게 보여줄 수 있게 되었다.

금융 비즈니스 전반에 AI를 이식하고 확산하다

DBS는 '세계 최고 수준의 AI 기반 은행'이라는 비전을 실현하기 위해 비즈니스 전반에 걸쳐 AI를 확산시키고 있다. 이러한 노력의 결과 DBS는 모든 사업부서가 참여한 350개 이상의 AI 사용 사례를 발표했으며,

AI 이니셔티브AI Initiative를 통해 가치를 실현하는 데 걸리는 시간을 기존 12~15개월에서 2~3개월로 단축시켰다. 예를 들어, 소비자 부문에서는 AI가 생성한 조언을 통해 고객의 저축 83%, 투자 4.3배, 보험 가입 2.3배가 증가했으며, 디지털 고객으로부터 얻은 소득은 3배가량 증가하였다. 또한, AI 현금 흐름 모니터링 솔루션이 내장된 신속한 운전 자본Working Capital 대출을 통해 위험 대출의 95%를 예측하고 이를 사전에 예방하였다. AI 이니셔티브를 통해 DBS 은행은 고객이 더 나은 재무 성과를 확보하는 동시에 추가 수익, 비용 절감, 위험 회피를 통해 약 3억 7천만 달러의 경제적 가치를 확보할 수 있었다.

DBS는 AI가 은행 직원과 고객 간의 상호작용을 대체하는 것이 아니라, 직원들의 업무 부담을 줄여 고객에게 차별화된 결과를 제공할 수 있도록 돕는 강력한 코파일럿 역할을 수행한다고 생각하고 있다. 이에 따라 2024년 말까지 싱가포르에서 근무하는 500여 명의 고객 서비스 인력에게 생성형 AI 기반 'CSO Assistant'를 배포할 계획이다. 이 시스템은 고객 문의를 실시간으로 전사, 요약, 추천하여 고객관리 인력이 관련 정보에 빠르게 액세스해 정확하고 시의적절한 답변을 고객에게 제공할 수 있도록 지원한다. DBS는 이를 통해 매월 25만 건 이상의 고객 문의를 보다 효율적이고 효과적으로 관리할 수 있을 것으로 기대하고 있다.

DBS는 세계 최고 수준의 AI 기반 은행이 되기 위해 '프로세스', '기술', '사람'이라는 세 가지 핵심 가치를 중요시하고 있다.

첫째, 프로세스 측면에서는 앨런 튜링의 이름을 딴 'DBS AI 프로토콜ALAN'이라는 시스템을 구축하여 은행 전체에서 800개 이상의 모델과 350개 이상의 사용 사례로 확장하였다. DBS가 특히 주목하는 분야는 위험 관리Risk management와 고객 보호Customer protection에 AI를 활용하는 것으로, 특히 거래 위치가 고객과 일치하지 않는 경우 비정상적인 거래를 실시간으로 고객에게 알려주는 기능을 개발했다. 중소기업의 경우에는 AI 기반 알고리즘 모델을 활용하여 잠재적인 신용 위험이 문제가 되기 전에 이를 식별함으로써 기업이 보다 효과적으로 재무를 관리할 수 있도록 돕고 있다.

둘째, 기술 측면에서는 ADA 플랫폼(AI를 통한 DBS 고도화)을 중심으로 5.3페타바이트 이상의 데이터를 저장하고, 15,000개의 고객 데이터 포인트를 분석하여 고객의 재무 결정을 안내하는 개인화된 넛지Nudge를 생성하는 100개가 넘는 AI 및 머신러닝 알고리즘을 개발했다. DBS는 직원들이 사내 보안이나 환각에 대한 걱정 없이 생성형 AI를 업무에 사용할 수 있도록 자체 구축한 프라이빗 엔터프라이즈 LLM인 'DBS-GPT'를 출시했다. DBS 싱가포르에 근무하는 5,000명 이상의 직원이 DBS-GPT를 사용하고 있으며 점진적으로 은행 전체로 확대할 예정으로, 직원들은 정형 및 비정형 데이터를 통합하여 고객 제안서를 작성하고 고객 포트폴리오를 분석하고 있다.

DBS는 LLM의 취약점인 환각과 같은 문제를 완화하기 위해 비정형 데이터를 벡터화Vectorization하고 검색증강생성Retrieval-Augmented Generation;

RAG을 사용하여 대규모 언어모델의 출력에 소스 자료에 대한 참조가 포함되도록 구성하였다. 또한, 고위 경영진으로 태스크포스를 구성하여 정기적인 회의를 통해 은행의 거버넌스 및 통제 조치, 특히 생성형 AI 이니셔티브와 관련하여 부족한 부분을 파악하고 해결하고 있다.

셋째, 인적 측면에서는 700명의 데이터와 인공지능 전문가로 구성된 조직을 구성하여 지속적인 개선과 혁신의 문화를 조성하고 있다. 빅데이터 및 데이터 분석 기술을 갖춘 미래형 직원을 양성하기 위해 DBS는 초보자부터 데이터 전문가까지 은행 전체의 다양한 지식과 기술 수준을 충족하는 AI 분야 역량 강화를 위한 직원 교육 프로그램을 강화했다. DBS는 직원들의 디지털 역량 강화를 위해 AWS AI 학습 프로그램을 도입하고 AWS와 공동으로 'DBS x AWS Deep Racer League'를 출범시켰다. DBS x AWS Deep Racer League를 통해 DBS의 3,100명의 직

● DBS x AWS Deep Racer League (출처 : DBS)

원들은 자율주행 모델 경주용 자동차를 직접 프로그래밍하여 AI와 머신러닝의 기본 지식을 배우고 가상 레이싱 경기에 참여했다.

DBS는 2021년 1월, 사내 디지털 교육 기관인 'DBS Future Tech Academy'도 오픈했다. 데이터 처리 및 분석, 애플리케이션 보안 교육에 초점을 맞춰 직원들이 외부 산업 전문가들로부터 최신 기술을 훈련받고, 은행의 기술 프로젝트에 교육 내용을 적용했다. 직원들은 다양한 온라인 과정, 워크숍, 커뮤니티 프로그램에서 본인 수준에 맞춰 학습하고, 개선이 필요한 부분을 선택할 수 있다. 이를 통해 9,000명 이상의 DBS 직원이 데이터 및 AI 관련 기술 교육과정을 수강했다.

DBS는 AI 이니셔티브를 지속적으로 확대함에 따라 경제적 효과뿐만 아니라 운영 탄력성이 강화되고 시장 변화와 고객 요구에 대한 적응력이 향상될 것으로 예상하고 있다. 이를 통해 진화하는 금융 사이클에 민첩하게 대응하고 점점 더 역동적인 환경에서 고객에게 효과적으로 서비스를 제공하기 위해 노력하고 있다.

도미노피자,
AI 트랜스포메이션으로 피자 업계를 재편하다

많은 패스트푸드 브랜드 중에서 도미노피자는 디지털 트랜스포메이션의 성공 사례로 꼽히고 있다. 도미노피자는 1960년대에 톰 모나한과 제임스 모나한 형제가 만든 조그마한 동네 피자가게에서 출발했다. 업계 최초로 고객이 있는 곳으로 찾아가는 피자 배달서비스를 도입한 이후 폭발적으로 성장한 도미노피자는 전 세계에 16,000개 매장과 29만 명의 직원을 보유한 글로벌 패스트푸드 업체로 성장했다.

하지만 외적 성장에만 치우친 나머지 가장 중요한 맛과 고객의 신뢰를 잃게 되면서 2000년 이후 어려움을 겪게 되었다. 고객들은 피자가 아니라 마치 딱딱한 종이를 씹는 것처럼 맛이 없다고 도미노피자를 비판했고, 심지어 피자가 아니라 '플라스틱으로 만든 이미테이션'이 아니냐는 비아냥까지 듣게 되었다.

도미노피자의 경영진은 고객의 이러한 비판을 흘려듣지 않고 고심을 거듭하게 된다. 경영진들은 살아남기 위해서는 스스로를 '피자 프랜차이즈 기업'이 아니라 '피자도 파는 e-커머스 기업'으로 업의 개념을 재정의해야 한다고 생각했다.

반전은 2008년부터 시작되었다. 도미노는 고객들은 비판을 수용하면서 맛있는 피자를 만들기 위해 피자 레시피를 전면 수정하였고, 사람들의 다양한 입맛에 맞춰 토핑 등 메뉴를 재구성하는 등 브랜드부터 기업전략, 마케팅, 주문배달 프로세스까지 거의 모든 부분을 리빌딩하기 시작하였다.

도미노피자는 2008년에 '피자 트래커Pizza Tracker' 기술을 통해 고객이 도미노피자 웹사이트를 통해 온라인 주문의 진행 상황을 추적할 수 있게 했다. 이 기술을 통해 도미노피자는 공급망 관리 및 IT와 같은 중앙집중식 서비스를 프랜차이즈로 확장하여 프랜차이즈의 운영을 단순화하고 효과적으로 비용을 관리하게 되었다.

당시 도미노피자가 주목한 점은 주문 방식에 대한 고객들의 불만이었다. 일반적으로 피자를 주문하는 방법은 전화 또는 매장 방문뿐이었다. 물론 홈페이지에서도 주문이 가능했지만 로그인, 토핑 선택, 음료 주문 등 복잡한 단계 때문에 고객의 외면을 받았다. 도미노피자는 고객이 가장 불편해하는 주문방식을 해결하기 위해 고객의 취향과 주소, 결제정보를 포함하고 다양한 디지털 채널과 스마트폰으로 피자를 주문할 수 있는 자체 D2C 플랫폼인 '애니웨어AnyWhere'를 2015년 론칭하였다. 이를 통해 트위터에서 피자를 주문할 수 있는 '트윗투오더Tweet to order'를

● 아마존 알렉사를 활용한 도미노피자 주문 (출처 : 도미노피자)

출시하였으며, 아마존 에코에서 음성으로 피자를 주문할 수 있는 서비스도 제공하고 있다. 재미있는 것은 문자메시지로 피자 아이콘을 보내도 피자를 배달받을 수 있다는 점이다.

특히 '제로클릭Zero Click'은 모바일앱에 별도의 로그인과 주문을 입력할 필요가 없다. 피자가 먹고 싶을 때 도미노피자 모바일앱만 시작하면 가까운 도미노피자 매장에 주문 내용이 전송되고 주문확인이 표시된다. 혹시 모바일앱을 잘못 누르는 실수를 방지하기 위하여 10초의 카운트가 시작되는데, 실수인 경우 버튼을 눌러 타이머를 중지하면 주문이 취소된다.

디지털에 대한 도미노의 노력은 피자 주문과 배달에 대한 장벽을 단순화하여 소비자에 대한 가치를 증가시켰다. 고객이 가장 불편해하는 분야에 집중한 결과는 3년이 채 안 되어 실적으로 나타났다. 2011년 에는 매출의 약 25%가 온라인을 통해 발생하였고, 2017년에는 피자헛 을 제치고 전 세계 최고 피자 프렌차이즈 기업으로 등극했다. 2020년 기준 미국 내 주문의 65%가 디지털 채널을 통해 이뤄지고 있다.

도미노피자는 피자를 스스로 알아서 배달해 주는 자율주행 로봇 '드루DRU'를 세상에 공개해 화제가 되기도 했다. 도미노피자에서 공개 한 드루는 미국 육군 탐사로봇 유닛의 주행장치 소스를 기반으로 불규 칙적인 도로와 다양한 장애물을 피해 자율주행을 할 수 있도록 제작되 었다. 드루의 냉장고는 음료수를 시원하게 보관할 수 있는 파란색 칸과 피자를 따뜻하게 보관할 수 있는 붉은색 칸으로 나누어져 있다.

도미노피자는 2020년 6월, 코로나19에 대응하기 위해 '도미노 카 사이드 딜리버리 서비스Domino's Carside Delivery service'를 출시했다. 고객이 홈 페이지와 모바일앱에서 주문을 하면 도미노 카사이드 딜리버리 서비스 옵션이 표시된다. 고객이 선택을 마치면 차량 색상, 제조사, 모델을 추 가하라는 메시지가 표시되는데, 이 정보는 고객이 매장에 도착하면 고 객 차량을 식별하는 데 사용된다. 고객은 조수석, 뒷좌석, 트렁크, 도착 시간을 결정하는 옵션을 선택할 수 있다. 고객이 매장에 도착하는 시점 에 맞춰 직원이 주문한 피자를 고객 차량의 조수석, 뒷좌석, 트렁크에 놓기 때문에 피자 주문부터 배송까지 전체 과정을 비접촉식으로 진행 할 수 있다.[59]

도미노피자는 고객이 공원, 야구장, 해변 등 거의 모든 장소에서 배

59. "Domino's Launches 'Carside Delivery' Nationwide", QSR Magazine (2020.06.29)

● 핀포인트 배송 (출처 : 도미노피자)

송을 받을 수 있도록 '도미노 핀포인트 배송Domino's Pinpoint Delivery' 서비스
를 제공하고 있다. 고객은 도미노 트래커Domino's Tracker로 주문을 추적하
여 운전자의 GPS 위치를 확인할 수 있으며, 예상 도착 시간을 확인하고
배송에 대한 문자 알림을 받을 수 있다.

AI 기술을 활용하여 매장 운영을 혁신하다

도미노피자는 지난 10년 동안 데이터 분석팀을 4배로 늘리고, 1,400억
달러 규모의 전 세계 피자 배달 시장에서 가장 큰 점유율을 차지했다.
주가 또한 2010년 최저치보다 5배 이상 상승했다. 이러한 성장의 중심

에는 AI가 있다. AI 기술을 활용하여 e-커머스 판매를 확대하고 배송시간을 단축시키며 새로운 매장 위치를 정밀하게 선정하는 등의 디지털 혁신을 강화하였다.

도미노피자 기술 제공 관리자인 윌리엄 하일만William Heilman은 "우리는 얼마나 많은 피자를 팔고 있는지, 언제 팔고 있는지, 어디서 팔고 있는지 알고 있다. 우리는 제품에 식자재 비용이 얼마나 투자되는지 완벽하게 이해하고 있다. 하지만 세계 최고의 피자 회사가 되기 위해 어떻게 해야 더 많은 시장 점유율을 확보할 수 있을까? 도미노피자는 2015년 15명이던 데이터 과학자를 60명 수준으로 증원하고 데이터 인프라에 투자를 확대해 13.5페타바이트Petabyte의 프리미엄 스토리지Storage를 보유하고 있다.

도미노피자의 AI팀은 공급망 및 재고관리, 식자재 비용분석, 공급망 관리, 매장인력 관리 등 매장 운영에 필요한 사항을 파악할 수 있도록 매장 관리자에게 비즈니스 성과에 대한 실시간 대시보드를 제공하고 있다. 또한, 작업 중인 관리자와 직원 수, 주문 수, 현재 교통상황 등과 같은 변수들을 충분히 고려해 배달 소요시간을 예측하는 AI 모델도 만들었다. 이에 따라 주문이 언제 준비될지 예측하는 정확도를 75%에서 95%로 높였다.

AI를 통한 업무 개선과 품질 개선에 이어 매장운영 관리 효율화 과정에도 AI를 활용하고 있다. 도미노피자는 매장 내 인력을 예측해 작업 일정을 효율적으로 개선하는 프로그램을 도입했다. 매장 최적 인력을 예측하여 피자 수요가 많을 때에는 인력을 많이 고용하고, 수요가 줄어들면 고용을 줄이고 있다. 또한, 새로운 매장을 짓기 위한 최적의 위치 선정도 AI를 활용하고 있다.

2019년에 도미노피자는 미국에서 가장 시청률이 높은 프로그램 중 하나인 슈퍼볼 광고에서 현재 어떤 피자를 먹고 있든 자신이 먹고 있는 피자의 사진을 스마트폰으로 찍으면 포인트를 적립받고 일정 포인트가 쌓이면 무료 피자를 받을 수 있는 '파이 포인트Points for Pie' 이벤트를 진행했다. 그 결과 수십만 장의 피자 사진이 업로드 되었고, 도미노는 엔비디아의 그래픽 반도체GPU를 활용해 이들이 찍었던 사진을 선별하고 분류

● 파이 포인트 이벤트 (출처 : 도미노피자)

● 돔 피자 체커 (출처 : 도미노피자)

했다. 고객이 게재한 피자 사진으로 피자에 대한 개인의 인식과 선호도, 당시 경쟁사 피자들의 선호도도 파악할 수 있게 되었다. 수집된 피자 사진은 추가로 AI를 통해 피자의 품질과 맛을 개선하는 데 활용하였다.[60]

이를 위해 도미노피자는 5,000개가 넘는 이미지를 사용하여 8개의 V100 텐서코어Tensor Core GPU가 장착된 엔비디아 DGX 시스템으로 피자 이미지를 분류하는 모델을 학습하고, 고유한 데이터 세트를 구축하여 앱을 통해 제출된 모든 사진을 식별했다.

또한, '돔 피자 체커DOM Pizza Checker'라는 AI도 사용하고 있다. 피자 체커는 드래곤테일 시스템즈Dragontail Systems가 개발했으며, 구글 이미지 인식 알고리즘을 이용하여 개발하였다. 각 매장의 요리사가 만드는 피자 사진을 찍고 모니터링해 토핑과 치즈가 고르게 퍼져 있는지, 선택한 재료가 피자 유형에 맞는지, 피자의 온도는 적당한지 등을 모니터링한

---

60. 도미노피자의 AI 혁신, 경영으로 확산하다, 한국경제(2021.04.07)

● 생성형 AI를 활용한 유로비전 국가 피자 토핑 (출처 : 도미노피자)

다. 피자가 고객들이 원하는 기준에 맞지 않으면 AI는 요리사에게 피자를 다시 만들도록 주문한다. 이러한 절차를 거쳐 피자가 완성되면 사진이 고객에게 전송된다. 현재 7개국 3,000여 개 매장에서 활용하고 있다.

도미노피자는 생성형 AI 활용을 위하여 마이크로소프트와 제휴하였다. 클라우드와 애저 오픈AI 기반으로 개인 맞춤형 주문을 제공하고 물류 시스템을 개선할 계획이다. 생성형 AI 기반 어시스턴트 서비스를 개발하여 피자 준비 및 품질 관리를 간소화할 계획이다. 이를 기반으로 매장 관리자가 매장 운영 관리 및 고객서비스에 더 많은 시간을 할애할 수 있도록 할 예정이다.

도미노피자는 유로비전 결승전에 참가할 각 국가의 전통 요리에서 영감을 받은 피자 토핑을 생성형 AI를 활용하여 선보였다. 미드저니^{Mid} Journey을 활용하여 유로비전의 주요 국가들의 피자 토핑을 큐레이션 했는데, 생성된 피자 토핑은 카르보나라와 조개, 새우가 들어간 빠에야까지 다양했다. 예를 들어 이탈리아에서는 페퍼로니로 둘러싸인 카르보나라 파스타 토핑을, 스페인은 조개와 새우, 파를 곁들인 빠에야 토핑 조합을 생성하였다.

도미노피자의 수석 부사장 겸 최고 기술 책임자인 켈리 가르시아 Kelly Garcia는 "우리는 새롭고 빠르게 움직이는 이 기술이 어떻게 온라인 주문 패턴을 의미 있는 방식으로 확장시킬지 고민하고 있다. 단순한 챗봇이 아니라, 사람들이 생각하지 못한 방식으로 보다 더 커질 것이다. 초개인화를 지향하고 고객 주문방식을 획기적으로 변화시킬 것이다. 우리는 이 기술을 기반으로 매장 내 고객 만족도와 효율성을 높이는 데 가장 잘 활용할 수 있는 방법에 대해 생각해야 한다"라고 도미노피자의 생성형 AI의 대응 계획에 대해 설명했다.

스타벅스,
비즈니스 모델 핵심을 AI로 통합하다

‑

‑

‑

‑

‑

‑

디지털 트랜스포메이션으로 디지털 플라이휠을 가속화하다

도심 중심가를 지날 때 가끔 보이던 스타벅스의 초록색 로고가 요즘 들어 부쩍 자주 보인다는 느낌을 받았다. 아니나 다를까 2024년 2월 기준 국내 스타벅스 매장은 1,893개에 달하는데 이는 미국, 중국, 일본에 이어 네 번째로 많은 매장 수라고 한다. 그렇다면 불황 속에서도 거침없이 뻗어 나가는 스타벅스의 인기 비결은 무엇일까? 그 이유는 고객들의 다양한 라이프스타일에 맞춘 편안한 분위기와 고객 입맛에 맞게 제조하는 맞춤형 커피, 그리고 데이터와 디지털 기술을 커피 제조 과정 전반에 적용시켰기 때문일 것이다.

2008년 스타벅스 CEO로 다시 복귀한 스타벅스 창업자 하워드 슐츠는 커피 사업의 디지털화에 많은 관심을 가지고, 마이크로소프트 등 주요 IT 업체와 파트너십을 체결하고 모바일앱, 사이렌오더, 모바일 카드결제 등 다양한 디지털 서비스를 도입했다.

스타벅스는 2023년 11월 브랜드 제고, 디지털 강화 및 확장, 글로벌 확장, 매장 내외부의 효율성 제고 기회 발굴, 파트너 문화 활성화를 위한 장기 성장전략인 '두 개의 펌프를 통한 트리플샷 재창조' 계획을 발표했다.[61]

여기서 트리플 샷 재창조Triple Shot Reinvention는 '스타벅스 브랜드 제고', '디지털 역량 강화', '글로벌 기업으로의 도약'이라는 세 가지 목표를 의미하고, 두 개의 펌프Two pumps는 효율성을 높이고 파트너 문화를 활성화하는 것이다. 스타벅스는 '두 개의 펌프를 통한 트리플 샷 재창조' 전략을 통해 향후 5년 내에 스타벅스 리워드 회원을 두 배로 늘리고 디지털 및 기술 협업을 확대하여 2030년까지 전 세계 매장을 55,000개까지 확장한다는 야심 찬 목표를 담고 있다. 스타벅스는 2023년 말 기준 전 세계에서 총 38,587개의 매장을 운영하고 있으며, 이 중 51%는 회사 운영 매장이고, 49%는 라이선스 매장이다. 또한, 스타벅스 리워드 프로그램의 회원 수는 전년 동기 대비 13% 성장한 3,430만 명을 보유하고 있다. 트리플 샷 재창조 전략의 세부 목표는 다음과 같다.

첫째, 더 나은 매장운영을 통해 브랜드 위상을 높이고, 목적에 맞는 매장을 늘리고, 리노베이션을 가속화하여 포트폴리오를 확장하며, 제품 혁신을 더욱 촉진한다.

둘째, 디지털 강화 및 확장을 통해 5년 내에 글로벌 스타벅스 리워드 회원을 7,500만 명으로 늘리고, 디지털 및 기술 협업을 확대하여 파

---

61. Starbucks Announces Triple Shot Reinvention Strategy with Multiple Paths for Long-Term Growth, Starbucks(2023.11.02)

트너와 고객경험을 개선한다.

셋째, 2030년까지 전 세계 매장 수를 55,000개로 확대하여 글로벌 진출을 가속화한다.

넷째, 효율성을 극대화하여 3년간 30억 달러(매장 외부에서 20억 달러)를 절감하고, 마진 확대와 수익 성장을 통해 주주에게 수익을 돌려준다.

다섯째, 사명, 약속, 가치를 실현하고, 파트너 경험 전반에 걸쳐 파트너 가치 제안에 대한 지속적인 투자를 통해 파트너 문화에 활력을 불어넣는다.

스타벅스는 사람들이 커피를 구매하는 과정에 주목하여 알고리즘과 자동화를 통해 언제 어디서나 편리하고 빠르게 커피를 주문하고 결제할 수 있으며, 이에 대한 보상과 개인화된 서비스를 제공하는 디지털 플라이휠 전략을 발표하였다. 개념적으로 플라이휠은 기계나 엔진의 회전속도를 유지하기 위해 사용되는 바퀴를 의미하는데, 중장비 업체의 산업용 머신이나 자동차 회사에 어울릴법한 플라이휠이란 단어는 아이러니하게도 커피 자이언트인 스타벅스의 디지털 트랜스포메이션을 가장 잘 설명하는 완벽한 단어가 되었다.

스타벅스 디지털 플라이휠은 리워드(멤버십), 퍼스널 추천(개인 맞춤 추천), 사이렌 오더(앱을 이용한 주문), 페이먼트(결제)의 네 가지 축으로 구성되어 있다. 또한, AI 채팅봇 등의 새로운 기술을 도입해 고객과의 접점을 더욱 확대하고 있다. 아마존의 음성인식 서비스인 '알렉사'를 활용해 음성이나 채팅을 통해 음료를 주문할 수 있는 '마이 스타벅스 바리스타 My

● 스타벅스 디지털 플라이휠 (출처: 스타벅스)

Starbucks Barista' 서비스도 진행 중이다.

스타벅스의 디지털 트랜스포메이션 여정을 보면 단순히 AI나 빅데이터와 같은 디지털 기술을 통해 생산성을 향상시키는 단계를 지나 스타벅스 디지털 생태계를 구축하는 형태로 접근한다는 사실을 알 수 있다. 스타벅스는 마이크로소프트 애저Azure의 블록체인 기술을 통해 커피콩의 수급부터 품질 관리, 폐기물 감소, 에너지 소비량 관리, 수리 시점 예측 등 커피가 소비자에게 제공되기까지의 전 과정에 디지털 기술을 적용하면서, 단순히 커피를 파는 기업에서 벗어나 디지털 기업으로 거듭나고 있다. 커피머신도 사물인터넷의 관점에서 접근하여 모든 커피의 실시간 추출 데이터를 모으고 분석함으로써 최고의 고객 응대가 가능한 환경을 조성하였다.

생태계 확장을 위해 스타벅스는 스타트업에도 적극 투자하고 있다.

스타벅스는 스타트업에 대한 지원과 투자를 통해 새로운 아이디어를 발굴하고, 기존 운영 방식과 프로세스에 새로운 혁신 기술을 적용해 고객경험을 강화하고 매장운영을 혁신할 계획이다. 디지털 기술 투자를 위해 사모펀드인 밸러 에쿼티 파트너즈Valor Equity Partners와 공동으로 푸드 리테일테크Food Retail Tech 펀드인 'Valor Siren Ventures'에 1억 달러를 투자했다. 이 펀드를 통해 스타벅스는 디지털 및 오프라인 매장의 혁신을 위한 푸드 테크 및 혁신제품 발굴, 디지털 기술을 확보할 예정이다.

스타벅스는 디지털 및 매장 경험을 한 단계 업그레이드하는 뉴 리테일New Retail 전략도 추진하고 있다. 매장 위치에 따른 고객 행동을 분석하여 맞춤형 포맷의 매장을 개발 중이다. 2018년에 텍사스 오스틴과 뉴저지 글렌리지에서 실시한 고객 인사이트 마이닝Customer insights-mining을

● 스타벅스 마이크로소프트 애저 스피어 (출처: 마이크로소프트)

● 스타벅스 뉴 리테일 매장 (출처: 스타벅스)

기반으로 시간에 따라 변화하는 고객 행동에 맞춘 유연한 매장 디자인 모델을 실험하고 있다. 뉴저지에서 시간대에 따라 매장을 방문하는 고객층과 이용방식이 다르다는 것을 파악한 후 편리함, 편안함, 연결에 중점을 두고 오전에는 매장 주문의 편의성을 강화하고, 오후에는 여유롭고 편안하게 즐길 수 있는 형태로 글렌리지 매장을 개선하였다.

스타벅스의 전 CEO인 캐빈 존슨 Kevin Johnson은 "인간 중심의 디지털 전략이 미래 리테일 산업의 성공 열쇠"라고 말하면서 "디지털이 비대면 시대를 열어가고 있지만, 스타벅스에서는 한 주에 1억 명의 고객과 대면 서비스를 제공하면서 사람과의 관계를 확장하는 공동체 커뮤니티를 강화하고, 이를 비즈니스 기회로 만들어 갈 것이다"라고 말했다.

2024년에 접어들면서 스타벅스는 고객과 파트너 경험을 향상하기 위해 세 가지 새로운 기술 협업을 진행할 계획이라고 발표했다. 먼저 마이크로소프트와의 파트너십을 통해 생성형 AI 기능을 고객서비스와 결합하여 제품 개발 및 개인화를 한 단계 더 발전시킨다. 둘째, 아마존 원

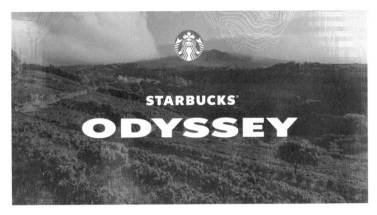

● 스타벅스 오디세이 (출처: 스타벅스)

Amazon One과 저스트 워크 아웃Just Walk Out 기술을 통해 매장 내 고객경험을 재창조한다. 셋째, 델타항공, 뱅크오브아메리카 등 금융기관 및 호텔 파트너와의 '리워드 투게더Rewards Together' 파트너십을 체결하여 기존 및 신규 고객에게 스타벅스 리워드가 제공하는 혜택을 확대하고 있다.

스타벅스는 회원과 직원들에게 새로운 혜택과 몰입형 커피 경험을 제시하는 웹3.0Web3 커뮤니티인 '스타벅스 오디세이Starbucks Odyssey'를 출시했다. 오디세이는 스타벅스가 웹3.0 시대를 맞이하여 출시한 블록체인 기반의 차세대 로열티 프로그램명으로 기존의 무료 음료쿠폰 제공에 치중했던 스타벅스 리워드 프로그램을 고객참여 기반으로 확대시킨 개념이다.

스타벅스 오디세이는 기존 로열티 프로그램인 스타벅스 리워드의 확장 버전으로 폴리곤 블록체인, NFT와 같은 웹3.0 기술이 적용되었다.

오디세이 회원은 음료나 메뉴를 구매할 때 기존의 스타벅스 리워드 카드를 스캔한 다음, 해당 활동을 오디세이와 다시 공유하여 회원 포인트를 획득할 수 있다. 500포인트를 확보하면 회원들은 폴리곤 블록체인에서 호스팅되는 커피 테마 NFT인 '스탬프'를 얻을 수 있고, 스탬프를 활용해 가상 에스프레소 마티니 만들기 수업부터 아티스트와의 협업, 스타벅스 리저브 로스터리 행사 초대, 스타벅스가 코스타리카에서 운영하는 커피 농장 체험 등 다양한 경험을 할 수 있다.

스타벅스 오디세이 메뉴에 접속하면 회원들은 커피와 스타벅스에 대한 지식을 습득하기 위한 인터랙티브 게임을 하거나 재미있는 도전을 하는 등 스타벅스 오디세이 '여정journeys'에 참여할 수 있다. 회원들은 NFT 디지털 스탬프를 수집하는 여정을 떠나게 되고, 여행을 마치면 여러 가지 보상을 받게 된다.

또한 회원들은 스타벅스 오디세이 내 마켓플레이스를 통해 한정판 NFT 작품을 신용카드로 구매할 수도 있고, 다른 회원에게 판매할 수도 있다. 한정판 수집품 판매 수익금의 일부는 스타벅스 직원과 고객들이 선택한 다양한 분야에 기부될 예정이다. 전문가들은 많은 사람이 이용하는 스타벅스 앱에서 NFT가 본격적으로 구현되면서, 스타벅스 회원이 앱을 통해 음료를 주문하면 NFT가 보상으로 제공되는 프로세스를 통해 NFT에 대한 부정적인 인식이 자연스럽게 개선될 것으로 예상하고 있다.

2024년 1월 기준 스타벅스 리워드 멤버십 회원수는 3,430만 명에 달하며, 이들은 미국 스타벅스에서 발생하는 매출의 절반 이상을 차지하고 있다. 스타벅스는 이렇게 어마어마하게 발생하는 데이터를 수집하고 테스트한 다음, 데이터 기반의 개인화 서비스를 제공하기 위해 노력하고 있다.

스타벅스의 전 CDO인 아담 브로트먼Adam Brotman은 "젊은 소비자들은 자신들이 좋아하는 브랜드를 디지털로 인정받고 즐길 수 있는 방법을 찾고 있다. 스타벅스 오디세이는 스타벅스 로열티 프로그램의 연장선 상에 있다"고 말하면서 "이는 스타벅스의 새로운 혁신과 함께 고객 로열티를 확보할 수 있는 새로운 기회가 될 것이다"라고 언급했다.

AI 기반 플랫폼 딥 브루, AI 회사로 거듭나다

스타벅스 딥 브루 AI 이니셔티브 전략

급변하는 시장 상황에서 살아남기 위해 스타벅스는 일반적인 커피 브랜드에서 데이터 기반 기술 회사로 빠르게 전환하고 있다. 스타벅스의 디지털 전환의 아이콘인 딥 브루Deep Brew는 머신러닝 기술을 통해 매장 내 직원관리를 최적화하며, 매장 내 재고관리를 주도하는 성공적인 AI 기반 플랫폼이다.

경쟁사인 맥도날드가 패스트푸드 점에 강화 학습과 머신러닝을 도입하기 위해 다이내믹 일드Dynamic Yield 회사를 인수했다는 뉴스에 충격을 받은 스타벅스 경영진들은 머신러닝을 자사 비즈니스에 통합하는

WHERE DEEPBREW DRIVES ELEVATED EXPERIENCES

MOBILE PAY
Leverage rapid A/B testing to improve recos

DIGITAL MENU BOARD
Leverage inventory data

DRIVE THRU
Leverage upsell and cross sell modifications

VOICE ORDERING
Seamless next generation order methods

● 스타벅스 딥 브루 (출처: 스타벅스)

방안을 모색하고 급변하는 시장 변화에 대응하기 위해 딥 브루를 구축하였다.

사물인터넷 연결 에스프레소 머신의 재고관리 및 예방 유지보수와 같이 시간이 많이 소요되는 작업을 자동화하는 등 AI와 머신러닝을 통해 혁신을 이뤄내고 있는 스타벅스는 AI 기반 플랫폼 딥 브루를 통해 AI 회사로 거듭나고 있다.

딥 브루를 기반으로 매장 내 커피 원두를 비롯한 식자재의 재고 수요를 예측하고, 매장을 효율적으로 운영하는데 바리스타 수가 얼마나 필요한지를 30분마다 분석한다. 직원들이 이러한 수요예측 분석 작업에 시간을 낭비하는 것을 AI로 대체함으로써 매장 직원이 고객과 상호작용하는데 좀 더 많은 시간을 할애하고자 하는 것이다.

딥 브루는 코로나 사태 당시 드라이브 스루에서 중요한 역할을 했다. 딥 브루를 통해 드라이브 스루가 있는 여러 매장의 화면에 표시되는 추천 메뉴를 개인화할 수 있었다. 최근 스타벅스는 AI 트랜스포메이션을 본격화하기 위해 '딥 브루 이니셔티브'를 만들었다.

스타벅스는 매장을 최적화하기 위해 딥 브루를 사용하고 있는데, 고객 만족과 리소스 관리 측면에서 딥 브루는 크게 세 가지 방식으로 매장 운영을 개선하기 위해 노력하고 있다.

첫 번째는 앱 내 주문In-app ordering이다. 딥 브루는 고객이 커피를 픽업할 이상적인 시간을 정하는 데 사용되고 있다. 기존에는 앱에서 주문하고 고객이 매장에 도착한 후 바리스타가 커피를 만들 때까지 기다려야 했지만, 새로운 AI를 통해 고객이 도착하는 데 걸리는 시간을 예측하고 자동화된 머신이 커피를 만든다. 그런 다음 이 커피를 소비자가 쉽게 픽업할 수 있는 공간에 배치하여 최대한 빠르고 원활한 소비자 경험을 제공한다.

두 번째는 커피머신 최적화Coffee machine optimization이다. 딥 브루는 데이터와 정밀한 측정을 통해 스타벅스가 자랑하는 고품질 음료를 생산하면서도 낭비되는 자원을 최소화하기 위해 노력하고 있다. 또한, AI는 고장이 발생한 머신과 그 원인을 추적해 곧 고장이 발생할 것으로 예상되는 기계에 대한 유지보수 시기를 추천할 수 있다.

세 번째는 맞춤형 음료 추천Customized drink recommendations이다. 딥 브루는 데이터를 활용하여 구매 내역, 날씨, 시간대 등을 기반으로 사용자에게 맞춤화된 음료를 추천한다.

스타벅스의 전 CEO인 캐빈 존슨^{Kevin Johnson}은 "바리스타를 대체하는 로봇에 관한 것이 아니다. 바리스타가 좀 더 자유로워지고 고객과 연결되기 위한 기술이다. AI를 통해 절약된 시간은 100% 고객연결^{Customer Connect}로 되돌아간다"라고 말했다. 더불어 "현재 스타벅스의 고객연결 점수가 사상 최고를 기록하며 매출이 증가하고 있다"며 매장 내 AI 도입이 기계가 사람을 대체하는 것이 아니라는 것을 강조했다.

스타벅스 코리아 AI 기반 미래형 매장 구축

국내 스타벅스 코리아의 경우 AI를 활용하여 '미래형 매장'을 구축하고 있다. AI를 활용해 매장분석 및 재고관리 서비스를 고도화하고 있다.[62]

AI 매장 관리 시스템인 '더 써드아이 시스템^{The Third eye System}'을 명동 남산점에 시범 도입해 운영 중이다. CCTV를 통해 고객 동선, 연령, 성비 등에 대한 영상 정보를 수집하고 AI로 분석한다. 매장 직원은 AI 분석 데이터를 직원 모니터^{BDS}에서 바로 확인할 수 있다.

스타벅스는 복층 매장인 경우가 많아 더 써드 아이 시스템이 운영 효율을 제고할 것으로 기대하고 있다. 직원은 계단을 오르지 않고도 음료 반납대의 오염도를 확인할 수 있고, 실시간으로 각 층별 혼잡도가 BDS에 상시 노출되므로 고객응대 시 활용할 수 있다.

이외에도 시간대별 방문 고객 수, 성비, 연령비 정보를 확인할 수 있다. 향후 스타벅스는 해당 데이터를 기반으로 매장 개편과 전략수립 시

---

62. "매장에 이어 창고까지"… 스타벅스, 점포 재고관리 자동화, 전자신문(2024.03.04)

활용한다는 계획이다.

　매장 재고관리도 AI를 활용해 자동화하고 있다. 매장 창고를 AI와 사물인터넷 등 디지털 기술을 활용해 효율적으로 관리하고 있다. 재고관리 자동화 시스템은 'AIoT' 기반 시스템으로, 창고 내 원·부재료와 컵, 뚜껑 등 재고를 저울과 카메라로 인식하고, 수량 혹은 무게에 따라 재고를 실시간으로 데이터화해 관리한다. 실시간 데이터와 함께 판매 사용량을 산출해 직원에게 적정 발주량을 제시한다.

　스타벅스는 시간 감축 등 운영 효율 향상과 직원 업무 편의성을 개선하기 위해 재고관리 자동화 시스템을 도입했으며, 재고를 초과 확보하지 않아 운영비용 감축도 기대하고 있다. 현재까지 테스트 결과, 원·부재료 보유율이 기존 대비 약 50% 정도 감소하는 효과가 나타났다.

　이제는 고객에 대한 상세한 데이터 확보와 전략적 활용이 기업의 미래를 좌우하는 시대가 도래했다. 스타벅스는 모바일앱을 통해 착실하게 고객 데이터를 쌓고, AI, 빅데이터, IoT를 통해 고객이 불편하게 느끼는 문제점을 조기에 발견하고 이를 해결하는 디지털과 피지컬이 융합된 모범적인 사례를 보여주고 있다.

　스타벅스는 "빅데이터에서 중요한 것은 빅Big도 아니고 데이터Data도 아닌, 데이터에서 추출한 인사이트를 통해 의사결정에 반영하는 것이다"라고 데이터 활용의 중요성을 강조하고 있다.

　스타벅스는 AI 알고리즘과 자동화를 통해 주문-결제-보상-개인화라는 디지털 플라이휠 전략을 수행하고 있고, 이제 '두 개의 펌프를 통한 트리플샷 재창조' 전략을 통해 세계 최고 수준의 테크 기업으로 도약하고 있다.

코카콜라,
AI로 고객과 연결하고 관계를 구축하다

디지털 트랜스포메이션으로 CPG 제조 회사에서 디지털 기업으로 전환하다

코카콜라는 지난 130년 동안 전 세계인의 사랑을 받은 글로벌 음료 회사로 500여 개의 브랜드를 보유하고 있으며, 200여 개 국가에서 매일 19억 개 이상 판매되고 있다.

하지만 잘나가던 코카콜라도 빠르게 변화하는 디지털 시대에 적응하지 못해 어려움을 겪게 된다. 2012년 480억 달러에 달했던 매출은 2016년 418억 달러로 13%p 하락하였고, 2000년부터 13년간 1위를 기록했던 인터브랜드Interbrand 글로벌 브랜드 순위에서도 애플에 1위 자리를 내어주고 내려오게 되었다.

하지만 현재 코카콜라는 전통적인 CPG Consumer Packaged Goods (식음료, 일용품 등 소비재) 제조사에서 재료 생산부터 판매, 마케팅/커뮤니케이션까지 디지털 기술과 데이터를 활용하는 등 디지털 기업으로 전환하고 있다.

● 코카콜라의 사내 문화 Kiss the past hello (출처: 코카콜라)

코카콜라는 과거로부터 배우는 것의 중요성을 설명하는 'Kiss the past hello'라고 불리는 보이지 않는 유산을 내부적으로 가지고 있다. 이 말은 과거로부터 배우고, 성공과 실패로부터 배우고, 효과가 있는 것과 그렇지 않은 것에서 배움으로써 조금씩 앞으로 나아가자는 의미로, 이러한 코카콜라 정신은 디지털 시대에도 그대로 적용되고 있다.

코카콜라는 음료 생산에서부터 유통, 판매 및 소비자 피드백 등에 이르기까지 발생하는 막대한 양의 데이터를 기반으로 데이터 중심 경영전략을 수립하여 의사결정을 내리고 있다.

대표적인 예가 2017년에 출시한 체리 스프라이트다. 이 음료는 고객이 자신의 음료를 마음대로 혼합할 수 있는 셀프서비스 음료분수에서 수집한 데이터에서 영감을 받아 개발됐다. 음료분수를 이용하는 소비자들은 좋아하는 맛을 원하는 만큼 알맞게 섞어 자신만의 음료를 제조할 수 있으며, 덕분에 코카콜라는 사용자들에게 가장 인기 있는 맛의 조합을 파악하고 이를 기성 음료로 출시할 수 있다.

코카콜라가 보유한 데이터 알고리즘은 전 세계 200여 개국에서 각국의 소비자들을 대상으로 최고의 음료 조합을 찾아내고 있다. 소셜미디어 세상에서도 코카콜라는 매우 핫한 브랜드다. 코카콜라는 332만 명의 트위터 팔로어와 1억 600만 명 이상의 페이스북 팬을 보유하고 있는데, 자사의 제품과 브랜드가 소셜미디어에서 어떻게 언급되는지, 누가 코카콜라의 음료를 소비하고, 소비자들은 어디에 살고 있으며, 언제 코카콜라에 대해 이야기하는지 등을 파악할 수 있다. 최근에는 자동판매기에 AI를 사용하여 모바일 결제 방식을 수용하고, 판매이력을 추적하며, 유지보수와 리필 요구를 자동화하였다.

코카콜라는 고객이 코카콜라의 제품과 브랜드와 만날 때 기존보다 더 나은 고객경험과 개인화 서비스를 제공하기 위해 노력 중이다.

코카콜라는 최근 중국의 맞춤형 캔에 AR 기능을 추가했는데, 고객이 알리바바Alibaba와 위챗WeChat을 사용하여 코카콜라 캔의 증강현실에 접속하면 해당 지역의 생생한 스토리를 체험할 수 있다.

코카콜라는 소비자들의 숨겨진 니즈를 발굴하기 위해 소비자가 스마트폰으로 결제하면 주변 자판기에서 콜라를 꺼낼 수 있는 'AI 자판기'를 선보였다. '코카콜라 프리스타일'이라는 스마트 자판기는 소비자가 취향대로 코카콜라 음료를 직접 만들어서 먹을 수 있도록 해주는 장비

● QR 코드 활용 콘텐츠 서비스 제공 (출처: 코카콜라)

다. 자판기의 터치스크린을 누르는 과정을 통해 본인이 원하는 레시피
에 따라 200여 가지의 맛이 다른 음료를 혼합·제조하여 맛볼 수 있다.
소비자 입장에서는 자신의 취향에 딱 맞는 음료를 마실 수 있고, 코카
콜라 입장에서는 자판기에 남겨진 데이터를 분석해 소비자들의 숨겨진
니즈를 발굴해 나갈 수 있다.

　코카콜라는 데이터와 디지털 기술을 활용하고 내부 프로세스를 개
선하여 시장 출시 속도를 높이는 등 프로세스 혁신에 주력하고 있다.

　전 세계에서 5만여 대의 자판기를 운영 중인 코카콜라는 마이크로
소프트와의 협력을 통해 클라우드 에저 플랫폼으로 연결된 AI 자판기
를 선보였다. 이를 통해 세계 어디서나 음료를 주문할 수 있고, 상품 가
격을 원격으로 바꿀 수 있으며 판촉 행사도 할 수 있다. AI 자판기 이용
고객은 스마트폰으로 제품을 주문하고, 자신의 위치와 가까운 자판기

에서 음료를 받을 수 있다. 코카콜라는 이러한 디지털 혁신을 통해 전사 데이터에서 사업 통찰력을 얻고, 향상된 고객 및 직원 경험을 얻을 수 있다.

코카콜라는 다른 경쟁사가 코카콜라를 위협하기 전에 내부적으로 파괴적 혁신을 통해 새로운 비즈니스 기회를 창출한다. 코카콜라의 신제품 판매 전략에도 빅데이터가 적극 활용된다.

코카콜라는 인종·종교·날씨·문화 배경·취향이 다양한 수많은 소비자들의 기호에 맞는 최적의 조합을 찾아내기 위해 빅데이터 기술을 활용한다. 이러한 개인화 시스템 도입으로 브랜드가 소비자와 직접 소통할 수 있는 효율성을 높이고, 자판기 사용률이 높은 언택트 시대에 소비자에게 폭넓은 선택지를 줄 수 있어 매출 증대 효과도 기대할 수 있다.

생성형 AI로 브랜드와 마케팅을 강화하다

코카콜라는 마케팅과 크리에이티브 영역에서 생성형 AI를 적극적으로 활용하고 있다.

2023년 코카콜라는 오픈AI와 스테이블 디퓨전Stable Diffusion의 생성형 AI 기술을 전략적으로 채택함으로써 광고 및 마케팅 접근 방식에 큰 변화를 가져왔다. 대화형 AI 챗봇과 사용자 제작 콘텐츠 콘테스트부터 몰입형 증강현실 경험과 혁신적인 크리에이티브에 이르기까지, 코카콜

● 코카콜라 Y3000 제로 슈거 (출처: 코카콜라)

라는 최첨단 기술과 창의적인 마케팅을 결합하여 새롭고 역동적인 방
식으로 시청자의 참여를 유도하려고 노력하고 있다.

코카콜라는 AI를 활용하여 서기 3,000년 미래의 코카콜라 제품을
소개해서 화제가 되었다. '코카콜라 Y3000 제로 슈거Coca-Cola Y3000 Zero
Sugar'는 전 세계 코카콜라 팬들이 가진 열망과 색상, 맛에 대한 상상력을
기반으로 하며, AI가 수집한 데이터와 인사이트를 결합해 그동안 볼 수
없었던 독특한 맛을 창조하였다.

패키징 디자인은 AI와의 협업으로 탄생했는데, 액체의 변화와 진화
를 시각적으로 표현하며 밝은 톤의 컬러 팔레트를 통해 긍정적인 미래
의 모습을 강조하고 있다.

또한, 팩에 부착된 QR 코드를 통해 코카콜라 크리에이션 허브
Coca-Cola Creations Hub에 접속하면 맞춤형 AI 캠을 통해 사진을 필터링하여

현재 현실 모습이 미래에는 어떻게 변화할지에 대해 상상해 볼 수 있다.

이외에도 인기 패션 브랜드인 앰부시AMBUSH와 협업한 Y3000 캡슐 컬렉션을 통해 코카콜라 캔의 윗부분을 닮은 목걸이, 앰부시와 코카콜라 로고가 돋보이는 그래픽 티셔츠, 그리고 뒷면에 미래지향적인 코카콜라 캔이 그려진 실버 스팽글 셔츠를 한정판으로 선보였는데, 이 제품 역시 유행에 민감한 MZ세대들에게 인기를 끌고 있다.

이러한 노력은 코카콜라 브랜드의 미래 지향적인 이미지를 강조하는 동시에 소비자와의 상호작용을 극대화하려는 코카콜라의 노력을 반영하고 있다. 이와 같이 코카콜라는 기존의 브랜드 이미지를 유지하면서도 미래를 향한 새로운 시도를 계속하며 변화와 혁신을 추구하는 모습을 보여주고 있다.

코카콜라 컴퍼니의 글로벌 전략 부문 수석 이사인 오아나 블라드Oana Vlad는 "3,000년 후에도 코카콜라가 지금과 마찬가지로 사람들의 마음에 새겨지는 브랜드로 남아있기를 희망한다"고 말하면서, "이번 제품을 통해 사람의 감각과 AI의 능력을 결합해 미래의 코카콜라를 상상해 봤다"고 전했다.

또한 코카콜라는 2023년 3월, 생성형 AI를 부분적으로 사용하여 뭉크, 고흐, 앤디 워홀과 같은 세계적인 예술가들의 명작들과 코카콜라의 만남에 대한 내용을 담은 글로벌 마케팅 캠페인 '마스터피스Masterpiece'를 공개했다. 코카콜라는 이를 위해 스테이블 디퓨전Stable Diffusion AI 이미지 모델을 활용해 유명 명화와 데이터를 딥러닝으로 학습시켜서 예술품의

● 코카콜라 마스터피스 컬렉션 (출처: 코카콜라)

고유한 스타일에 맞게 디자인을 구성하였다.

이외에도 오픈AI와의 제휴를 통해 사용자가 코카콜라 아카이브의 자산을 사용하여 독창적인 아트웍을 생성할 수 있는 '리얼 매직Real Magic' 플랫폼을 만들었다. 연말연시를 맞아 방문객들은 가족과 친구들을 위해 AI가 생성한 크리스마스 카드를 만들 수 있다. AI 카드 생성기를 사용하려면 무료 계정에 가입하거나 구글 계정, 페이스북 계정, 애플 계정, 이메일을 사용하여 로그인해야 한다. 또한 코카콜라는 소셜미디어 사용자들에게 '리얼 매직 홀리데이' 앱을 소개하기 위해 페이스북과 인스타그램에 광고 캠페인을 제작했다.

코카콜라의 CEO인 제임스 퀸시James Quincey는 "오픈AI와의 제휴를 통해 최근 빠르게 부상하는 ChatGPT와 같은 생성형 AI 기술이 제공하는 창의성을 회사 곳곳에 적용시키고, AI를 통해 브랜드 마케팅을 강

● 코카콜라 리얼매직 플랫폼 (출처: 코카콜라)

화하고 비즈니스 운영 및 역량을 개선할 수 있는 방법을 모색하겠다"
고 말했다.

　지난 100여 년 동안 소비자들은 제품경제 시대에서 살아왔지만, 이
제 '고객의 시대'라는 새로운 패러다임의 전환 시기를 맞이하게 되었다.
새로운 패러다임의 변화에 맞춰 전통기업들도 코카콜라처럼 'Kiss the
past hello' 정신으로 자신만의 AI 트랜스포메이션 전략을 수립하고 지
속적인 혁신이 이루어져야 한다.

뉴욕타임스,
데이터 저널리즘을 넘어 AI 저널리즘으로

-

-

-

-

-

-

디지털 중심의 새로운 저널리즘 비즈니스 모델을 구축하다

모바일, IoT, AI, 빅데이터 등 디지털 기술의 발전으로 인해 자동화, 지능화가 가속화되면서 전통적인 언론사에게도 고객관리, 비즈니스모델, 운영프로세스 등 비즈니스 전반에 걸친 새로운 혁신이 요구되고 있다. 특히 신문산업은 트위터, 페이스북, 유튜브 등 소셜미디어의 활성화와 구독률, 열독률의 감소로 오랜 기간 침체 위기에 빠져 있다. 전 세계를 선도하는 언론 미디어로 저널리즘에 관해서는 세계 최고를 자부하는 뉴욕타임스The New York Times 역시 신문 산업의 근본적 취약 구조를 극복하지 못하고 위기에 봉착하게 되었다.

빠르게 변화하는 시대의 흐름에 적응하지 못하고 미디어 산업의 선두자리에서 점차 밀려나고 있음을 자각한 뉴욕타임스는 디지털 시대에 어떻게 변화해야 할 것인지 진지하게 고민하기 시작했다.

많은 직원들이 머리를 맞대고 토론을 거친 후 내린 결정은 평범하고 획일화된 정보를 무료로 제공하는 매체가 많아짐에 따라 높은 전문성에 대한 독자들의 요구가 커질 수밖에 없다는 점에 집중하고, 페이지뷰나 기사 조회수와 같은 정량지표에 치중하기보다는 정확한 팩트를 전달하는 저널리즘 본연의 가치인 '퀄리티 저널리즘Quality Journalism'에 집중하자는 것이었다. 그리고 이러한 전략적 방향전환은 대성공을 거두었다. 그렇다면 오프라인 미디어의 대명사인 뉴욕타임스는 어떻게 부활할 수 있었을까?

1851년 창간 이래 변함 없이 지켜온 뉴욕타임스의 경영 철학은 "진실을 추구하고, 사람들이 세상을 이해하도록 돕는다"이다. 이는 항상 독자들에게 양질의 뉴스를 전달하고자 하는 뉴욕타임스의 디지털 전략수립의 토대가 되었다.

경영진이 직면한 문제는 그룹 매출의 70% 이상이 기존 인쇄 사업에서 발생한다는 사실이었다. 따라서 인쇄 사업 매출 비중을 줄이고 디지털 분야에서 새로운 비즈니스 모델을 찾기 위해 뉴욕타임스는 내부에 TF를 구성하고 조직원간 치열한 논의 끝에 디지털 전환이 성공하려면 부서, 기능, 사람 등에 걸쳐 대대적인 변화가 필요하다는 사실을 발견했다. 중요한 것은 저널리스트, 뉴스룸, 개발자, 엔지니어, 영업팀 등이 모두 통합된 기술 중심의 새로운 저널리즘 모델을 개발하기 위해 조직원 모두가 협력해야 한다는 것이다.

뉴욕타임스의 디지털 전환 성공은 경영층의 미래 지향적인 의사결정과 함께 데이터와 기술지향적인 사내 문화에 기인했다. 뉴욕타임스는 데이터 기반의 의사결정을 위해 데이터 분석 인프라를 최적화시켜 고객 인구 통계를 파악하고, 소비자 행동을 이해하며, 구독을 갱신하는 데 필요한 사항을 예측하기 위해 분석 기술을 활용하였다.

통합된 디지털 전략이 마련되면서 뉴욕타임스 내부에는 변화의 바람이 불었고, 적극적인 실험과 새로운 시장 및 세그먼트 분석, 제품 개발 등에 대한 열의가 생겼다. 이러한 활기찬 분위기는 수많은 프로젝트의 시작으로 이어졌다.

2013년에는 '베타^{Beta}'라는 내부 제품 혁신 프로젝트를 시작하여 새로운 아이디어, 가설, 제품의 원천이 되고, 나중에 이를 최소한의 가치 제안으로 전환하여 비즈니스 실행 가능성을 테스트하는 현재의 스타트업 인큐베이터와 같은 역할을 수행했다. 베타 버전에서는 2014년에 NYT Now, NYT Opinion, NYT Cooking, NYT Crossword와 같은 일련의 제품을 출시했다. 이후 몇 년 동안 수많은 제품과 앱을 출시하면서 뉴욕타임스는 양질의 뉴스에 대한 독자들의 욕구를 자극하는 것뿐만 아니라, 독자들의 삶과 관련된 콘텐츠로 더 많은 잠재고객에게 다가갈 수 있었다.

뉴욕타임스는 NYT Cooking 앱을 베타 출시한 후 엄청난 관심과 다운로드, 구독이 유입되어 현재까지 구독자 수가 400만 명을 넘어섰다. 수익 모델의 흥미로운 사실 중 하나는 아카이브에 있는 17,000개 이상의 레시피를 앱으로 재탄생시켜 사용자들이 요리에 대한 관심사를 해결할 수 있도록 지원한다는 점이다.

　뉴욕타임스가 디지털 전환을 위해 가장 신경 쓴 부분은 내부조직 간 융합과 디지털 기반의 조직문화를 정착시키는 것이었다. 무조건 디지털 대륙으로의 이전을 외치기보다는 뉴욕타임스가 나아갈 방향, 명확한 비전과 목표를 설정하고 전사 공감대를 확보하기 위해 노력한 것이다. 이러한 노력의 산물 중 하나로 2014년 뉴욕타임스 직원들이 내부 인터뷰를 통해 직접 출간한 '혁신보고서'를 꼽을 수 있다. 기자들이 열심히 취재한 기사가 수용자에게 외면받는 현실을 인정하고, 무엇이 정말 좋은 콘텐츠인가를 직원 스스로가 찾아가는 과정을 담았다.

　혁신보고서에는 "디지털 퍼스트를 주창한 지 몇 년 이 지났지만, 조직문화는 여전히 인쇄 신문 중심이다", "모바일앱은 종이 신문을 답습하고, 소셜미디어 전략에는 아무도 신경 쓰지 않는다"는 등의 자기비판과 성찰의 목소리를 쏟아냈다. 또한 2015년 10월에는 '우리가 가야할 길 Our Path Forward', 2017년 1월에는 '독보적 저널리즘 Journalism The Stands Apart'이라는 내부 보고서를 연달아 발간하면서 디지털 미디어 기업으로의 방향성은 물론 세부적인 방법론까지 구체적으로 제시하였다.

　이 보고서에서 뉴욕타임스는 "우리는 페이지뷰 경쟁을 하거나 싸구려 광고를 팔려고 하지 않는다. 우리의 전략은 전 세계 수백만 명의 고객이 기꺼이 비용을 지불하는 퀄리티 저널리즘을 제공하는 '구독 최우선 Subscription-First' 회사다"라고 선언하였다.

　이러한 뉴욕타임스의 성공적인 디지털 혁신의 배경에는 조직문화

Journalism That Stands Apart

THE REPORT OF THE 2020 GROUP
JANUARY 2017

This report, by a team of seven Times journalists, outlines the newsroom's strategy and aspirations. For additional details, see this memo from Dean Baquet, The Times's executive editor, and Joe Kahn, the managing editor.

● 뉴욕타임스의 독보적 저널리즘 보고서 (출처: 뉴욕타임스)

와 리더십 영역에서 탁월한 능력을 발휘하면서 뉴욕타임스의 콘텐츠 유료화 전략을 성공적으로 이끈 마크 톰슨Mark Thompson의 역할을 눈여겨 봐야 한다. 2012년 뉴욕타임스의 CEO로 취임한 마크 톰슨은 전 BBC 사장 출신으로, "뉴욕타임스의 디지털 트랜스포메이션의 핵심은 170년 전통에 빛나는 뉴욕타임스의 콘텐츠에 있다"고 선언했다. 그는 고객들 이 비용을 지불하고 구독할 만한 가치 있는 저널리즘을 지향해야 한다 고 주장하며, 독자들에게 인기 있는 핵심 콘텐츠인 고급 문화비평과 엔 터테인먼트, 라이프스타일 섹션에 주목하고 십자말 퀴즈와 요리 콘텐 츠를 디지털 유료 구독서비스로 전환하였다. 이를 통해 뉴욕타임스의 디지털 콘텐츠에는 딱딱한 뉴스만 존재하는 것이 아님을 보여주며 기 대 이상의 성과를 보였다.

2013년에는 〈포브스〉의 광고책임자로 있던 메러디스 코핏 레비엔 Meredith Kopit Levien을 영입해 디지털 광고 부문에서 큰 성과를 거두었다. 그녀는 이후 최고운영책임자COO를 거쳐 2020년 9월에 뉴욕타임스의 새로운 CEO로 취임했다.

2015년에는 공영라디오 방송인 NPR 출신 킨제이 윌슨Kinsey Wilson을 상품·기술 담당 부사장으로 발탁했으며, 핀터레스트, 허핑턴 포스트, 버즈피드 출신들도 대거 영입했다. 다른 신문사가 대대적인 인력 감축에 나서는 가운데 뉴욕타임스는 오히려 2013년에 1,300명이던 편집국 인원이 2020년에는 1,750명에 달하는 증가 추세를 보였다.

뉴욕타임스는 2020년 2분기 디지털 구독 부문 매출이 1억 8,550만 달러를 기록하면서 사상 처음으로 종이신문 매출을 앞서는 역사적인 기록을 세우게 된다. 2023년 말 기준으로 뉴욕타임스의 유료 구독자 수는 1천만 명을 돌파했는데, 이 중 디지털 전용 구독자 수는 약 970만 명이다. 그중 약 422만 명이 번들 및 멀티 프로덕트 구독자인 것으로 나타났다. 유료 구독자 1천만 명 돌파는 원래 목표인 2025년보다 2년을 앞당긴 것이다.

● 뉴욕타임스 구독자 수 (출처: 뉴욕타임스)

	Q4 2023	Q3 2023	Q2 2023	Q1 2023	Q4 2022
Digital-only subscribers:					
Bundle and multiproduct[1x2]	4,220	3,790	3,300	3,020	2,500
News-only[2x3]	2,740	3,020	3,320	3,580	3,920
Other single-product[2x4]	2,740	2,600	2,580	2,420	2,410
Total digital-only subscribers[2x5]	9,700	9,410	9,190	9,020	8,830
Print subscribers[6]	660	670	690	710	730
Total subscribers	10,360	10,080	9,880	9,730	9,550

● 뉴욕타임스 게임 콘텐츠 (출처: 뉴욕타임스)

전 세계가 뉴욕타임스의 저널리즘에 찬사를 보내고 있지만, 정작 유료 구독을 불러일으키는 힘은 약화하고 있는 흐름이다. 2023년 7월에 발표된 뉴욕타임스의 IR 자료를 보면, 2023년 2분기 뉴욕타임스의 디지털 뉴스 구독자 수는 332만 명으로 1분기에 비해 20만 명 이상 감소하였다. 전년 동기에 비하면 1년 만에 90만 명가량이 감소한 수치다.

뉴욕타임스의 게임 콘텐츠도 인기를 얻고 있다. 게임은 뉴욕타임스의 다양한 구독 상품 중 두 번째로 많은 구독자를 보유할 만큼 인기가 높다. 게임의 가능성을 눈여겨본 뉴욕타임스는 외부에서 게임 전문가를 영입하고 게임 부문 투자를 강화하면서 '커넥션', '워들', '스펠링비' 등 다양한 게임 서비스를 출시했다. 2020년 말 기준 뉴욕타임스의 게임 구독자는 84만 명을 기록했는데, 이는 전년 대비 40% 증가한 수치이며 2021년 12월 기준 100만 구독자를 돌파했다.

이외에도 뉴욕타임스는 2020년에는 장문의 뉴스 콘텐츠를 오디오북과 같은 형태로 음성 서비스하는 오드엠Audm을 인수하고, 2021년 10월 통합 오디오 저널리즘 및 스토리텔링 서비스인 뉴욕타임스 오디오New York Times Audio의 베타 서비스를 시작하였다.

AI로 저널리즘 프로세스를 재정의하다

뉴욕타임스는 유료 구독자 1천만 명 돌파를 기점으로, 전통적인 언론과 AI가 결합된 새로운 AI 트랜스포메이션을 준비하고 있다. 뉴욕타임스는 생성형 AI 시대를 대비하기 위해 생성형 AI 전담조직을 신설하고, 머신러닝 기반의 페이월 고도화에 중점을 두고 있다.

생성형 AI 전담조직 신설

AI는 저널리스트의 업무 방식뿐만 아니라 사람들이 뉴스를 접하는 방식에도 영향을 미치고 있다. 뉴욕타임스는 생성형 AI 시대를 대비하기 위해 내부에 생성형 AI 전담조직을 신설하고 조직문화 개선, AI 시대 저널리즘 역할 재정의, 머신러닝 기반의 페이월 고도화에 중점을 두고 있다.

이를 위해 뉴욕타임스는 AI 이니셔티브 편집 책임자라는 새로운 직책을 신설하고, 온라인 매체 쿼츠Quartz의 편집자인 잭 수워드Zach Seward를 책임자로 영입했다. 잭 수워드는 월스트리트저널 출신으로, 2012년 소셜미디어를 기반으로 하는 경제 전문매체인 쿼츠를 공동 창립했다. 그는 생성형 AI 및 머신러닝 기술을 사용하여 보도의 방식뿐만 아니라 독자들에게 뉴욕타임스를 보여주는 방식까지 개선하기 위한 프로토타입을 제작하고, NYT 뉴스룸 내에서 AI의 활용 사례를 발굴하여 생성형 AI 시대에 맞는 언론사의 역할을 찾아낼 것으로 기대되고 있다.

뉴욕타임스는 생성형 AI 시대에 맞는 언론사의 역할을 고민하는 동시에 여전히 저널리즘에서 인간의 전문성과 판단의 가치를 강조하며, 사람에 의해 저널리즘이 계속 수행될 수 있도록 하겠다는 약속 역시 강조하고 있다.

머신러닝을 활용한 페이월 고도화

뉴욕타임스는 생성형 AI 외에도 '다이내믹 미터Dynamic Meter'라는 머신러닝 알고리즘을 사용하여 무료 온라인 기사를 검색할 때 어떤 독자가 자사 웹사이트를 구독할 가능성이 가장 높은지를 파악하고 있다.

처음에는 구독 신청을 유도하기 전에 비구독자에게 몇 개의 기사를 무료로 제공해야 할지 결정하는 데 어려움을 겪었다. 뉴욕타임스는 다이내믹 미터를 통해 특정 독자 그룹에게 임의의 수의 무료 기사를 제공한 후 계정을 만들거나 구독료를 지불하라는 메시지를 표시하는 일련의 무작위 대조 실험을 실시했다. 실험을 통해 뉴욕타임스는 특정 비율의 사용자층의 참여율을 관찰한 다음, 이러한 결과와 인사이트를 바탕으로 다이내믹 미터를 학습시켰다.

뉴욕타임스의 페이월paywall 전략은 '구독 퍼널The Subscription Funnel'이라는 개념을 중심으로 전개된다. 퍼널의 맨 위에는 아직 뉴욕타임스 계정이 없는 미등록 사용자가 있다. 중간에는 뉴욕타임스 회원 등록은 했지만 유료 구독자는 아닌 사용자가 있고, 맨 마지막에는 유료 구독자가 존재한다.

다이내믹 미터는 무료로 제공하는 기사를 다 읽은 비구독자에게

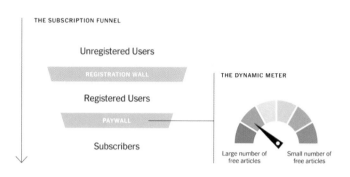

THE SUBSCRIPTION FUNNEL

Unregistered Users

REGISTRATION WALL

Registered Users

PAYWALL

Subscribers

THE DYNAMIC METER

Large number of
free articles

Small number of
free articles

● 뉴욕타임스 구독모델 퍼널 (출처: 뉴욕타임스)

액세스를 차단하고 계정을 만들도록 요청하는 '등록 벽registration wall'을
표시하도록 구성되었다. 등록을 통해 독자들은 더 많은 무료 콘텐츠에
액세스할 수 있으며, 등록 ID를 통해 사용자의 활동을 더 잘 이해할 수
있다.

이후 등록된 사용자가 기사 읽기가 제한되는 미터 한도에 도달하
면 구독 제안이 포함된 페이월이 자동으로 표시된다. 페이월 출시 당시
에는 모든 사용자에게 미터 한도가 동일했다. 하지만 이제는 다이내믹
미터를 사용하여 개인화된 미터 한도를 설정하고 페이월을 더 스마트
하게 만들고 있다.

블룸버그,
생성형 AI로 금융 플랫폼을 재구축하다

-

-

-

-

-

금융 대기업 블룸버그는 금융 전문가들이 활용하는 정보 플랫폼인 블룸버그 터미널을 제공하는 기업으로 잘 알려져 있다. 블룸버그 터미널은 8,000개의 뉴스 서비스, 4,000개의 FX피드, 370개의 익스체인지를 통해 발생하는 정보를 취합해 글로벌 금융시장에 대한 최신 정보를 실시간으로 제공한다. 블룸버그는 여기에 그치지 않고 고객의 디지털 혁신 노력을 강화하기 위해 대대적인 디지털 트랜스포메이션을 구현하고 있다. 현재 블룸버그는 전 세계에서 300명 이상의 AI 연구원과 엔지니어를 고용하고 있으며, 이들은 최첨단 AI 도구와 기술을 끊임없이 탐구하고 금융 영역에서의 적용을 고려하고 있다.

비즈니스 인텔리전스 챗봇 서비스 출시

블룸버그는 대대적인 디지털 전환을 위해 먼저 챗봇 서비스를 도

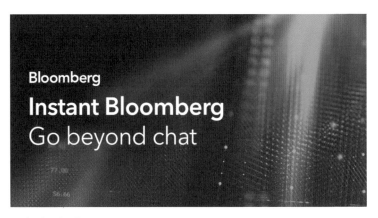

● 인스턴트 블룸버그 (출처: 블룸버그)

입했다. 이 서비스를 통해 블룸버그 터미널 사용자는 독점 챗봇을 같은 회사 구성원 전용 인스턴트 블룸버그Instant Bloomberg 채팅방에 통합할 수 있다. 회사 내 챗봇은 인스턴트 블룸버그 내부 시스템에서 중요한 정보를 표시하여 사내 비즈니스 인텔리전스 검색을 지원한다. 서비스 제품군인 '인스턴트 블룸버그 커넥트Instant Bloomberg Connect'는 블룸버그 터미널과 기업의 사내 워크플로우 도구 간의 원활한 통합을 촉진하여 동료 간의 협업을 개선한다.

기업 내 챗봇 서비스는 양방향 통합을 제공하여 고객의 해당 인스턴트 블룸버그 채팅방과 내부 시스템을 연결한다. 이 서비스는 자연어 처리를 사용하여 구조화되지 않은 인스턴트 블룸버그 데이터를 정리하고, 풍부한 정보를 고객의 회사 내 챗봇이 사용할 수 있도록 한다. Q&A 챗봇은 양방향 커뮤니케이션을 통해 고객 시스템에서 실행 가능한 인텔리전스를 가져올 수 있으며, 알림 챗봇은 지속적인 팀 커뮤니케이션을 방해하지 않고 인스턴트 블룸버그 환경 내에서 적시에 알림 및 비즈니스 인텔리전스를 제공한다.

대규모 언어모델LLM을 통한 ChatGPT와 같은 생성형 AI가 제조, 리테일, 금융, 교육, 게임 등 다양한 산업에 적용되면서 혁신의 주인공이 되고 있다. 기존의 AI와 머신러닝이 정형 및 비정형 데이터를 기반으로 인식, 예측, 분류 등에 중점을 두었다면, 생성형 AI는 개인화된 고객 솔루션, 비용 효율적인 운영, 규정 준수, 리스크 관리 개선은 물론 사용자를 위한 맞춤화된 솔루션 제공 등 다양한 분야에서 사용되고 있다.

금융기업들은 인터넷, 모바일, 클라우드 등에서 다른 산업에 비해 도입이 늦었던 것과 달리 지금은 앞다퉈 생성형 AI를 도입하고 있으며, 방대한 양의 정형 및 비정형 데이터로 LLM을 학습시킨다면 금융산업에서도 새로운 변화가 시작될 것으로 예상된다.

금융특화 LLM인 '블룸버그 GPT' 개발

2023년 4월, 블룸버그는 금융업계에 특화된 전문 LLM인 '블룸버그 GPT'를 공개했다. 블룸버그의 방대한 금융 데이터 아카이브와 공개 데이터 세트에서 7,000억 개의 토큰을 기반으로 학습한 이 500억 개의 파라미터 모델은 감정 분석, 뉴스 분류, 금융 영역의 쿼리 관련 작업과 같은 기존 NLP 작업을 향상하도록 설계되었다. 블룸버그 GPT를 통해 새롭고 다양한 유형의 애플리케이션을 처리할 수 있을 뿐만 아니라, 각 애

● 블룸버그 GPT (출처: 블룸버그)

플리케이션에 대한 맞춤형 모델보다 훨씬 더 높은 성능을 즉시 제공하고 출시 기간을 단축할 수 있다.

블룸버그 GPT는 7,000억 개 이상의 토큰이나 단어 조각인 코퍼스 Corpus로 학습하였으며, 블룸버그의 광범위한 데이터 소스를 기반으로 3,630억 개의 토큰 데이터 세트를 구축했는데, 이는 역대 최대 규모의 도메인 특화 데이터 세트이다.

블룸버그 CTO인 숀 에드워즈Shawn Edwards는 "금융 영역에 초점을 맞춘 최초의 LLM을 개발했다는 점에서 엄청난 가치를 발견했다. 블룸버그 GPT를 사용하면 새로운 유형의 애플리케이션을 만들 수 있고, 기존 애플리케이션도 속도와 성능을 향상시킬 수 있다"고 설명했다.

블룸버그 GPT는 오픈소스 기반 머신러닝 라이브러리인 PyTorch를 사용했으며, 블룸버그가 지난 수십 년에 걸쳐 수집하고 큐레이션한 금융 뉴스, 기업 데이터, 보도 자료, 블룸버그 뉴스 콘텐츠 등이 포함돼 있어 거의 모든 금융 질문에 대한 답을 신속하게 생성할 수 있다.

예를 들어, 회사의 제품이나 서비스에 대한 모든 질문에 즉시 답변할 수 있고, 10년간의 의심스러운 활동 보고서[SAR]로 훈련된 LLM은 자금 세탁 징조를 보이는 일련의 거래를 식별해낼 수 있다.

블룸버그 GPT는 50억 개의 매개 변수를 갖추고 있으며, 블룸버그의 방대한 데이터 소스를 바탕으로 구축된 3,630억 토큰의 데이터 세트로 학습되었으며 여러 벤치마크에서 우수한 성능을 보여주고 있다. 이는 금융 분야의 특정 요구 사항과 사용 사례에 맞춰 최적화되었음을 의미한다.

더불어 블룸버그 GPT는 금융 분야에서 최고 수준의 결과를 달성하면서도 일반 언어모델 벤치마크에서 경쟁력 있는 성능을 유지한다. 이는 금융 도메인에 특화된 학습과 일반적인 언어 이해 사이의 균형을 잘 맞추고 있음을 보여준다.

블룸버그 GPT는 Amazon SageMaker와 같은 클라우드 기반 서비스를 사용하여 학습되었으며, 대규모 모델을 효율적으로 학습하기 위한 다양한 최적화 기술이 적용되었다. 이는 모델의 학습 과정을 최적화하고, 대규모 언어모델을 효율적으로 구축하는 데 중요하다.

블룸버그는 블룸버그 GPT가 시장 가격을 예측하는 데 도움이 되는 감정 분석, 뉴스 분류, 헤드라인 생성, Q&A 및 기타 쿼리 관련 작업과 같은 기존 NLP 작업을 개선하는 데 도움이 될 것으로 기대하고 있다.

메이요 클리닉,
서비스 최고 병원에서 AI First 병원으로 혁신하다

디지털 트랜스포메이션으로 환자의 건강을 개선하고 치료하다

2024년 3월 5일, 뉴스위크가 공개한 '2024 세계 최고 병원World's Best Hospitals 2024'에 따르면 글로벌 병원 100위 안에 국내 6개 상급 종합병원이 이름을 올렸다. 서울아산병원이 22위로 국내 1위를 차지했고, 삼성서울병원(34위), 세브란스병원(40위), 서울대병원(43위), 분당서울대병원(81위), 강남세브란스병원(94위)이 그 뒤를 이었다.

그렇다면 뉴스위크가 선정한 전 세계 최고 병원은 어디일까? 미국 미네소타주 로체스터에 위치한 150년 역사를 자랑하는 메이요 클리닉Mayo Clinic이 1위를 차지했다. 전 세계 최고 병원인 메이요 클리닉은 이제 인류의 의료 문제를 해결하기 위해 AI 기반의 디지털 혁신에 대한 투자를 가속화하고 있다. 이를 위해 메이요 클리닉은 디지털 건강센터CDH를 설립하고 데이터, 분석, 머신러닝, AI를 활용하여 환자의 건강을 개

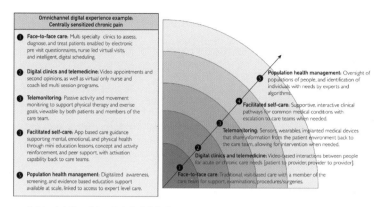

● 메이요 디지털 트랜스포메이션 전략 추진 (출처: 메이요 클리닉)

선하고, 디지털 채널을 통해 전 세계 환자들에게 모니터링, 진단, 치료 권장 사항을 제공하고 있다.

현재 메이요 클리닉은 소프트웨어, 개발 프로세스 및 기술의 표준화를 통해 AI 사용 사례를 더 빠르게 생성하는 방법에 집중하고 있다. 예를 들어 의사가 45세에서 55세 사이의 여성 환자에 대한 유방 촬영 사진과 의료 차트 등의 정보를 확인해야 하는 경우, 각 요소를 개별적으로 찾는 대신 검색 도구에 해당 쿼리를 입력할 수 있다. 마찬가지로, 의사가 환자와 일치할 수 있는 임상시험을 찾는 경우에도 해당 검색을 수행할 수 있다.

이러한 노력에 힘입어 메이요 클리닉의 디지털 여정은 현재까지 순항 중이다. 2019년 메이요 클리닉의 총 수익은 138억 2,000만 달러로 2018년보다 9.7% 증가했다. 매출 성장은 주로 애리조나, 플로리다, 미

구분	현재	향후
Face-to-face care	• 화상 및 전화 기반 사전 방문 상담 • 방문 전 환자로부터 전자 정보 수집 • 비디오 및 온라인 환자 교육 과정 • 증강/가상/혼합 현실을 통한 환자 학습, 진정 및 치료 촉진	• 환자와 간병인이 임상 공간을 탐색하는 데 도움이 되는 대화형 디지털 길 찾기 • 의료진이 환자와 더 많은 시간을 보낼 수 있도록 지원하는 지능형 문서화 및 청구
Digital clinics and telemedicine	• 환자의 자택 또는 주거 환경으로의 비디오 전용 방문 • 다른 시설에 있는 환자 및 의료 서비스 제공자와의 의료 시설간 가상 방문 • 의료 서비스 제공자 간의 비동기식 전자 상담(e컨설트)	• 기술 기반 다중 전문 질환 보드 • 여러 기관에 걸친 제공자 간 연결
Telemonitoring	• 생체 신호 원격 모니터링 • 활동 및 동작 추적 • 복약 순응도 모니터링 • 환자 입력 정보 • 의사결정 트리 및 에스컬레이션 알고리즘	• 상업적으로 이용 가능하고 의학적으로 지시된 데이터를 사용하는 기기에 구애받지 않는 시스템 • 임상적, 상황적으로 적절한 치료 지침에 따라 환자의 필요에 대응하는 지능형 시스템
Facilitated self-care	• 약물 관리, 행동 변화 및 절차 준비를 위한 대화형 계획 • 대면 및 가상 예약과 연결된 증상 검사기	• 여러 질환을 앓고 있는 환자의 의료 요구 사항을 이해하기 쉽고 따르기 쉬운 통합 치료 계획으로 지능적으로 통합할 수 있는 치료 프로그램
Population health	• HR을 통한 예방, 검사 및 주문 지원 • 대규모로 제공되는 디지털 환자 교육 • 공중 보건 기관과 의료 기관 간의 긴밀한 파트너십 구축	• 저시력 환자를 위한 서비스 및 도구와 환자를 매칭하는 개선된 AI 알고리즘 • 환자 대 환자, 간병인 대 간병인, 환자 대 제공자 지원을 위한 기술 기반 케어 커뮤니티 등장 • 사물 인터넷을 통해 일관되고 정확한 적시 정보를 제공하고 필요에 따라 환자를 분류할 수 있다.

● 메이요 클리닉의 의료 서비스 확장의 현재 역량과 향후 방향성 (출처: 메이요 클리닉)[63]

네소타에 있는 메이요 클리닉에서 입원 환자와 외래 환자 및 수술 건수가 증가했기 때문이다.

63. Digital Care Horizon: A Framework for Extending Health Care Through Digital Transformation, Mayo Clinic(2023.06.10)

AI로 환자의 건강을 예측하고 서비스를 개선하다

메이요 클리닉은 구글과 파트너십을 체결하고 구글 클라우드 플랫폼을 사용하는 등 AI 분야에서 구글과 긴밀히 협력하고 있으며, 의료 서비스 제공자 조직과 협력하여 R&D를 수행하고 솔루션을 개발하는 부서인 구글 헬스와도 공동 프로젝트를 진행하고 있다. 구글 클라우드 도입으로 메이요 클리닉의 의료 전문가들이 최신 챗봇을 지원하는 도구를 사용하여 환자 정보를 빠르게 찾을 수 있게 되었다.

또한 환자 스케줄링, 보험사와의 사전 승인, 수익 주기 애플리케이션 등 다양한 분야에서 AI가 활용되고 있으며 방사선과, 심장학 분야의 전문 분야별 애플리케이션, 의료 센서 데이터를 기반으로 한 원격 진단 및 관리, 임상시험 환자 매칭과 같은 임상적 용도로도 개발되고 있다.

메이요 클리닉은 7개의 범위로 AI 트랜스포메이션 전략을 추진하고 있다.

첫째, 멀티모달 AI 적용이다. 메이요 클리닉은 의료 기록, 유전체학, 심지어 환경적 요인까지 포함한 정형 및 비정형 데이터를 통합하는 멀티모달 AI의 선구적인 활용을 선도하고 있다. 이들은 '주택 지수'라는 것을 개발하여 거주 지역만으로 '노출체'에 대해 약 40가지의 다른 정보를 유추할 수 있다.

둘째, 대규모 언어모델의 활용이다. 메이요 클리닉이 보유한 풍부한 임상 경험을 학습시킨 자체 LLM을 구축하여 보다 정확하고 개인화된 의료 조언을 제공할 수 있다.

셋째, 원격 의료 적용이다. 메이요 클리닉은 이미 병원 입원이 필요했던 약 23,000명의 환자를 원격 의료 서비스를 통해 집에서 치료했다.

넷째, 임상 상호작용을 위한 앰비언트 AI이다. 의사와 환자 간의 대화를 캡처하여 의료 기록으로 변환하는 앰비언트 AI의 사용이 증가하고 있다. 이는 의료진의 문서화 부담을 덜어줄 뿐만 아니라 환자와 의사 간의 상호작용을 향상시킨다.

다섯째, 가상 의료 코치이다. 아직 초기 단계이지만, 가상 의료 코치라는 개념이 현실화되어 환자의 종합적인 병력과 데이터를 기반으로 개인화된 의료 조언을 실시간으로 제공할 수 있다.

여섯째, AI와의 공감대 형성이다. 흥미롭게도 AI는 의료 서비스에서 공감을 촉진하는 역할을 할 수도 있다. AI는 의사와 환자와의 상호작용을 분석하여 의료진들이 환자에게 더 관심을 가지고 환자의 입장에서 커뮤니케이션할 수 있도록 지원하고 있다.

일곱째, 의료 분야 AI 가이드라인 수립이다. 의료 업계는 AI 모델을 책임감 있게 배포할 수 있는 가이드라인을 만드는 방법을 모색하고 있다. 이에 따라 미국 전역의 30개 이상의 의료기관이 모여 의료 및 연구 분야에서 생성형 AI의 사용 사례, 위험 및 모범 사례를 탐색하고 해당 분야의 윤리적인 기술 채택을 가속화하기 위해 'VALID AI'라는 단체를 출범시켰다. 메이요 클리닉은 진료, 연구, 교육의 세 가지 영역에서 AI를 지원하는 구체적인 프로그램을 운영하고 있다.

AI 알고리즘으로 질병을 예측

메이요 클리닉은 진료 부문에서도 AI 알고리즘을 사용하여 질병이 나타나기 전에 예측할 수 있는 심전도 패턴을 찾거나, 영상 검사에서 중요한 부위를 파악하여 의료진의 시간과 노력을 절약할 수 있었다. 또한, 메이요 플랫폼에는 전 세계인이 이용할 수 있는 세계 최고의 환자 치료 및 건강 정보 라이브러리가 있다.

AI 도구와 기술을 임상 진료에 도입하여 심장 질환이 있거나 심장 질환 위험에 처한 사람들에게 도움을 제공하기 위해 노력하고 있다. 심장혈관내과 의사와 과학자들은 더 나은 치료를 위해 AI를 임상 진료에 접목하고 있다.

의료 분야의 조기 위험 예측 및 진단 연구

연구 부문에서 메이요 클리닉은 의사와 과학자가 한자리에 모여 의료 분야의 AI 과학을 발전시키기 위해 AI 심포지엄을 개최하는 등 앞장

● 심장 분야 AI 활용 분야 (출처: 메이요 클리닉)

분석 분야	주요 내용
뇌졸중 환자 지원	뇌졸중으로 응급실에 내원하는 환자가 CT 스캔을 받으면 CT 데이터를 분석하도록 훈련된 컴퓨터가 검사함. 진단 시간을 단축하고 뇌 손상을 제한
심장 문제 예방	심전도에 AI를 적용하면 심장 펌프의 약화를 감지하는 데 널리 사용될 수 있는 저비용 테스트가 가능. 약한 심장 펌프는 치료하지 않고 방치하면 심부전으로 이어질 수 있어 메이요 클리닉은 700만 건 이상의 심전도 데이터베이스를 기반으로 데이터를 마이닝하여 심부전을 정확하고 빠르게 예측
심방세동(AFib)을 더 빨리 감지	AI 기반 심전도 검사는 증상이 나타나기 전에 심장 리듬 이상을 감지하는 데도 사용

서고 있다. 이 클리닉의 AI 심장학팀은 AI를 복잡한 심장 질환의 조기 위험 예측 및 진단에 적용하고 있다. 메이요 클리닉 심장혈관내과에서 심장 치료를 받는 사람들은 환자 치료를 개선하기 위해 이 클리닉의 최첨단 연구와 AI 심장 전문지식을 활용할 수 있다. 또한 메이요 클리닉에서 개발된 AI는 애플 워치에서 약한 심장 펌프(낮은 심실 박출률)를 감지하는 데 사용된다.

메이요 클리닉 플랫폼 대표인 존 할람카는 "생성형 AI는 확률적이기 때문에 프롬프트를 작성할 때마다 미묘하게 다른 답을 얻을 수 있다. 생성형 AI는 아직 투명하지 않고 일관성이 없으며 신뢰할 수 없는 단계라고 생각한다. 따라서 사용 사례를 선택할 때 조금 더 신중해야 한다"고 말하고 있다.

AI 스타트업 육성 교육 프로그램 운영

교육 부문에서 메이요 클리닉은 헬스케어 분야의 AI 스타트업을 육성하기 위한 프로그램을 운영 중이다. 메이요 클리닉 플랫폼 액셀러레이트Mayo Clinic Platform Accelerate 프로그램은 3주 동안 진행되며, 프로그램에 참여하는 기업은 AI 모델 검증 및 임상 준비에 중점을 두고 규제, 임상, 기술 및 비즈니스 영역에서 메이요 클리닉 전문가들의 도움을 받을 수 있다.

메이요 클리닉은 "병원은 이제 보수적인 공기관적 이미지를 넘어서 도전을 통해 부를 창출하며 사회에 기여하는 '스타트업'이 돼야 한

기업	주요 내용
Cliexa	환자 치료 결과를 개선하고, 의료 서비스 제공자에게 효율성을 제공하는 데이터 기반 솔루션을 제공
Quadrant Health	전자 건강 기록 정보와 환자 메시지를 분석하여 환자를 분류하고 환자의 위험을 예측
ScienceIO	데이터를 정리하여 치료를 간소화하고 관리 부담을 줄이는 도구를 개발
Seer Medical	데이터를 사용하여 가정 기반 간질 진단 및 관리 모델을 개선

● 메이요 클리닉 플랫폼 액셀러레이트 프로그램 참여 기업 (출처: 메이요 클리닉)

다"고 말하고 있다. 의료진의 관점이 아닌 환자의 시선으로 문제를 정의하고, 디지털 기술을 활용하여 환자에게 통합 솔루션을 신속하게 제시한 덕분에 메이요 클리닉은 환자의 기대치를 뛰어넘는 만족감을 선사하고 있다.

바이엘,
제약과 농업 분야 AI 플랫폼 기업이 되다

디지털 트랜스포메이션으로 비즈니스 모델을 혁신하다

글로벌 제약 대기업인 바이엘 그룹Bayer Group은 아스피린과 같은 가정 필수품부터 방사선 연구용 염료, 농작물/식물 바이오 제품 등 다양한 분야에서 첨단 기술과 혁신 제품을 개발하는 기업으로 잘 알려져 있다.

바이엘은 2022년 7월 회사 차원의 대대적인 디지털 트랜스포메이션을 위해 14억 달러를 투자할 계획을 발표했다. 바이엘의 최고 디지털 책임자CDO이자 최고 마케팅 책임자CMO를 겸하고 있는 패트리샤 코르시Patricia Corsi는 "바이엘의 디지털 트랜스포메이션은 네 가지 주요 영역에 중점을 두고 있다"고 밝혔다.

첫째, 고객경험의 디지털화이다. 바이엘은 고객과의 관계를 강화하고, 새로운 디지털 채널을 통해 고객과 공동 창작하는 기회를 제공한다. 예를 들어, 임상시험에서 스마트 헬스 기기의 데이터를 활용하여 환자의 건강을 모니터링할 수 있다.

둘째, 운영의 디지털화이다. 바이엘의 가치사슬 전반에 걸친 운영의 디지털화를 통해 효과적이고 비용 효율적인 기능적 영역을 실현한다. 예를 들어, 이탈리아 가르바냐테에 위치한 제약 제조 시설에서는 디지털 트윈 기반 스케줄링 프로그램을 도입하여 품질 관리 실험실의 효율성을 향상시켰는데, 이 시설은 세계 최고의 스마트 공장 중 하나로 인정받고 있다.

셋째, 새로운 비즈니스 모델 개발이다. 바이엘은 디지털 트랜스포메이션을 통해 고객에게 최대한의 가치를 제공할 수 있는 새로운 비즈니스 모델을 모색하고 있다.

넷째, 디지털 전환 과정에 있어 직원들의 적극적인 참여이다. 바이엘은 직원들이 변화에 대해 다양한 반응을 보인다는 것을 인식하고, 단순히 '디지털 여정이 중요하다'고 전체 메일을 발송하는 것에서 그치지 않고, 직원들을 변화의 다양한 단계로 안내하는 커뮤니케이션과 변화 계획을 마련했다. 이를 위해 바이엘은 고객서비스 개선이나 운영효율성 증대에 대한 혁신적 아이디어를 제시한 직원에게 '디지털 혁신상'을 수여해 직원들이 변화에 공감할 수 있도록 동기를 부여하고 있다.

바이엘은 미래 먹거리 발굴을 위해 미국의 다국적 종자·농약회사 몬산토Monsanto를 630억 달러에 인수했고, 2013년에는 구글 출신 개발자들이 만든 디지털 파밍 기업 클라이미트 코퍼레이션Climate Corporation을 인수하는 등 데이터를 활용한 농업 분야인 '데이터 파밍Data farming' 분야에 대대적으로 투자하고 있다.

클라이미트 코퍼레이션은 2006년 구글 출신 과학자와 엔지니어들이 만든 기업으로 미국 내 주요 농지의 과거 60년간 수확량 데이터, 1,500억 곳의 토양 데이터, 250만 개 지역의 기후정보 데이터를 확보하고, 빅데이터 분석을 통해 농업인들이 리스크를 피하고 수확량을 높일 수 있는 과학적인 방법을 제시하고 있다.

예를 들어, 밀을 재배하는 농가에서는 파종한 밀의 품종 번호를 입력하면 예상 수확량, 판매 시 가격, 전년 대비 성장률 등 다양한 정보를 예측할 수 있다. 클라이미트 코퍼레이션은 이런 기술력을 인정받아 지난 2013년 10월, 세계적인 종자 기업인 몬산토 그룹에 9억 3천만 달러에 인수되었다. 그러다가 다국적기업인 바이엘이 몬산토를 630억 달러에 인수하면서 현재 클라이미트 코퍼레이션은 바이엘의 자회사로 분

● 바이엘 디지털 농업 비즈니스 분야 (출처: 바이엘)

● 클라이미트 필드뷰 (출처: 클라이미트 코퍼레이션)

류된다.

　클라이미트 코퍼레이션은 농기계와 농경지 곳곳에 센서를 부착하고, 여기서 획득한 다양한 데이터를 기후정보와 결합하여 지역별로 알맞은 농사법을 추천한다. 예를 들면 토양 상태, 작물의 성장 상황, 일기예보, 30년간의 기후변화 데이터 등을 통해 비용은 절감하고 수확량은 증가하는 등 생산성이 눈에 띄게 높아진다. 미국에서는 이를 '처방Prescription 농법'이라고 부르는데, 병원에서 의사가 환자의 상태를 보고 적합한 처방을 내리듯이 컴퓨터 프로그램이 해당 지역에 적합한 농사법을 진단하고 처방한다고 해서 이와 같은 이름이 붙게 되었다.

　운전자들이 내비게이션이 없으면 불안해서 운전을 할 수 없듯이, 한 번이라도 클라이미트 코퍼레이션의 서비스를 이용해 본 농부들은 이 회사에서 제공하는 디지털 농업 플랫폼인 '필드뷰FieldView' 없이는 농사를 제대로 지을 수 없다고 말하고 있다.

　필드뷰 플랫폼을 이용하는 농부들은 트랙터를 운전할 때는 태블릿

PC로 접속하고, 걸어서 농장을 둘러볼 때는 스마트폰을 이용하고, 사무실이나 집에서는 데스크탑을 통해 필드뷰 플랫폼에 접속해서 날씨와 토양 상태, 작물 상태를 파악할 수 있다.

클라이미트 코퍼레이션은 2018년 8월, 종자 유전학 라이브러리와 머신러닝 기술을 결합한 '종자 추천 모델Seed Advisor Model'을 출시했다. 지역별로 토양과 기후에 맞는 종자를 디지털 기술을 통해 분석 및 예측하고, 이에 대한 정보를 기반으로 농부에게 자신의 농지에 적합한 최적의 종자를 추천해 주는 서비스다. 클라이미트 코퍼레이션은 이를 위해 미국 3개 주, 10만 에이커에 달하는 지역에서 200명의 농부가 2년간 테스트를 진행하였고, 약 80%에 달하는 성공률을 기록했다고 발표했다.

예를 들어, 강원도 평창으로 귀농한 초보 농부가 1,000평 규모의 밭에서 배추 농사를 처음 시작한다고 가정해 보자. 이때 밭에 어떤 배추 종자를 심었을 때 어떤 결과가 나올지는 수확할 때까지는 알기 어렵다. 국내에 등록된 배추 종자만 해도 쌈배추, 얼갈이배추 등 1,200개에 달하기 때문이다. 만약 종자 추천 모델을 국내에서 이용할 수 있다면 농부가 기본 정보만 입력하면 컴퓨터 프로그램이 기후, 토양, 주변 작물 재배 상황, 시세, 재배 안정성 등을 고려하여 리스크는 줄이고 생산성을 높일 수 있는 최적의 배추 종자를 추천하고 수확량과 예상 수익까지 제시할 수 있을 것이다.

앞으로 농업 분야에서 빅데이터, AI, 기계학습 등의 기술을 통해 생산성을 향상시키는 사례는 더 많이 나올 것으로 보인다. 이런 점에서 클라이미트 코퍼레이션이 보여준 데이터 경영이 가져온 농업계의 혁신 사례는 주목할 만하다.

AI로 신약 개발부터 의료 업무 자동화를 혁신하다

바이엘은 AI와 머신러닝 분야에서 다양한 프로젝트를 진행 중이다. 실리콘밸리에 있는 LifeScience iHUB는 기술 회사들과 바이엘 간의 협력을 촉진하여 인간 건강, 동물 건강, 농업을 위한 혁신적인 센서, AI/머신러닝, 디지털 앱을 개발하고 있다. 바이엘은 현재 업무 프로세스에 AI를 활용하기 위한 수백 개의 이니셔티브 프로젝트를 진행 중이다.

화학물 식별 신약 발견

신약 개발은 엄청나게 복잡하고 시간이 매우 많이 걸리는 작업이다. 특정 질병 관련 표적에 결합하는 화합물을 식별하려면 매우 많은 수의 작은 분자를 스크리닝해야 한다. AI는 잠재적인 화합물을 식별하는 방식을 혁신적으로 바꾸고 있다.

예를 들어, 바이엘은 심부전을 시작으로 신약 표적을 찾는 데 AI를 활용하고 있다. 환자 하위 유형화를 위한 지식 그래프, 인실리코 표적 식별 및 표적 순위 지정과 같은 최첨단 기술을 사용하여 환자에게 꼭 필요한 치료제를 더 빠르고 정확하게 제공하는 것을 목표로 하고 있다.

바이엘의 이미징, 데이터 및 AI 연구센터 책임자인 귀도 매튜스Guido

Mathews는 "제약 사업에서 AI의 가장 유용한 응용 분야 중 하나는 규제 문서 생성을 돕는 것"이라고 말한다. 그는 "임상시험은 엄격한 규정 준수를 위해 규제 기관에 제출해야 하는 방대한 서류와 문서가 필요한 경우가 많은데, 이러한 문서를 준비하려면 상당한 시간과 리소스가 필요하며, 광범위한 정보 수집과 특정 형식의 제출이 요구되는 경우가 많다. AI를 사용하면 이러한 프로세스 중 일부를 자동화하여 텍스트를 요약 및 합성하고 참고 자료를 정리할 수 있다"고 말했다.

임상시험 프로세스 개선

복잡한 계획, 세심한 설계 요건, 환자 모집의 어려움으로 인해 임상시험은 신약 개발에서 가장 많은 시간이 소요되는 단계다. 바이엘은 AI를 사용하여 임상시험 프로세스를 개선하고 효율성과 안전성을 모두 높이고 있다.

핀란드에서 바이엘, 알토 대학교, 헬싱키 대학병원이 공동으로 진행하는 연구 협력 프로젝트인 미래 임상 시험Future Clinical Trials은 임상시험의 계획 및 수행 방식을 혁신하여 임상 약물 연구의 효율성과 안전성을 개선하는 것을 목표로 한다. 실제 고품질의 의료 데이터를 기반으로 임상시험에 적합한 환자를 식별하는데, AI는 환자를 보다 효율적으로 분류할 수 있고 드문 부작용까지 인식할 수 있기 때문에 잠재적인 위험을 피하고 더 나은 결과를 얻을 수 있도록 돕고 있다. 또한 가상 또는 합성 데이터 세트를 사용하여 외부 대조군을 도입함으로써 임상시험 설계 방식을 보강하는 데 AI를 활용할 수 있는 방법을 연구하고 있다.

의료코딩 시간 단축

바이엘은 이미 GPT와 같은 대규모 언어모델의 기반 기술인 자연어 처리NLP를 사용해 왔다. 이는 의사가 사례 보고서에서 수집한 정보를 분석 및 검토할 수 있는 표준화된 용어와 범주로 번역해야 하는 의료 코딩에서 중요한 역할을 수행한다. 이 작업을 수동으로 수행하면 지루하고 시간이 많이 소요되는 프로세스다.

바이엘은 이 문제를 해결하기 위해 대규모 언어모델LLM을 활용하여 방대한 양의 의료 정보를 96%의 정확도로 처리할 수 있다. 정확성을 보장하기 위해 바이엘의 의료 코딩은 AI가 제안한 모든 코드를 인간 의료 코더가 검토하는 '네 개의 눈 원칙'으로 수행된다. 이러한 접근 방식을 통해 바이엘은 2017년부터 수백만 개의 용어를 처리할 수 있었으며, 이 과정에서 임상시험 시간을 약 170,000 시간가량 단축하였다.

방사선 작업 자동화

바이엘은 신약 개발 외에도 AI 기술을 활용해 영상의학 분야의 혁신을 주도하고 있다. 바이엘은 최근 인수한 영상 AI 플랫폼 및 솔루션 제공업체인 블랙포드 어낼리시스Blackford Analysis와 협력하여 2022년 AI 기반 디지털 방사선 애플리케이션을 제공하는 칼란틱 디지털 솔루션즈Calantic Digital Solutions를 출시했다.

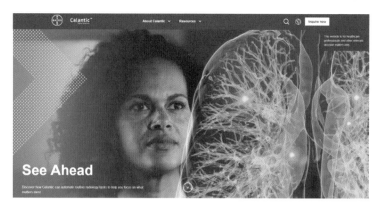

● 칼란틱 디지털 솔루션즈 (출처: 바이엘)

　이를 통해 시간이 많이 소요되는 작업을 자동화하고 워크플로우를 가속화하며 향상된 검출을 가능하게 함으로써 방사선과 전문의를 지원하도록 설계되었다. 이 플랫폼은 진단부터 치료하는 과정까지 중요한 답변과 명확한 방향을 제공함으로써 업무량을 줄이고 시간을 확보하여 방사선 전문의와 그 팀이 더 많은 환자를 더욱 빠르게 진료할 수 있도록 지원한다.

Part 4

전통기업의
AI
트랜스포메이션
성공법칙

AI 트랜스포메이션은 왜 실패하는가?

하버드 비즈니스 리뷰Harvard Business Review 따르면 대부분의 AI 프로젝트들의 실패 비율이 80%에 이르며, 이는 10년 전 기업 IT 프로젝트 실패율보다 높아 거의 두 배에 달하는 수치인 것으로 나타났다.[64]

가트너Gartner에 따르면, 2025년까지는 기업 내 생성형 AI 중 90%에서 비용이 가치를 초과하고, 그중 30%는 데이터 품질저하, 부적절한 리스크 관리, 비용 증가, 불분명한 비즈니스 가치로 인해 개념 증명PoC 후 폐기될 것으로 분석하였다. 또한, 2028년까지 대규모 언어모델LLM을 처음부터 구축한 기업의 50% 이상이 배포의 비용, 복잡성 및 기술적 부채로 인해 그러한 노력을 포기할 것으로 전망했다.[65]

IBM의 'IBM 글로벌 AI 도입 지수 2023IBM Global AI Adoption Index 2023' 보고서에 따르면 기업이 AI 기술을 비즈니스에 도입하는 데 어려운 이유로 AI 스킬 및 전문성 부족(33%), 데이터의 복잡성(25%), 윤리적 문제 (23%) 때문인 것으로 나타났다.[66]

---

64. Keep Your AI Projects on Track , Harvard Business Review (2023.11)
65. AI 프로젝트의 ROI, 어떻게 구체화할 것인가, CIO코리아 (2024.03.05)
66. 글로벌 기업들 인공지능 도입 상태는?, 인공지능신문 (2024.02.15)

기업의 AI 트랜스포메이션은 성공보다 실패 확률이 높다. 대부분의 기업들이 AI에 관한 막연한 환상과 기대감으로 AI 트랜스포메이션 전략을 추진하지만, 생각보다 많은 비용과 인프라 투자가 들어가고 ROI^{Return on Investment} 또한 단기적인 성과로 나타나지 않아 어려움에 부딪히게 된다.

기업의 AI 트랜스포메이션 실패는 AI 트랜스포메이션에 관한 전략의 부재, 레거시 인프라와의 연계의 어려움, 조직 내 공감대 부족, 데이터의 품질저하 문제 등 여러 가지 원인 때문에 발생할 수 있다. AI 트랜스포메이션 전략을 추진하면서 많은 기업들이 실수하고 크게 실패하는 원인은 다음과 같다.

첫째, AI 트랜스포메이션에 관한 명확한 비전이나 전략이 없이 CEO의 잘못된 판단으로 AI 트렌드에 무작정 뛰어들어 추진하는 경우다. AI 도입에 있어 명확한 목표와 비전의 부재는 조직이 AI를 효과적으로 활용하는 데 있어 가장 큰 장애물 중 하나다. 특히 CEO가 화려한 AI 기술로 포장하는 게 AI 트랜스포메이션이라고 착각하고, AI가 해결하고자 하는 구체적인 비즈니스 문제나 목표가 명확하지 않으면 프로젝트는 방향성을 잃고 조직 내 혁신의 동기가 상실된다. 결국 이는 높은 비용과 시간의 낭비로 이어져 조직의 신뢰와 시장에서의 경쟁력을 약화시키게 된다.

AI 트랜스포메이션 목표와 비전이 명확하지 않을 때 직원들은 각 단계에서 어떤 결정이 최선인지 판단하기 어렵게 된다. 이는 결정 지연, 프로젝트 진행의 지체, 그리고 종종 잘못된 방향으로 의사결정이 이루어져 결국 프로젝트 비용의 증가와 결과물의 품질저하를 초래하게 된다.

또한, 직원들은 각자 다른 기대와 해석을 바탕으로 작업을 진행하게 된다. 이는 작업의 중복, 불필요한 작업의 수행, 그리고 최종적으로는 조직 내 갈등으로 이어질 수 있다. 이러한 의사소통 문제는 AI 트랜스포메이션 추진을 크게 방해하며, 조직 내 사기와 생산성에도 부정적인 영향을 미치게 된다.

더불어 명확한 목표와 비전 없이 진행된 AI 트랜스포메이션은 조직의 실질적인 문제해결이나 가치 창출에 기여하지 못할 수 있다. 이는 AI 도입에 대한 조직 내부의 지지를 약화시키고, 향후 기술 투자에 대한 회의적인 시각을 조성할 수 있다.

둘째, AI에 대한 비현실적인 기대는 프로젝트가 실망으로 끝나는 주요 원인 중 하나다. AI를 만병통치약으로 보고, 단기간 내에 눈에 띄는 결과를 기대하는 것은 AI 트랜스포메이션의 목표를 달성하는 데 방해가 된다.

비현실적인 기대는 AI 트랜스포메이션의 성과를 과대 포장할 수 있다. AI를 만병통치약으로 보는 시각은 종종 과도한 목표 설정으로 이어지며, 이는 조직 구성원들이 집중해야 할 핵심 문제를 해결하기보다는 여러 방향으로 노력을 분산시키게 된다. 결과적으로 AI 시스템 및 서비스들이 기한 내에 출시되지 못해 실패하게 된다.

단기간 내에 눈에 띄는 결과를 기대하는 것은 프로젝트 일정에 대한 압박으로 이어질 수 있다. AI 프로젝트는 데이터 수집, 전처리, 모델 설계 및 테스트 등 다양한 단계를 거치며, 각 단계는 충분한 시간과 주의를 필요로 한다. 비현실적인 기한 설정은 충분한 테스트와 검증 없이 서둘러 결과물을 도출하려는 압박을 만들어 최종 결과의 품질을 저하시키게 된다.

비현실적인 기대는 프로젝트 예산의 부적절한 분배로도 이어질 수 있다. AI 솔루션의 효과를 과대평가함으로써 필요 이상의 자원이 특정 부분에 집중되어 다른 중요한 요소가 소홀히 관리될 위험이 있다. 이는 자원의 낭비를 초래하고, 프로젝트 전반의 효율성을 떨어뜨리게 된다.

셋째, AI 기술과 관련된 전문지식 및 인력 부족은 AI 트랜스포메이션을 어렵게 만들 수 있다. 내부 팀이 AI와 관련된 기술적 복잡성을 이해하고 해결하는 능력이 부족해 프로젝트의 설계, 실행, 유지보수 단계 모두에 영향을 미쳐 프로젝트가 실패할 수 있다.

전문지식의 부족은 AI 모델의 설계와 구현 단계에서 비효율적인 아키텍처 선택으로 이어질 수 있다. 이는 모델의 성능 저하, 과적합, 학습 시간의 증가 등 여러 문제를 야기할 수 있다. 또한, 데이터 전처리와 피처 엔지니어링Feature Engineering 과정에서도 최적의 방법을 적용하는 데 어려움을 겪을 수 있다.

AI 트랜스포메이션은 단순히 모델을 개발하는 것을 넘어서, 그 모델을 실제 운영 환경에 통합하고 지속적으로 관리해야 하는 작업이 포함된다. 이 과정에서도 AI 관련 전문지식이 필요한데, 이를 보유한 전문 인력이 부족하면 모델의 배포, 모니터링, 성능 최적화 등이 제대로 이루어지지 않을 수 있다.

AI 기술의 빠른 발전으로 인해 지속적인 학습과 기술 업데이트가 필요한데, 전문지식이 부족한 상태에서는 최신 AI 기술의 도입과 적용이 어려워 프로젝트가 경쟁력을 잃을 수 있다.

넷째, AI 트랜스포메이션 추진 시 조직 내 저항과 반발은 AI 트랜스포메이션 성공에 장애물이 될 수 있다. 직원들이 AI 기술을 받아들이기 어려워하거나, AI 도입으로 인한 직무 변경이나 손실에 대한 두려움 때문에 혁신에 저항하는 경우, 이는 전략추진을 지연시키거나 실패를 초래할 수 있다.

조직 내에서 AI 트랜스포메이션 추진 관련하여 충분한 정보가 제공되지 않는 경우 불확실성과 두려움이 증가하게 된다. 직원들이 AI 기술의 목적, 기능, 그리고 이로 인해 자신의 업무에 어떤 변화가 생길지를 이해하지 못한다면, 이는 자연스럽게 변화에 대한 저항으로 이어지게 된다. 이러한 불확실성은 종종 소문과 잘못된 정보의 확산으로 이어지며, 조직 내 부정적인 인식을 강화시킬 수 있다.

AI 트랜스포메이션 추진으로 인한 역할의 변화나 잠재적인 직무 손실에 대한 두려움은 직원들의 저항을 더욱 강화시키게 된다. 특히, AI 기술이 일부 직무를 자동화할 가능성이 있다고 인식될 때, 직원들은 자신의 직업 안정성에 대해 우려하게 된다. 이러한 두려움은 직원들이 AI

트랜스포메이션에 적극적으로 참여하거나 지원하는 데 있어 주요한 장애물이 될 수 있다.

조직 문화가 변화와 혁신을 수용하는 데 개방적이지 않은 경우, AI 트랜스포메이션 전략추진은 심각한 저항에 부딪칠 수 있다. 기존의 업무 방식과 프로세스에 대한 강한 애착은 새로운 기술의 도입과 프로세스의 변화를 어렵게 만들기 때문이다.

다섯째, 실질적으로 활용할 만한 학습데이터가 없거나 데이터 품질이 떨어지는 문제다. AI의 성능은 사용하는 데이터의 품질에 크게 의존하는데 데이터가 부정확하거나, 불완전하거나, 관련성이 없으면 AI 모델의 성능이 크게 저하된다. 많은 조직들이 조직 내 데이터가 많다고 착각하고 있다. 그러나 데이터 정리, 표준화, 관리, 학습에 어려움을 겪고 있으며, 이로 인해 AI 트랜스포메이션이 실패하는 경우가 많다.

데이터 품질의 문제는 AI 모델의 학습 과정에서 오류와 편향을 유발한다. 부정확하거나 불완전한 데이터는 모델이 잘못된 패턴을 학습하게 만들 수 있으며, 이는 결국 AI 모델의 예측 정확도와 신뢰성을 저하시키는 결과로 이어진다. 또한, 관련성 없는 데이터는 모델의 일반화 능력을 저하시켜 실제 운영 환경에서의 성능이 크게 떨어진다.

학습데이터의 양이 부족한 경우, 모델이 주어진 데이터를 충분히 학습하지 못해 훈련 데이터와 테스트 데이터 모두에서 성능이 낮아지는 과소적합Underfitting 상태가 될 수 있다. 과소적합된 모델은 학습데이터조차 제대로 된 예측을 수행하지 못하며, 새로운 데이터에 대한 예측

성능 또한 매우 낮아지게 된다.

여섯째, 적절한 기술 및 인프라 없이 AI 트랜스포메이션을 추진하려는 시도는 마치 기초 없이 높은 건물을 세우려는 시도와 같아 실패로 이어질 수 있다. AI 트랜스포메이션 추진 시 강력한 인프라와 기술 스택 Stack의 부재는 AI 시스템의 개발과 배포 과정에서 다양한 문제를 초래하여 프로젝트를 지연시키거나, AI 솔루션의 성능을 저하시킬 수 있다.

AI 모델, 특히 머신러닝 및 딥러닝 모델은 대량의 데이터를 처리하고 복잡한 계산을 수행해야 하므로, 고성능의 컴퓨팅 자원이 필요하다. 적절한 하드웨어와 소프트웨어 인프라가 없다면, 모델 학습과 추론 과정이 극도로 느려지거나, 심지어 실행이 불가능할 수도 있다. 이는 AI 트랜스포메이션의 지연은 물론, 예상치 못한 비용 증가로 이어질 수 있다.

AI 트랜스포메이션의 성공은 단순히 모델의 성능에만 의존하지 않는다. 데이터의 저장, 처리, 분석을 위한 기술 스택과 인프라의 지원이 필수적이다. 적절한 데이터베이스 시스템, 데이터 처리 파이프라인, 모델 서빙Model Serving 인프라 등이 없다면 AI 모델을 효과적으로 훈련시키고 실제 환경에서 활용하는 것이 어려워질 수 있다.

AI 트랜스포메이션은 안정적이고 확장 가능한 인프라 위에서 운영되어야 한다. 특히 클라우드 기반의 인프라는 자원의 유연한 확장과 관리를 가능하게 하며, 급격한 트래픽 증가나 데이터량 증가에도 효과적으로 대응할 수 있어야 한다. 인프라가 이러한 요구 사항을 충족시키지 못한다면, AI 시스템의 신뢰성과 사용자 경험이 저하될 수 있다.

마지막으로 AI의 윤리적, 법적, 규제적 문제를 고려하지 않는 것은 AI 트랜스포메이션에 심각한 위험을 초래할 수 있다. 개인정보 보호, 데이터 보안, AI의 공정성과 투명성에 대한 우려는 신중하게 관리되어야 한다. 이는 법적 제재, 고객 및 공공의 신뢰 상실, 그리고 경제적 손실로 이어질 수 있으며, 때로는 AI 트랜스포메이션의 전면적인 중단을 초래할 수도 있다.

개인정보 보호와 데이터 보안은 AI 트랜스포메이션의 핵심고려 사항이다. 전 세계적으로 강화되고 있는 데이터 보호 규정(예: 유럽연합의 일반 데이터 보호 규정(GDPR))은 조직이 데이터를 수집, 처리, 저장하는 방식에 엄격한 요구 사항을 적용하도록 규정하고 있다. 이러한 법적 요구 사항을 준수하지 않는 경우 조직은 막대한 벌금과 소송에 직면할 수 있으며, 이는 조직의 재정적 안정성과 명성에 중대한 타격을 줄 수 있다.

AI의 공정성과 투명성에 대한 우려는 무시할 수 없는 문제다. AI 모델이 편향된 데이터에 기반하여 훈련될 경우 그 결과는 특정 집단에 대해 부정적인 영향을 미칠 수 있으며, 이는 윤리적 문제는 물론 법적 책임으로도 이어질 수 있다. 따라서 AI 모델의 결정 과정을 투명하게 만들고, 이해관계자가 모델의 결정을 이해하고 문제를 식별할 수 있도록 하는 것이 필수적이다.

규제 환경은 지속적으로 변화하고 있으며, AI 기술의 빠른 발전으로 인해 많은 국가와 지역에서 새로운 법률과 규제가 도입되고 있다. AI 트랜스포메이션을 추진하는 조직은 이러한 변화하는 규제 환경에 대해 지속적으로 정보를 수집하고 이에 적용해야 한다. 규제 요구 사항을 무시하거나 이에 대응하지 못하는 것은 AI 트랜스포메이션의 지연 또는 중단뿐만 아니라 법적 책임으로 이어질 수 있다.

AI 트랜스포메이션의 실패는 다양한 요인에 의해 발생할 수 있으며, 이러한 실패를 피하기 위해서는 명확한 목표 설정, 조직의 참여 유

● AI 트랜스포메이션의 실패 요인 및 문제점 (출처: 디지털이니셔티브 그룹)

실패 요인	주요 내용
명확한 비전 및 전략이 없는 경우	• 프로젝트 방향성 상실 및 혼란 • 프로젝트 중복 및 불필요한 과제 수행 • 조직의 신뢰와 시장에서의 경쟁력을 약화
AI에 대한 비현실적인 기대감이 높은 경우	• 과도한 목표설정 및 성과 과대포장 • 프로젝트 분산 및 기간 지연 • 서비스 결과 품질 저하 • 예산 및 자원 낭비
AI 기술과 관련된 전문 지식 및 인력이 부족한 경우	• 설계와 구현 단계에서 비효율적인 아키텍처 및 모델 선택 • 모델의 성능 저하 • 데이터 과적합 • 데이터 학습 시간 증가
조직 내 AI 도입에 대한 저항과 반발이 심한 경우	• 전략지연 및 실패
학습데이터가 없거나 데이터 품질이 떨어지는 경우	• 데이터 오류와 편향을 유발 • AI 모델 예측 정확도와 신뢰성 저하
적절한 기술 및 인프라 투자가 이루어지지 않은 경우	• AI 시스템의 개발과 배포 문제 발생 • 프로젝트 지연 • AI 솔루션 성능 한계
AI의 윤리적, 법적, 규제적 문제를 고려하지 않는 경우	• 법적 제재 • 고객 및 공공의 신뢰 상실 • 경제적 손실

도 및 변화 관리, 적절한 기술 및 인프라의 확보, 윤리적·법적 고려 사항을 철저하게 준비하고 계획해야 성공할 수 있다.

성공적인 AI 트랜스포메이션
추진을 위한 5가지 법칙

AI 트랜스포메이션에 성공한 기업은 최근에 성과를 얻고 있는 것으로 나타났다. 마이크로소프트와 IDC가 공동 발간한 'AI의 비즈니스 기회' 보고서에 따르면 글로벌 비즈니스 리더 2,100명을 대상으로 설문조사를 실시한 결과, AI에 투자한 1달러당 3.50달러를 돌려받는 등 350%의 수익을 거두고 있는 것으로 나타났다. 또한, 조직이 AI 투자에 대한 수익을 실현하는 데 걸리는 평균 시점은 배포 후 14개월 이내인 것으로 조사됐다.[67]

　　AI 트랜스포메이션을 적극적으로 받아들인 기업과 그렇지 않은 기업의 격차는 앞으로 더 벌어질 것으로 보인다. AI 트랜스포메이션은 이제 거부할 수 없는 시대의 흐름으로, 단순한 트렌드가 아닌 기업의 생존을 위한 핵심전략으로 접근해야 한다. 전통기업이 AI 트랜스포메이션을 실패하지 않고 올바른 방향으로 추진하기 위해서는 다음의 사항을 고려해야 성공할 수 있다.

67. 어렵지만 꺼내야 한다… CIO가 AI 전략 회의에서 던져야 할 질문 6가지, ITWorld(2024.01.10)

첫째, CEO의 주도로 명확한 비전과 목표를 수립해야 한다.

CEO가 강력한 리더십과 프로젝트 챔피온(프로젝트 총괄을 지칭)으로 AI 트랜스포메이션을 주도하고, 초기 전략수립 단계에서 명확한 AI 트랜스포메이션 추진 비전과 전략목표를 수립해야 한다.

AI 트랜스포메이션 추진 시 조직이 AI 기술 투자로부터 실질적인 가치를 창출할 수 있는 비즈니스 목표와 기술의 가능성을 정확히 연결 지어야 한다. 주요 이해관계자들의 의견을 수렴하고, 조직의 핵심 비즈니스 문제와 목표를 반영한 구체적이고 실행 가능한 과제를 발굴하여 프로젝트를 추진해야 한다. 이 과정에서 AI 기술의 선택과 구현 방법, 예상되는 결과, 그리고 장기적인 비전까지 포함한 구체적인 로드맵을 수립하는 것이 중요하다. 더불어 AI 트랜스포메이션 진행 과정에서 정기적으로 프로젝트의 진행 상황을 점검하여 필요한 경우 조정하는 유연성도 갖춰야 한다.

월마트는 고객 개인화, 직원 운영 최적화, 공급망 효율성 개선에 중점을 두고 AI 트랜스포메이션 전략을 추진하고 있다. 월마트는 기술이 단독으로 변화를 이끌어내는 것이 아니라, 기술들이 어떻게 통합되고 투자되는지가 중요하다고 강조하며 AI와 데이터의 중요함을 인식하고 AI 기술 투자를 확대하고 있다. 특히 고객의 시간을 절약하고 개인화를 통해 고객과의 상호작용 방식을 개선해야 한다는 점을 강조하며, AI를 활용하여 고객의 삶을 더 단순하고 편리하게 만들겠다는 계획이다.

둘째, AI 트랜스포메이션 거버넌스가 구축되어 전략추진이 체계적이고 일관성 있게 진행되도록 운영, 관리, 조정, 지원이 이루어져야 한다.

AI 트랜스포메이션 추진은 단순하게 AI 기술 적용과 시스템 구축이 아닌, 조직 내 일하는 방식 변화, 고객경험 강화, 가치사슬 최적화, 비즈니스 모델 혁신 등이 함께 이루어져야 한다. 이를 위해서는 체계적인 거버넌스가 AI 트랜스포메이션 전략을 주도하고 전체 프로젝트를 관리해야 한다. AI 트랜스포메이션 거버넌스는 조직 내에서 AI 트랜스포메이션의 방향을 설정하고, 프로젝트의 과제 발굴과 진행 관리, AI 기술 도입 및 투자, 리스크 관리 등을 체계적이고 일관되게 진행하도록 해야 한다.

이케아는 2023년에 디지털, 사업, 지원 부문의 전문가들로 AI 태스크포스TFT팀을 구성하여 AI 트랜스포메이션 전략을 추진하고 있다. 태스크포스팀은 조직 내 AI 기술 도입, 서비스 개발, 내부 운영 및 프로세스 등 이케아의 AI 트랜스포메이션 전략 추진에 필요한 6가지 원칙의 가이드를 만들어 책임감 있는 AI 서비스를 제공할 수 있도록 운영관리를 진행하고 있다.

셋째, 직원들이 AI 트랜스포메이션 추진 전략을 공감하고 참여할 수 있도록 해야 한다. AI 트랜스포메이션 전략을 추진할 때, 직원들의 공감과 참여를 유도하는 조직문화를 형성하고 변화 관리를 진행하는 것이 무엇보다 중요하다. 직원들의 공감과 참여를 이끌어내기 위해서는 먼저 투명하고 진정성 있게 AI 트랜스포메이션 추진 전략의 비전과 목표, 예상되는 변화, 그리고 이로 인해 개인 및 조직에 어떠한 영향이 있는지를 명확히 설명해야 한다. 이는 불확실성을 줄이고, AI 기술 도입에 따른 두려움을 완화하는 데 도움이 된다.

다음으로 직원들이 AI 기술을 습득하고 활용할 수 있도록 교육과 지원 프로그램을 제공해야 한다. 이를 통해 직원들의 AI 기술에 대한 이해를 높이고, 변화를 긍정적으로 받아들일 수 있도록 동기를 부여할 수 있다. 또한, AI 기술 도입에 따른 직무 변화나 손실에 대비하여 직원들의 역량 강화 및 재배치 계획을 마련하는 것도 중요하다.

더불어 AI 트랜스포메이션 추진 시 직원들의 의견을 적극적으로 수렴하고, 이해관계자들과의 협업을 강화해야 한다. 직원들이 프로젝트의 일부로 인식되게 하여 그들의 아이디어와 피드백을 반영하면, 저항을 줄이고 프로젝트의 적극적인 참여를 유도할 수 있다.

그리고 소규모의 파일럿 프로젝트를 시작하여 실제로 기술이 조직에 어떤 긍정적인 영향을 미칠 수 있는지를 보여주는 것도 하나의 방법이다. 이를 통해 직원들은 AI 기술이 실제로 업무를 개선하고, 생산성을 향상시킬 수 있다는 것을 명확하게 이해할 수 있다.

보쉬는 직원들의 기술 향상이나 재교육을 위해 공식적인 교육 프로그램을 제공하는 한편, 직원들의 자발적인 추진력과 주도성을 발전시킬 수 있도록 멘토링 방식을 효과적으로 활용하고 있다. 변화를 지시하고 오랜 기간 동안 수천 명의 직원을 재교육하려고 하기보다는, 데이터와 AI로 무엇이 가능한지 보여줌으로써 직원들이 스스로 그 가치를 발견할 수 있도록 하고 있다. 개인의 작은 성공 사례들이 더 큰 성공으로 이어질 수 있으며, 이러한 초기 추진력이 조직 전체에 긍정적인 영향을 미치도록 하고 있다.

넷째, AI 성능을 향상시키기 위해 양질의 학습데이터 확보 및 체계적인 데이터 품질 관리가 이루어져야 한다.

이를 위해서는 먼저 조직 내에서 사용 가능한 데이터의 현재 상태를 정확히 파악해야 한다. 데이터의 질과 관련성, 그리고 AI 모델 학습에 필요한 데이터의 양을 평가하는 것이 중요하다. 이 과정에서 데이터 정제, 결측치 처리, 이상치 제거와 같은 데이터 전처리 작업이 필수적으로 수행되어야 한다. 데이터 품질을 향상시키기 위해 조직은 데이터 거버넌스 정책을 수립하여 데이터의 수집, 저장, 사용에 있어서 일관된 기준과 절차를 제공하고, 데이터의 정확성, 일관성, 보안성을 보장해야 한다.

데이터 부족 문제를 해결하기 위해서는 외부 데이터 소스를 활용하거나 데이터 합성과 같은 기술을 사용하여 추가적인 데이터를 생성할 수도 있다. 지속적인 모델 평가와 반복적인 테스트를 통해 데이터와 모델의 성능을 정기적으로 검증하는 것이 중요하다. 이 과정에서 발견되는 문제를 바탕으로 데이터 처리 전략을 지속적으로 개선하고, 모델의 정확도를 높이기 위한 조치를 취해야 한다.

P&G는 판매와 제품 선호도 등 비즈니스와 관련된 방대한 데이터 포인트를 보유하고 있지만, 이 데이터들은 지리적으로 분산되어 있으며, 기존 레거시 시스템은 수백 가지의 다른 데이터 유형들로 구성되어 있어 데이터 분석이 어려웠다. 이러한 문제를 해결하기 위해 P&G는 클

라우드 기술을 활용하여 이전에 분리되어 있던 데이터를 통합하였다. 또한 'AI 팩토리AI Factory'를 개발해 AI 개발을 표준화하고 자동화하여, 머신러닝 시스템의 개발 및 구현과 관련된 여러 프로세스를 단순화하고 자동화하는 도구를 사용하여 데이터 사이언스의 역량을 강화하였다.

마지막으로 기존 비즈니스 모델을 재점검하고 과감하게 AI 기반으로 혁신해야 한다.

기업의 비즈니스 모델에는 유통기한이 존재한다. AI 기술의 확산으로 새롭게 정의되고 있는 고객, 프로세스, 경쟁에 기존 전통적인 방식의 비즈니스 모델로는 생존할 수가 없다. 그렇기 때문에 기존 전통적인 방식의 비즈니스 모델에 AI 기술을 결합하여 새롭게 개선하거나, AI 기반으로 비즈니스 모델을 확장하거나, AI 기술을 활용해 기존과 다른 새로운 영역으로 비즈니스 모델을 혁신하는 것이 필요하다. 로레알은 AI 기술을 활용하여 국가별, 인종별, 피부 상태별로 각기 다른 글로벌 고객들의 피부를 진단하고, 맞춤형 상품을 제공하는 체험형 뷰티 서비스를 강화했다.

더 나아가 로레알은 AI 알고리즘으로 피부 상태를 분석하여 집에서 컴파운더로 맞춤형 화장품을 제조할 수 있는 디바이스를 제공해 고객이 언제 어디서나 자신에게 맞는 맞춤형 화장품을 만들 수 있는 온디맨드On Demand 기반으로 비즈니스 모델을 확장하였다.

그들은 어떻게 AI 트랜스포메이션에 성공했나
글로벌 기업들이 증명한 AI 트랜스포메이션 성공전략

펴낸날 | 2024년 12월 27일
지은이 | 김형택·이승준
펴낸곳 | 윌컴퍼니
펴낸이 | 김화수
출판등록 | 제2019-000052호
전화 | 02-725-9597
팩스 | 02-725-0312
이메일 | willcompanybook@naver.com
ISBN | 979-11-85676-79-1   03320